汽车装配与调整
（第 2 版）

李善锋　朱立东　董大伟　主编

北京理工大学出版社
BEIJING INSTITUTE OF TECHNOLOGY PRESS

内 容 提 要

本书分为"汽车总装配基础知识""内饰系统装配""汽车底盘装配""专用汽车装配技术概述""整车调试""汽车装配线物流系统"和"汽车性能试验"等七个模块，介绍了汽车制造过程及汽车装配工艺。每个模块都根据"汽车总装配"的职业能力要求，确定典型的汽车制造装配工序和工艺及操作要点，构建学习任务。本书是按照任务导向式教学思路设计的，以职业能力培养为重点，将实际生产过程融入教学全过程。

本书作为一种新型的教学、学习工具，能够在课堂教学、现场实训、作业、答疑、考核等多个教学环节使用。本书从汽车制造业的生产实际中取材，可读性强，内容贴合实际，既可供高等院校"汽车制造与装配技术"专业的在校学生学习使用，也可供汽车工业各相关岗位的新职工岗前培训使用。

版权专有　侵权必究

图书在版编目（CIP）数据

汽车装配与调整 / 李善锋，朱立东，董大伟主编 . —2 版 . —北京：北京理工大学出版社，2019.11（2023.8重印）

ISBN 978-7-5682-7905-5

Ⅰ．①汽⋯　Ⅱ．①李⋯　②朱⋯　③董⋯　Ⅲ．①汽车-装配（机械）-高等职业教育-教材 ②汽车-调试方法-高等职业教育-教材　Ⅳ．①U463

中国版本图书馆 CIP 数据核字（2019）第 251252 号

出版发行 / 北京理工大学出版社有限责任公司		
社　　址 / 北京市海淀区中关村南大街 5 号		
邮　　编 / 100081		
电　　话 / （010）68914775（总编室）		
（010）82562903（教材售后服务热线）		
（010）68944723（其他图书服务热线）		
网　　址 / http://www.bitpress.com.cn		
经　　销 / 全国各地新华书店		
印　　刷 / 廊坊市印艺阁数字科技有限公司		
开　　本 / 787 毫米×1092 毫米　1/16		
印　　张 / 20		责任编辑 / 多海鹏
字　　数 / 470 千字		文案编辑 / 多海鹏
版　　次 / 2019 年 11 月第 2 版　2023 年 8 月第 3 次印刷		责任校对 / 周瑞红
定　　价 / 54.80 元		责任印制 / 李志强

图书出现印装质量问题，请拨打售后服务热线，本社负责调换

前　言

　　《汽车装配与调整》是根据《高等职业学校汽车制造与装配技术专业教学标准》编写的。

　　本书以培养职业能力为重点，以实际生产过程为主要内容，是根据行动导向教学理念，按照项目教学和任务导向式教学思路设计的，包括信息、知识点、实施、检查和自我评价等具体内容。本书作为一种新型的教学、学习工具，能够在课堂教学、现场实训、作业、答疑、考核等多个教学环节使用，可在课堂环境下模拟现场的岗位情境，模拟具体工作过程，参照行业标准进行岗位任务的模拟。通过模拟任务的完成过程，使学生学习和掌握专业知识、职业技能，培养学生团结协作、自主学习、自我评价、归纳总结等多种能力素质。

　　《汽车装配与调整》紧密结合现场实际，力求由浅入深、通俗易懂，介绍汽车总装配基础知识；以轿车生产为例，重点介绍汽车制造中典型的一次内饰件装配、底盘装配、二次内饰件装配；整车装配下线调试；汽车装配线物流系统；常用汽车性能检测设备的使用及汽车整车性能检测等方面的技术要求和操作技能。通过本书的学习可以了解汽车装配全过程，初步掌握汽车装配技能。

　　本书主要面向高等院校学生和汽车制造业岗前职工的培训，其内容的设计既针对某一工位的专业知识和技能，又兼顾相关岗位群的通用知识，并为汽车装配线生产管理奠定了基础。本书既可供高等院校"汽车制造与装配技术"专业的在校学生学习使用，也可供汽车工业各相关岗位的新职工岗前培训使用。

　　本书由吉林铁道职业技术学院李善锋、朱立东、董大伟任主编，北汽福日汽车股份有限公司诸诚汽车厂王浩名、吉林铁道职业技术学院卢圣春任副主编。

　　在本书的编写过程中，得到了一汽吉林微型汽车厂、吉林汽车发动机厂等有关企业的大力相助，并参阅了相关论文，在此向有关企业及原作者表示谢意。由于作者水平所限，书中不妥之处在所难免，敬请同仁不吝赐教、读者批评指正。

编　者

目录 CONTENTS

模块1 汽车总装配基础知识

任务1.1　汽车总体构造 …………………………… 001
 一、知识准备 …………………………… 001
 二、任务实施 …………………………… 005
 三、任务评价 …………………………… 006

任务1.2　掌握汽车装配基本技能 …………………………… 007
 任务1.2.1　掌握装配线及轿车装配工艺流程 ………… 007
  一、知识准备 …………………………… 007
  二、任务实施 …………………………… 012
  三、任务评价 …………………………… 013
 任务1.2.2　掌握汽车装配的技术要求、装配操作要点 …………………………… 013
  一、知识准备 …………………………… 013
  二、任务实施 …………………………… 016
  三、任务评价 …………………………… 017

任务1.3　装配线常用工具的使用与保养训练 …………………………… 017
 一、知识准备 …………………………… 017
 二、任务实施 …………………………… 024
 三、任务评价 …………………………… 025

任务1.4　汽车装配基本功训练 …………………………… 026
 任务1.4.1　熟练掌握直柄式电动螺丝刀的使用方法 … 026
  一、知识准备 …………………………… 026
  二、任务实施 …………………………… 027
  三、任务评价 …………………………… 029
 任务1.4.2　熟练掌握用气动或电动扳手扭紧螺母 …… 029

001

一、知识准备 ………………………………… 029
　　二、任务实施 ………………………………… 031
　　三、任务评价 ………………………………… 032

任务1.4.3　熟练掌握用气动或电动扳手拧紧螺母 …… 032
　　一、知识准备 ………………………………… 032
　　二、任务实施 ………………………………… 034
　　三、任务评价 ………………………………… 035

任务1.4.4　熟练掌握卡扣的插入操作 ………… 035
　　一、知识准备 ………………………………… 035
　　二、任务实施 ………………………………… 037
　　三、任务评价 ………………………………… 038

任务1.4.5　熟练掌握胶堵插入的操作方法 …… 039
　　一、知识准备 ………………………………… 039
　　二、任务实施 ………………………………… 040
　　三、任务评价 ………………………………… 041

任务1.4.6　熟练掌握胶管结合的操作方法 …… 042
　　一、知识准备 ………………………………… 042
　　二、任务实施 ………………………………… 043
　　三、任务评价 ………………………………… 044

模块2　内饰系统装配

任务2.1　认识轿车内饰系统的组成 ………………… 045
　　一、知识准备 ………………………………… 045
　　二、任务实施 ………………………………… 054
　　三、任务评价 ………………………………… 055

任务2.2　掌握仪表板系统装配 ……………………… 055
任务2.2.1　认识轿车左、中、右分块式仪表板系统 … 055
　　一、知识准备 ………………………………… 055
　　二、任务实施 ………………………………… 058
　　三、任务评价 ………………………………… 058

任务2.2.2　典型仪表板系统装配工艺流程 …… 059
　　一、知识准备 ………………………………… 059
　　二、任务实施 ………………………………… 059
　　三、任务评价 ………………………………… 060

任务2.3　掌握仪表板总成装配 ……………………… 060
任务2.3.1　掌握整体式仪表板系统的装配过程 …… 060
　　一、知识准备 ………………………………… 060
　　二、任务实施 ………………………………… 066
　　三、任务评价 ………………………………… 067

任务2.3.2　地面控制台总成装配流程 …………………… 067
　　一、知识准备 …………………………………………… 067
　　二、任务实施 …………………………………………… 069
　　三、任务评价 …………………………………………… 071

任务2.4　掌握座椅及安全带装配 …………………………… 071
　任务2.4.1　认识典型汽车前排座椅装配流程………… 071
　　一、知识准备 …………………………………………… 071
　　二、任务实施 …………………………………………… 073
　　三、任务评价 …………………………………………… 073

　任务2.4.2　掌握前排座椅安装方法 …………………… 073
　　一、知识准备 …………………………………………… 073
　　二、任务实施 …………………………………………… 074
　　三、任务评价 …………………………………………… 075

　任务2.4.3　掌握前排安全带安装方法 ………………… 075
　　一、知识准备 …………………………………………… 075
　　二、任务实施 …………………………………………… 077
　　三、任务评价 …………………………………………… 079

　任务2.4.4　掌握后排座椅安装方法 …………………… 079
　　一、知识准备 …………………………………………… 079
　　二、任务实施 …………………………………………… 080
　　三、任务评价 …………………………………………… 081

　任务2.4.5　掌握后座椅安全带安装方法 ……………… 081
　　一、知识准备 …………………………………………… 081
　　二、任务实施 …………………………………………… 083
　　三、任务评价 …………………………………………… 084

任务2.5　掌握车门附件安装流程 …………………………… 084
　任务2.5.1　汽车门外把手及门锁总成安装 ………… 084
　　一、知识准备 …………………………………………… 084
　　二、任务实施 …………………………………………… 086
　　三、任务评价 …………………………………………… 088

　任务2.5.2　车门开度限位器安装 ……………………… 089
　　一、知识准备 …………………………………………… 089
　　二、任务实施 …………………………………………… 089
　　三、任务评价 …………………………………………… 089

　任务2.5.3　门框总成安装 ……………………………… 090
　　一、知识准备 …………………………………………… 090
　　二、任务实施 …………………………………………… 090
　　三、任务评价 …………………………………………… 091

　任务2.5.4　前门玻璃升降器总成安装 ………………… 092

一、知识准备 …………………………………… 092
　　二、任务实施 …………………………………… 092
　　三、任务评价 …………………………………… 093
任务 2.5.5　车窗玻璃安装 ……………………………… 093
　　一、知识准备 …………………………………… 093
　　二、任务实施 …………………………………… 094
　　三、任务评价 …………………………………… 094
任务 2.6　车门内饰安装 …………………………………… 095
任务 2.6.1　前门饰板分总成安装 ……………………… 095
　　一、知识准备 …………………………………… 095
　　二、任务实施 …………………………………… 095
　　三、任务评价 …………………………………… 096
任务 2.6.2　车窗升降器开关总成安装 ………………… 097
　　一、知识准备 …………………………………… 097
　　二、任务实施 …………………………………… 098
　　三、任务评价 …………………………………… 099

模块 3　汽车底盘装配

任务 3.1　认识汽车底盘结构 ……………………………… 100
　　一、知识准备 …………………………………… 100
　　二、任务实施 …………………………………… 104
　　三、任务评价 …………………………………… 105
任务 3.2　动力总成安装 …………………………………… 105
任务 3.2.1　发动机与离合器及变速器组装 …………… 105
　　一、知识准备 …………………………………… 105
　　二、任务实施 …………………………………… 106
　　三、任务评价 …………………………………… 106
任务 3.2.2　动力总成及操纵装置的装配 ……………… 107
　　一、知识准备 …………………………………… 107
　　二、任务实施 …………………………………… 113
　　三、任务评价 …………………………………… 114
任务 3.3　汽车前后车桥装配 ……………………………… 115
　　一、知识准备 …………………………………… 115
　　二、任务实施 …………………………………… 123
　　三、任务评价 …………………………………… 123
任务 3.4　转向系统安装 …………………………………… 124
任务 3.4.1　动力转向器总成的装配及液压油管的
　　　　　　连接 ………………………………………… 124
　　一、知识准备 …………………………………… 124

二、任务实施 ……………………… 125
　　三、任务评价 ……………………… 126
  任务3.4.2　转向盘组合件的安装 ……… 127
　　一、知识准备 ……………………… 127
　　二、任务实施 ……………………… 129
　　三、任务评价 ……………………… 130
 任务3.5　制动系统安装 ………………… 130
  任务3.5.1　前、后制动器的装配 ……… 131
　　一、知识准备 ……………………… 131
　　二、任务实施 ……………………… 132
　　三、任务评价 ……………………… 133
  任务3.5.2　制动操纵装置的装配 ……… 133
　　一、知识准备 ……………………… 133
　　二、任务实施 ……………………… 134
　　三、任务评价 ……………………… 135
  任务3.5.3　液压制动系统油路连接 …… 136
　　一、知识准备 ……………………… 136
　　二、任务实施 ……………………… 137
　　三、任务评价 ……………………… 138
  任务3.5.4　驻车制动系统的装配 ……… 138
　　一、知识准备 ……………………… 138
　　二、任务实施 ……………………… 139
　　三、任务评价 ……………………… 139

模块4　专用汽车装配技术概述

 任务4.1　认识专用汽车的分类与编号 … 140
　　一、知识准备 ……………………… 140
　　二、任务实施 ……………………… 142
　　三、任务评价 ……………………… 143
 任务4.2　专用汽车改装的要求 ………… 143
　　一、知识准备 ……………………… 143
　　二、任务实施 ……………………… 144
　　三、任务评价 ……………………… 145
 任务4.3　专用汽车底盘选型的要求 …… 145
　　一、知识准备 ……………………… 145
　　二、任务实施 ……………………… 146
　　三、任务评价 ……………………… 147
 任务4.4　专用汽车底盘造型的要求 …… 147
　　一、知识准备 ……………………… 147

二、任务实施 …………………………………… 151
　　三、任务评价 …………………………………… 152
任务 4.5　专用汽车整车总体参数的确定 …………… 153
　　一、知识准备 …………………………………… 153
　　二、任务实施 …………………………………… 155
　　三、任务评价 …………………………………… 156

模块 5　整车调试

任务 5.1　静态装配质量检查 ………………………… 157
　　一、知识准备 …………………………………… 157
　　二、任务实施 …………………………………… 160
　　三、任务评价 …………………………………… 161
任务 5.2　离合器踏板高度及自由行程的检查与调整 … 161
　　一、知识准备 …………………………………… 161
　　二、任务实施 …………………………………… 163
　　三、任务评价 …………………………………… 164
任务 5.3　转向盘自由转动量的检查与调整 ………… 165
　　一、知识准备 …………………………………… 165
　　二、任务实施 …………………………………… 166
　　三、任务评价 …………………………………… 167
任务 5.4　制动操纵装置的调整 ……………………… 167
　　一、知识准备 …………………………………… 167
　　二、任务实施 …………………………………… 169
　　三、任务评价 …………………………………… 170
任务 5.5　加速踏板的调整 …………………………… 171
　　一、知识准备 …………………………………… 171
　　二、任务实施 …………………………………… 171
　　三、任务评价 …………………………………… 172
任务 5.6　汽车前照灯灯光调整 ……………………… 173
　　一、知识准备 …………………………………… 173
　　二、任务实施 …………………………………… 176
　　三、任务评价 …………………………………… 176
任务 5.7　熟练掌握车门调整方法 …………………… 177
　　一、知识准备 …………………………………… 177
　　二、任务实施 …………………………………… 179
　　三、任务评价 …………………………………… 180

模块 6 汽车装配线物流系统

任务 6.1 掌握汽车装配线物流流程 …… 181
　一、知识准备 …… 181
　二、任务实施 …… 185
　三、任务评价 …… 185

任务 6.2 了解汽车装配线物流常用输送设备 …… 186
　一、知识准备 …… 186
　二、任务实施 …… 190
　三、任务评价 …… 191

任务 6.3 认识生产物流管理 …… 192
　一、知识准备 …… 192
　二、任务实施 …… 194
　三、任务评价 …… 195

任务 6.4 了解 MRP 系统 …… 195
　一、知识准备 …… 195
　二、任务实施 …… 199
　三、任务评价 …… 200

任务 6.5 认识目视管理 …… 201
　一、知识准备 …… 201
　二、任务实施 …… 209
　三、任务评价 …… 210

模块 7 汽车性能试验

任务 7.1 认识汽车试验的分类、试验项目及一般试验条件 …… 211
　一、知识准备 …… 211
　二、任务实施 …… 214
　三、任务评价 …… 215

任务 7.2 了解常用汽车试验设备 …… 216
　任务 7.2.1 底盘测功机的结构及使用方法 …… 216
　　一、知识准备 …… 216
　　二、任务实施 …… 220
　　三、任务评价 …… 222
　任务 7.2.2 制动试验机的结构及使用方法 …… 222
　　一、知识准备 …… 222
　　二、任务实施 …… 225
　　三、任务评价 …… 226

任务7.2.3　五轮仪的结构及使用方法 …………………… 227
　　　　一、知识准备 …………………………………………… 227
　　　　二、任务实施 …………………………………………… 229
　　　　三、任务评价 …………………………………………… 230
　任务7.3　认识汽车动力性能试验 ……………………………… 231
　　任务7.3.1　驱动轮输出功率检测 ………………………… 231
　　　　一、知识准备 …………………………………………… 231
　　　　二、任务实施 …………………………………………… 233
　　　　三、任务评价 …………………………………………… 234
　　任务7.3.2　滑行距离及整车道路行驶阻力检测 ………… 235
　　　　一、知识准备 …………………………………………… 235
　　　　二、任务实施 …………………………………………… 237
　　　　三、任务评价 …………………………………………… 238
　　任务7.3.3　最低稳定车速试验及最高车速试验 ………… 238
　　　　一、知识准备 …………………………………………… 238
　　　　二、任务实施 …………………………………………… 240
　　　　三、任务评价 …………………………………………… 241
　　任务7.3.4　加速性能试验 ………………………………… 242
　　　　一、知识准备 …………………………………………… 242
　　　　二、任务实施 …………………………………………… 243
　　　　三、任务评价 …………………………………………… 243
　　任务7.3.5　汽车爬陡坡能力的测定 ……………………… 244
　　　　一、知识准备 …………………………………………… 244
　　　　二、任务实施 …………………………………………… 246
　　　　三、任务评价 …………………………………………… 247
　任务7.4　汽车燃料经济性检测 ………………………………… 247
　　任务7.4.1　等速燃油消耗量试验 ………………………… 247
　　　　一、知识准备 …………………………………………… 247
　　　　二、任务实施 …………………………………………… 251
　　　　三、任务评价 …………………………………………… 253
　　任务7.4.2　多工况燃油消耗量试验 ……………………… 253
　　　　一、知识准备 …………………………………………… 253
　　　　二、任务实施 …………………………………………… 258
　　　　三、任务评价 …………………………………………… 259
　任务7.5　汽车制动性能试验 …………………………………… 259
　　　任务7.5.1　汽车制动性能评价指标及制动性能检测
　　　　　　　　参数标准 ……………………………………… 260
　　　　一、知识准备 …………………………………………… 260
　　　　二、任务实施 …………………………………………… 263
　　　　三、任务评价 …………………………………………… 264

任务7.5.2　M、N类车辆行车制动系统O型试验 …… 264
　　一、知识准备 …………………………………… 264
　　二、任务实施 …………………………………… 266
　　三、任务评价 …………………………………… 267
任务7.5.3　M、N类车辆驻车制动系统试验 ………… 267
　　一、知识准备 …………………………………… 267
　　二、任务实施 …………………………………… 268
　　三、任务评价 …………………………………… 269

任务7.6　操纵稳定性试验 ……………………………… 270
　任务7.6.1　操纵稳定性试验内容、试验条件及
　　　　　　　蛇行试验 …………………………… 271
　　一、知识准备 …………………………………… 271
　　二、任务实施 …………………………………… 274
　　三、任务评价 …………………………………… 275
　任务7.6.2　稳态回转试验 ……………………………… 276
　　一、知识准备 …………………………………… 276
　　二、任务实施 …………………………………… 279
　　三、任务评价 …………………………………… 280
　任务7.6.3　转向盘转角阶跃输入试验 ……………… 280
　　一、知识准备 …………………………………… 280
　　二、任务实施 …………………………………… 284
　　三、任务评价 …………………………………… 284
　任务7.6.4　转向盘转角脉冲输入试验 ……………… 285
　　一、知识准备 …………………………………… 285
　　二、任务实施 …………………………………… 288
　　三、任务评价 …………………………………… 288
　任务7.6.5　转向回正性能试验 ……………………… 289
　　一、知识准备 …………………………………… 289
　　二、任务实施 …………………………………… 292
　　三、任务评价 …………………………………… 293
　任务7.6.6　转向轻便性试验 ………………………… 293
　　一、知识准备 …………………………………… 293
　　二、任务实施 …………………………………… 296
　　三、任务评价 …………………………………… 297
　任务7.6.7　操纵稳定性主观评价试验 ……………… 297
　　一、知识准备 …………………………………… 297
　　二、任务实施 …………………………………… 300
　　三、任务评价 …………………………………… 301

参考文献 ……………………………………………………… 302

模块 1

汽车总装配基础知识

学习目标

通过本单元的学习应掌握汽车的总体构造、类型,掌握生产线相关知识、汽车装配的技术要求、汽车总装配作业的注意事项、汽车装配典型工艺流程以及装配线常用工具的使用与保养方法。

任务1.1 汽车总体构造

一、知识准备

(一)汽车总体构造

汽车由发动机、底盘、电气设备和车身四部分组成,如图1-1所示。

1. 发动机

发动机是将燃料燃烧放出的热能转换为机械能的动力装置。汽车发动机的作用是给汽车提供所需的动力。

2. 底盘

底盘是汽车构成的基础,由传动系、行驶系、转向系和制动系四大部分组成,如图1-2所示。

传动系由离合器、变速器、万向传动装置和驱动桥等总成组成。其功用是把发动机的动力传给驱动车轮。

行驶系由车架、车桥、车轮、悬架等组成。其功用是把汽车各总成、部件连接成一个整体,支撑全车并保证汽车行驶。

转向系由转向盘、转向器和转向传动装置组成。其功用是使汽车按驾驶员所规定的方向行驶。

制动系由制动器和制动传动装置组成。其功用是迅速降低汽车行驶速度直至停车。

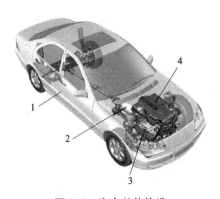

图 1-1　汽车总体构造

1—车身；2—底盘；3—电气设备；4—发动机

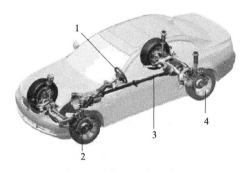

图 1-2　汽车底盘示意图

1—转向系；2—制动系；3—传动系；4—行驶系

3. 车身

车身用以安装汽车各大总成、乘坐驾驶员和乘坐驾驶员（旅客）和装载货物。货车的车身由驾驶室及车厢组成，而客车、轿车的车身一般为一整体，部分客车或轿车的车身兼有车架的作用。

4. 电气设备

电气设备由电源（发电机、蓄电池）、发动机的启动系、点火系及照明、信号和仪表装置组成。另外，现代汽车上使用的各种电子设备、微处理器等也属于电气设备的范畴。

（二）汽车分类

汽车是指由动力驱动，在非轨道承载运输的车辆，主要用于载运人员或货物。

1. 汽车分类（GB/T 3730.1—2001）

根据 GB/T 3730.1—2001《汽车和挂车类型的术语和定义》，汽车类型按用途分为乘用车和商用车。

1）乘用车

乘用车是指主要用于载运乘客及其随身行李和临时物品的汽车，包括驾驶员座位在内最多不超过 9 个座位，它也可以牵引一辆挂车。乘用车的特征及用途如表 1-1 所示。

表 1-1　乘用车的特征及用途

序号	名称	特征及用途	图例
1	普通乘用车	封闭硬顶，≥4座，2（4）车门	
2	活顶乘用车	可开启硬（软）顶，≥4座，2（4）车门，≥4车窗	
3	高级乘用车	封闭硬顶，≥4座，4（6）车门，≥6车窗	
4	小型乘用车	封闭硬顶，≥2座，2（4）车门，≥2车窗	
5	敞篷车	可开启硬（软）顶，≥4座，2（4）车门，≥2车窗	

续表

序号	名称	特征及用途	图例
6	旅行车		
7	多种用途乘用车	座位超过7个，多用途	
8	短头乘用车	短头	
9	越野乘用车	可在非道路上行驶	
10	专用乘用车	救护车、防弹车等	

2）商用车

商用车是指用于运送人员和货物的汽车，并且可以牵引挂车。商用车可分为客车、货车以及半挂车。

（1）客车的特征及用途，如表1-2所示。

表1-2 客车的特征及用途

序号	名称	特征及用途	图例
1	小型客车	载客，≤16座（除驾驶员座）	
2	城市客车	城市用公共汽车	
3	长途客车	长途客运	
4	旅游客车	旅游客运	
5	铰接客车	由两节刚性车厢铰接组成的客车	
6	无轨电车	通过供电网由电力驱动的客车	
7	专用客车	运钞车、警用车	

（2）货车的特征及用途，如表1-3所示。

表1-3　货车的特征及用途

序号	名称	特征及用途	图例
1	普通货车	敞开或封闭的货车	
2	多用途货车	驾驶座后可载3人以上的货车	
3	全挂牵引车	牵引杆式挂车的货车	
4	专用车	运输特殊物品的车（罐车、集装箱运输车）	
5	专用作业车	特殊工作的车（消防车、清洁车）	

图1-3　半挂牵引车

（3）半挂牵引车：由半挂牵引车牵引、其部分质量由牵引车承受的挂车，如图1-3所示。

2. 汽车分类（GB/T 15089—2001）

GB/T 15089—2001《机动车辆及挂车分类》标准将机动车辆和挂车分为M类、N类、G类、O类和L类。

1）M类机动车辆

M类车辆是至少有四个车轮并且用于载客的机动车辆。M类车辆分为M_1、M_2和M_3三类，如表1-4所示。

表1-4　M类车辆的主要参数

参数 \ 类型	M_1		M_2	M_3
	M_1 (a)	M_1 (b)		
除驾驶员外，乘客座位数/个	3或5	>3	>8	>8
厂定最大总质量/t	≤3.4	≤3.5	≤5	>5

2）N类机动车辆

N类机动车辆是指至少有4个车轮的载货机动车辆，N类车辆分为N_1、N_2和N_3三类，如表1-5所示。

表1-5　N类车辆的主要参数

参数＼类型	N_1	N_2	N_3
厂定最大总质量/t	≤3.5	>3.5，≤12	>12

3）G类

G类可概括为越野汽车，包括在M类或N类之中。例如，N_1类越野汽车可表示为N_1G。

4）O类机动车辆

O类机动车辆是指挂车（包括半挂车），分为O_1、O_2、O_3及O_4四类，如表1-6所示。

表1-6　O类车辆的主要参数

参数＼类型	O_1	O_2	O_3	O_4
厂定最大总质量/t	≤0.75	≤3.5	>3.5，≤10	≤10

5）L类机动车辆

L类机动车辆是指少于四轮的机动车辆，分为L_1、L_2、L_3、L_4及L_5五类，如表1-7所示：

表1-7　L类车辆的主要参数

参数＼类型	L_1	L_2	L_3	L_4	L_5
发动机排量/mL	≤500	≤500	>500	>500	>500
最高设计车速/(km·h^{-1})	≤40	≤40	>40	>40	>40
车轮数/个	2	3	2	3	3

其中，L_4类机动车辆是三个车轮相对于车辆的纵向中心平面为非对称布置的车辆（带边斗的摩托车）；L_5类机动车辆是三个车轮相对于车辆的纵向中心平面为对称布置的车辆。

二、任务实施

一、汽车的构成

1—
2—
3—
4—

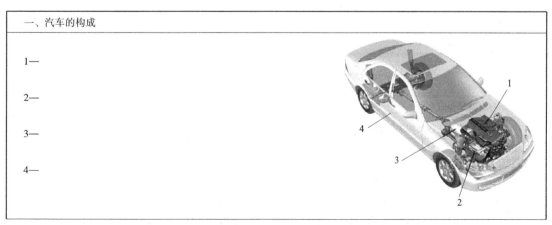

续表

二、各总成的作用
1. 发动机：
2. 车身：
3. 底盘：
（1）传动系：
（2）行驶系：
（3）转向系：
（4）制动系：
4. 电气设备：
三、各类型汽车的定义
1. 乘用车：
2. 商用车：
3. M 类机动车辆：
4. N 类机动车辆：
5. O 类机动车辆：

三、任务评价

专业班级：		姓名：		学号：	
专业（知识/技能）收获			（非专业）能力素质收获		
评价考核项目		自我评价		小组评价	教师评价
已掌握汽车的基本组成					
已掌握汽车的分类					
主动提出问题数量					
课外学习时间（学时）					
兴趣车型自主学习（收集相关知识点数）					
工作态度（课堂、课后任务完成情况）					
合作意识及协调能力					
正确表达及沟通能力					
自律能力（缺勤/旷课/迟到/违纪次数）					

任务1.2　掌握汽车装配基本技能

任务1.2.1　掌握装配线及轿车装配工艺流程

一、知识准备

汽车是由许多零部件和总成装配而成的。汽车总装就是将各种零部件、总成按规定的技术要求，选择科学合理的装配方法进行组装、调试，最终形成整车的工艺过程，是汽车制造的最后一道工序，是决定整车质量的关键环节。汽车的质量是指工作性能和使用性能，即安全性、稳定性、舒适性以及使用寿命等。在汽车装配过程中只有达到装配精度要求，即各零部件、总成的相对位置精度及各相对摩擦运动件之间的配合精度等，才能保证整车质量。

汽车总装的操作内容主要有零部件及总成搬运、螺纹连接、组装（包括镶嵌、配管、配线以及各类油液定量加注）等。

（一）汽车装配线

装配线是指由物料输送系统、随行夹具、在线专用机具及检测设备有机组合的连续生产线。这种生产组织形式给各工位配备了必要的设备和工具，将机器的各个零部件上线和装配作业划分为若干个工序，每个工位规定所需的工序内容，每个工人只需要熟悉某个或某几个工序即可上线操作，可大幅度提高劳动生产率，且易保证产品质量。装配线充分体现了设备的灵活性，它可将人和机器有效地组合起来，以满足多品种产品的装配要求。

汽车装配线是通过输送装置把汽车零部件及总成在多工位装配线上按装配顺序进行逐个工位移动，而每个工位按装配工艺规程完成规定的装配工序，最后形成整车的流水式装配线。

1. 常用术语

1）流水线的节拍

节拍是指连续完成相同的两个产品（两个工序）之间的间隔时间。换句话说，即指完成一个产品（一道工序）所需的平均时间。节拍通常只是用于定义一个流程中某一具体工序或环节的单位产出时间。如果产品必须成批制作，则节拍指两批产品之间的间隔时间。

流水线的节拍是指顺序生产两件相同制品之间的时间间隔。它表明了流水线生产率的高低，是流水线最重要的工作参数。其计算公式如下：

$$r = \frac{F}{N} \tag{1-1}$$

式中，r——流水线的节拍（分/件）；

F——计划期内有效工作时间（min）；

N——计划期的产品产量（件）。

其中，

$$F = F_0 K$$

F_0——计划期内理论工作时间（min）；

K——时间利用系数。

确定系数 K 时要考虑这样几个因素：设备修理、调整、更换模具的时间，工人休息的时间。一般 K 取 $0.9 \sim 0.96$，两班工作时 K 取 0.95。

计划期的产品产量 N，除应根据生产纲领规定的出产量计算外，还应考虑生产中不可避免的废品和备品的数量。

2）进行工序同期化

所谓工序同期化，就是根据流水线节拍的要求，采取各种技术和组织措施来调整各工位的单件生产时间，使它们等于节拍或等于节拍的倍数。

3）"瓶颈"

通常把一个流程中生产节拍最慢的环节称作"瓶颈"。流程中存在的瓶颈不仅限制了一个流程的产出速度，而且影响了其他环节生产能力的发挥。在有些情况下，如人力不足、原材料不能及时到位、某环节设备发生故障及信息流阻滞等，都有可能发生"瓶颈"。

4）生产线工艺平衡

生产线工艺平衡是指对生产的全部工序进行平均化，调整各作业负荷，以使各作业时间尽可能相近。制造业的生产线大多是在进行了细分之后的多工序流水化连续作业生产线，此时由于分工作业简化了作业难度，提高了作业熟练度，从而提高了作业效率。但是经过了这样的作业细分之后，各工序的作业时间在理论和实际上都不能完全相同，这就势必存在工序间节拍不一致而出现"瓶颈"现象。其除了会造成无谓的工时损失外，还会造成大量的工序堆积，严重时甚至令生产停止。为了解决以上问题，必须均衡各工序的作业时间，同时对作业进行标准化，以使生产线能顺畅地运转，生产线工艺平衡是生产流程设计与作业标准化必须考虑的重要问题。

生产线平衡率是衡量工艺总平衡状态好坏的指标，通常以百分率表示。虽然各工序的工序时间长短不同，但决定生产线作业周期的工序时间只有一个，即最长工序时间 CT。因此，生产线的平衡计算公式为

$$生产线平衡率 = \frac{各工序的时间总和}{工位数 \times CT} \times 100\% \qquad (1-2)$$

改善平衡率主要是通过调整工序的作业内容，将瓶颈工序的作业内容分担给其他工序，使各工序作业时间接近或减少差距来完成的。

2. 装配线的形式及布置

1）装配线的形式

装配流水线根据传输方式不同可分为强制式和柔性式；根据配置的选择不同可分为手工装配、半自动装配以及自动装配；根据装配线平面布置的类型不同可分为直线型、U 型、T 型和分支型等。

2）装配线的布置

装配线的布置受产品、设备、人员、物流运输以及生产方式等多种因素的影响。合理的装配线应尽量减少迂回、停整，保持装配生产的灵活性，并有效利用人力和面积，这不仅能使物流更加畅通，而且能有效提高生产效率。

装配线的布置要与现代化管理相结合，并充分考虑如何进行全面质量管理、均衡生产管理、生产现场计算机管理及物料管理等。布置装配线时应考虑以下因素：

（1）尽量简化布置。装配线布置要力求简洁，一目了然，以方便管理。

（2）物流的流向合理，移动距离最短。装配线布置设计要按照装配工艺流程统一协调，

以保证物流的合理性,即整个产品装配过程是连续的。应使零部件的移动距离尽量短,以避免倒流、停顿、超越和堆积。

(3)有效利用占地面积。在装配线布置过程中,要充分利用占地面积,设备之间的间隔在保证一定维修空间的前提下应尽量减小;选择通道宽度时,需根据人员的流动量、物流量以及运送方式来考虑。

(4)安全、便于工作。装配线布置时要考虑安全的劳动条件,并创造一个良好的劳动环境,以提高工作人员的劳动积极性及其生产率。

(5)应具有前瞻性。在装配线设计阶段,必须充分考虑变化因素,装配线的布置一定要有灵活性和前瞻性,并具备一定扩建和改动的适应性,即在最少花费的条件下,能方便地对装配线布置进行重新调整,以适应各种变化。

3. 装配线工艺规程

装配线工艺规程是指将装配内容、顺序、操作方法与检验项目作为指导装配工作和组织装配生产依据的技术文件。制定装配线工艺规程的任务是根据产品图样、技术要求、验收标准和生产纲领及现有生产条件等原始资料,确定装配线组织形式。装配线工艺规程的制定对于保证装配质量、提高装配生产效率、减轻工人劳动强度以及降低生产成本等都有重要的作用。

1)制定装配线工艺的基本原则

合理安排装配顺序,尽量减少工人装配工作量,缩短装配周期,提高装配效率,保证装配产品质量,这一系列要求是制定装配线工艺的基本原则。

2)装配线工艺规程的内容

分析装配线产品总装图,划分装配单元,确定各零部件的装配顺序及装配方法;确定装配线上各工序的装配技术要求、检验方法和检验工具;选择和设计在装配过程中所需的工具、夹具和专用设备;确定装配线装配时零部件的运输方法及运输工具;确定装配线装配的时间定额。

3)制定装配线工艺规程的步骤

首先分析装配线上的产品原始资料;确定装配线的装配方法及组织形式;划分装配单元;确定装配顺序;划分装配工序;编制装配工艺文件;制定产品检测与试验规范。

(二)汽车装配线工艺流程

根据车型及制造厂家不同,汽车装配线工艺流程有所区别,但基本上都大同小异。以轿车生产为例,总装车间生产线一般包括:总装配线、分装线、整车检测线以及整车返修区,图1-4所示为U型轿车总装配线。

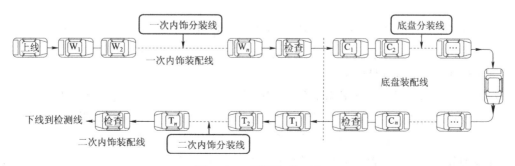

图1-4 U型轿车装配线

1. 汽车装配线的工艺特点

1) 总装生产线及工艺特点

汽车总装线由于车型不同而有所差异，其中轿车大多数为承载式车身，其装配特点是以车身为装配基础件，所有总成、零部件都安装在车身上。因此，轿车装配是将车身内外饰件和整车装配工作放在一条线上来完成的。轿车总装配线可分为三个部分：一次内饰装配线（前段车身装饰线）、底盘装配线和二次内饰装配线（后段车身装饰线）。

(1) 前段车身装饰线主要用于车身上线及对工艺堵塞、顶棚装饰板、挡风玻璃、仪表板、侧围内饰板、后行李箱内饰、线束、刮水器等部件的安装和装饰工作。

为了保证总装线能够实行混流生产，车身上线是由计算机进行控制的，每个车身上线前都贴有条形码，条形码内包含该车的车身号、流水号、车型、备件组织号以及与之配套的发动机型号等信息，从而保证了整个总装线的生产有条不紊地进行。

(2) 底盘装配线主要用于燃油管、制动油管、油箱、动力总成、前悬架、后悬架、传动轴、排气管、消声器和车轮等部件的装配。

根据各种不同车型结构，底盘部件装配可以采用模块化装配，即将分装好的发动机与变速器总成、前悬架总成、发动机前托架、传动轴、排气管、油箱和后悬架等底盘部件安装并定位到合装小车上。合装小车在合装区可与底盘装配线同步运行，小车上设有液压举升装置，以将分装好的底盘合件直接举升上线与车身合装。

(3) 后段车身装饰线主要进行前保险杠、座椅、前面罩及前照灯的装配，发动机各种管路的连接，燃油、制动液、冷却液及制冷剂等各种油液的加注和整车下线前的调整工作。

为了保证质量，制动液、冷却液及制冷剂加注前需要进行必要的检测和抽真空。

2) 分装线及工艺特点

分装线主要包括仪表板总成分装线、车门分装线、散热器总成分装线、车轮总成分装线、前悬架总成分装线、发动机与变速器动力总成分装线等。

(1) 仪表板总成分装线。在仪表板分装线上分装的部件一般包括转向柱、仪表板框架、组合仪表、仪表板线束、组合开关、收放机、空调鼓风机、暖风热交换器、蒸发器及壳体总成等。仪表板分装完成后，可采用线束检测仪对仪表板功能进行检测，主要检测仪表板功能是否正常，检测时，将仪表板总成的相关线束插头与仪表板线束检测仪的对应接口接上，启动检测按钮，即可逐项检测转向及灯光、报警等功能。检测完毕后，可根据仪表板总成上所贴的条形码由计算机控制上线，从而保证不同车型可以安装相应型号的仪表板总成。

(2) 车门分装线。车门分装线的形式与仪表板分类线的形式基本相同，其包括空中悬挂式和地面式两种。在分装线上主要进行门锁、玻璃升降器、防水帘、玻璃、内饰板、内手柄、外手柄和密封条等部件的装配工作。

(3) 车轮总成分装线。车轮分装线采用的主要设备是车轮装配机、充气机及车轮动平衡机，各设备之间的连接一般采用机动辊道。在车轮分装线上，首先将轮胎安装到轮辋上，充气到规定的压力，然后进行动平衡检查和调整，再送到总装配线上。

在各种分装线中，车轮分装线自动化程度最高，如某轿车厂的无内胎车轮自动装配线具有自动装配、快速自动充气、车轮动平衡及自动选择配重等自动功能。

（4）前后悬架总成分装线与发动机和变速器动力总成分装线。前后悬架总成分装线与发动机和变速器动力总成分装线根据不同的车型结构而不同，若不带副车架，一般采用环形地链牵引小车式，小车上设有液压举升装置，可与底盘装配线同步运行，直接上线。

3）整车检测线

（1）车轮定位参数检测：主要检测车轮前束和外倾角。

（2）车轮侧滑量检测：动态检测前轮前束与前轮外倾的配合是否合适，并检查悬架的几何特性。

（3）转向角检测：检测汽车转向轮的左、右最大转角。

（4）前照灯检测：检查前照灯发光强度及调整前照灯远光光束照射位置。

（5）制动性能检查：通过检测前后制动器制动力，确定行车制动系及驻车制动系的工作是否正常。

（6）动力传动系统检查及车速表校验：通过换挡加速检查发动机和变速器的工作是否正常。

（7）怠速排放污染物检查：分析 CO 和 CH_4 含量。

（8）密封性检查：防雨密封性检查，时间 3 min。

（9）整车电器综合检查：检查电器设备是否存在接触不良、短路等隐患。

（10）路试检查：按一定百分比抽查整车，在专用试车道路上进行路试。

2. 汽车装配线的工艺流程

根据制造厂家及车型不同，汽车总装线的工艺流程各不相同。下面简要介绍轿车总装线的工艺流程。

1）轿车装配线的工艺流程

各轿车制造厂的装配线工艺流程依生产厂家不同而不尽相同，一般为：一次内饰装配线→底盘线→二次内饰装配线。汽车装配完成后下线，进行整车零部件装配质量检查。

（1）一次内饰装配线。工序：车身打号→天窗→线束→ABS→顶棚→地毯→气囊帘→车门支撑板→车门玻璃→密封条→仪表板→散热器等。

（2）底盘线。工序：油管→油箱→隔热板→动力总成→后悬→排气管→挡泥板→轮胎等。

（3）二次内饰装配线。工序：风窗玻璃→座椅→仪表板后段→蓄电池→空滤器→备胎→行李箱附件→刮水器→油液加注→车门调整→线路管路插接→理顺等。

2）货运汽车总装工艺流程

货运汽车主要装配的零部件有以下几种：

（1）底盘部分：安装车架、前桥、后桥、前钢板弹簧和后钢板弹簧。

（2）其他：安装驾驶室、发动机、变速器、散热器、传动轴、车轮和线束等。

（3）车厢：整车下线后，开到车厢厂进行车厢装配。

货运汽车的总装工艺流程大致为：车架上线→前悬架总成（包括前桥分装上线）→后悬架总成（包括后桥分装上线）→底盘翻转→发动机、变速箱总成上线→制动系密封性检测→润滑油加注→燃油箱、轮胎→驾驶室总成上线→制动液、防冻防锈液加注→整车调整→整车下线。

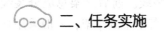 二、任务实施

一、装配线常用术语
1. 流水线的节拍
2. 进行工序同期化
3. "瓶颈"
4. 生产线工艺平衡

二、装配线工艺规程
1. 制定装配线工艺的基本原则
2. 装配线工艺规程的内容
3. 制定装配线工艺规程的步骤

三、轿车装配线的工艺流程
1. 一次内饰装配线的主要工序
2. 底盘装配线的主要工序
3. 二次内饰装配线的主要工序

三、任务评价

专业班级：		姓名：		学号：	
专业（知识/技能）收获			（非专业）能力素质收获		
评价考核项目		自我评价	小组评价		教师评价
已掌握装配线术语					
已掌握装配线工艺规程					
已掌握轿车装配线的主要工序					
课外学习时间（学时）					
收集相关知识程度					
工作态度（课堂、课后任务完成情况）					
合作意识及协调能力					
正确表达及沟通能力					
自律能力（缺勤/旷课/迟到/违纪次数）					

任务1.2.2 掌握汽车装配的技术要求、装配操作要点

一、知识准备

（一）汽车装配的技术要求

汽车装配是汽车的最后一道工序，装配质量的高低直接关系到整车质量。因此，整车装配必须达到下列技术要求。

1. 汽车装配应确保完整

汽车零部件类型及数量繁多，因此，总装必须按工艺规定，将所有零部件、总成全部装上，不得有漏装现象，不要忽视小零件，如螺钉、平垫圈、弹簧垫圈、开口销等。

2. 装配的方法应统一

根据生产计划，对基本车型，装配方法必须按"三统一"工艺要求进行，即两车间装的同种车型统一、同一车间装的同种车型统一、同一工位作的同样车型统一。

3. 装配的连接应紧固

凡是螺栓、螺母、螺钉等件必须严格按规定的扭矩紧固，并严禁松动，同时应避免拧紧过度而造成螺纹变形。

4. 相互摩擦的零件装配应保证良好的润滑性

凡是相对接触运动件的摩擦部位必须按工艺要求加注定量的润滑油或润滑脂，以减轻其磨损及减小摩擦阻力。

5. 各种油、水、气管路的装配应确保密封性

（1）冷却系统的各接头不得漏水。

（2）燃油系统的各管路连接和燃油滤清器等件不得有漏漆、漏油现象。

（3）安装各种密封件时，应将零件擦拭干净，涂好机油，轻轻装入。

（4）安装各种空气管路时，其连接处必须均匀涂上一层密封胶，锥管接头要涂在螺纹上，管路连接胶管要涂在管箍接触面上，管路不得变形或歪斜。

（二）汽车总装配作业的注意事项

1. 装配操作要点

（1）牢固树立"质量第一，安全第一"的思想意识，严格遵照工艺纪律及质量管理各项规定要求，以严肃认真的工作态度、正确科学的操作方法和团结协作的团队精神，做好产品装配生产作业。

（2）在装配作业过程中，应严格履行工艺文件、产品图纸及其他质量技术文件等要求，以保证质量。

（3）装配中所使用的各种工具、夹具、量具应具备合格标准及完整性。

（4）各零部件及分总成，在装配中应保持清洁干净，不应直接接触地面，装配场地应清洁整齐，做到文明生产。

（5）零部件工作表面应无损伤、磕碰，总成及阀类各种工艺堵不应在装配前启封。

（6）未经检验及不合格的零部件不得装配，装配前应注意检查零部件的质量，发现不合格产品应及时向检查员及主管人员报告。

（7）装配工作中不得擅自更改零件清单，以防止错装、乱装和漏装，应将工作自检与互检相结合，以确保正确无误，对不能互换的零件及有规定标记的零件应作装配标记。

（8）在装配过程中，凡有调整螺钉的零部件装调合格后，不得擅自拧动调整螺钉。

（9）装配工艺中应使用木质、橡胶及其他软质锤等敲击零部件，禁止使用铁锤直接敲击零部件工作表面。

（10）装配中所用各种密封橡胶条、隔声和隔热板及其他内饰覆盖件，黏结表面要清洁，涂胶应均匀，黏结牢固，不得起皱。

（11）装配中各种液、气管路连接时，应先检查接头部位、坡口有无折裂及异物，管口应清洁，连接螺母牙型完好，以保证可靠连接。以正确方式涂上螺纹密封胶，再进行装配，注意胶液不得进入管腔，以防止堵塞管路。流水线装配操作禁用胶带。

（12）装配中的运动件配合面应均匀涂刷润滑脂，不得干装，并确保装配的正确性，各润滑部位应均匀加注润滑脂，且应配齐各部分润滑油脂嘴盖销，不得缺少。

（13）装配中全车各气路、路及电线束应敷设整齐，走向顺畅，避免互相缠绕、打死折、杂乱、叠压或与其他零部件干涉，并保证接头或插片连接牢固，不得松脱。每间隔200 mm 应用塑料紧固带捆扎，每间隔 500 mm 要有固定点。

（14）滚动轴承在装配前应开封，并保持清洁；应使用专用工具传递外力，禁止直接经

轴承传递。

(15) 调整用的垫圈应平整无凹凸不平,且无其他异物。

(16) 应选用尺寸适合的规定扳手进行螺纹连接件操作。

(17) 双头螺栓装配中应先拧至螺孔底部,总成外部主要螺栓应伸出螺母一扣以上,一般情况下螺栓超出螺母长度应小于 20 mm。

(18) 多个螺栓应按拧紧顺序均匀紧固,并按规定力矩拧紧。

(19) 凡需用扭矩扳手和转角扳手装配的螺栓,其头部支撑面和螺纹部分应涂润滑脂。

(20) 螺栓紧固时弹簧垫圈如有损坏应及时更换。

(21) 采用自锁螺母时应避免拆卸,以保证自锁性能。

(22) 对工艺文件规定的扭矩值应使用检验合格的扭矩扳手进行操作。

(23) 开口销在穿过销孔后应分别向两边扳开。

(24) 在装配离合器、制动器及加速器等踏板时,应使各转动部位灵活,转动时不能与其他部件有干涉和磕碰。

(25) 装配完毕后,应自检所装配的内容是否符合工艺要求。最后应及时在质量跟单上签名。

2. 密封剂、黏结剂、紧固剂的使用注意事项

(1) 被黏结表面应用纤维织物擦拭干净。

(2) 黏结剂在使用前应充分搅拌均匀,并用毛刷均匀涂抹在两结合面上,涂胶后应晾置 1~2 min。

(3) 涂螺纹密封胶(如乐泰569、乐泰242等)时,应先将密封剂涂抹在螺纹部分,再进行装配。

(4) 应用手动或气动挤胶枪涂平面密封剂(如乐泰587等),并把直径适当的胶条涂抹在结合面上形成一个封闭的胶圈(把需要密封的部位圈起来),10 min 之内合拢装配,装配时不能平行错动。

(5) 各种牌号的密封剂、黏结剂都含有溶剂,易挥发,所以用完后一定要盖严,否则容易变质,影响性能。

3. 标准工具及专用工具的使用注意事项

1) 标准工具的使用

(1) 在装配时,根据标准件的尺寸,选择与零件尺寸相符的标准工具进行紧固。对工具要爱护,不能随意进行违章作业或野蛮操作,以免损坏工具。

(2) 在使用扭力扳手时,不能超越规格范围使用,发出信号后,应及时解除作用力。检验用的扭力扳手必须经鉴定在有效期内使用,扳手上必须有检验标记、编号,并在工具室登记备案。

2) 专用工具的使用

(1) 根据工艺文件上提供的专用工具或工装编号,向工具室办理领用登记手续。

(2) 按照装配工艺文件,正确使用专用工具或工装设备,使用完毕后应及时予以归还;如有损坏或磨损,应及时向辅助维修人员反映,进行维修,以免耽误生产。

二、任务实施

一、汽车总装配技术要求
1. 汽车装配应确保完整
2. 装配的方法应统一
3. 装配的连接应紧固
4. 相互摩擦零件的装配应保证良好的润滑性
5. 各种油、水、气管路的装配应确保密封性

二、操作要点	
项　　目	应注意
1. 装配作业过程中，应严格履行	
2. 使用的各种工、量具	
3. 未经检验及不合格的零部件	
4. 装配工作中零件清单	
5. 凡有调整螺钉的零部件装调合格后	
6. 各种密封橡胶条、隔声、隔热板及其他内饰覆盖件	
7. 装配中全车各气管路及电线束	
8. 多个螺栓紧固	
9. 螺栓紧固时弹簧垫圈如有损坏	
10. 采用自锁螺母	
11. 装配离合器、制动器及加速踏板时	
12. 装配完毕后	

三、任务评价

专业班级：		姓名：		学号：	
专业（知识/技能）收获			（非专业）能力素质收获		
评价考核项目		自我评价	小组评价		教师评价
已掌握汽车装配的技术要求					
已掌握汽车装配的操作要点					
已掌握标准工具、专用工具的使用注意事项					
课外学习时间（学时）					
收集相关知识程度					
工作态度（课堂、课后任务完成情况）					
合作意识及协调能力					
正确表达及沟通能力					
自律能力（缺勤/旷课/迟到/违纪次数）					

任务1.3 装配线常用工具的使用与保养训练

一、知识准备

在汽车装配线上拧紧螺纹常用的工具是各种规格的扳手和螺丝刀等，这类工具按动力供给形式可分为手动工具、气动工具、电动工具和液压工具等，其中最常用的是手动工具、气动工具及电动工具。

（一）手动工具

在汽车装配线上常用的手动工具是扭矩扳手，如图1-5所示。

1. 扭矩扳手类型

手动扭矩扳手的种类有很多，按结构和应用可分为机械式、电子式、电动式；按使用场合不同又可以分为定值式、可调式、表盘式及数显式等不同形式。其中常用定值式和可调式扭矩

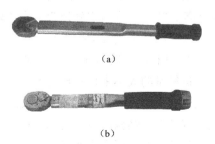

图1-5 扭矩扳手
(a) 定值式扭矩扳手；(b) 可调式扭矩扳手

扳手。

1）定值式扭矩扳手

定值式扭矩扳手又称预置式扭矩扳手，其扭矩的大小应用专用仪器调到所需的扭矩，此种扳手适用于大批量生产的工厂企业。

定值式扭矩扳手的优点是体积小，精度高，经久耐用，使用方便，达到扭矩值能自动报警；缺点是对操作人员的技术要求比较高，当接近整定扭矩值时用力不能太猛，应平稳地施加旋转力矩，否则可能会产生较大的误差。

2）可调式扭矩扳手

可调式扭矩扳手的结构原理与定值式扭矩扳手的原理基本相同，主要是增加了手动调节机构。可调式扭矩扳手主要是扳手手柄上带有刻度，使用人员可以根据自己的需要调整扭矩的大小，其主要用于维修及单件生产场合使用。

可调式扭矩扳手的主要优点：体积小，使用方便，和定值扳手一样达到最大扭矩值时能报警。主要缺点：经过一段时间的使用以后精度容易降低。

图1-6　手握位置

2. 扭矩扳手的使用方法

操作时手握在扭矩扳手手柄的中间刻度线位置，如图1-6所示。套筒与螺母或螺栓应稳固连接，即插入到位。操作时施力方向应与螺母的底平面平行，其误差在水平方向和垂直方向都不超过±15°；用力应缓慢平稳，切忌冲击力，当听到"咔嗒"声后应立即停止。操作时应注意：

（1）工作开始前，应检查工具，特别应检查扭矩扳手的扭矩设定值是否正确。

（2）操作时用力应缓慢平稳，听到扭矩扳手信号响后，应立即停止转动。

（3）坚决杜绝在扭矩扳手手柄处增加加长力臂。

（二）气动工具

在汽车装配线上常用的气动工具有拧紧或旋松螺栓、螺母用的气动扳手及拧紧或旋松螺钉用的气动螺丝刀。

1. 气动扳手

气动扳手是以压缩空气作为动力的工具，广泛应用于汽车及各种机械设备的制造业和修理业。

1）气动扳手的分类及用途

气动扳手的类型较多，按其功能分为普通的冲击式气动扳手、定扭矩气动扳手及棘轮气动扳手等；按其结构形式分为弯头式气动扳手、直柄式气动扳手和手枪式气动扳手等三种。下面简要介绍冲击式气动扳手和定扭矩气动扳手。

（1）冲击式气动扳手。冲击式气动扳手用开关调节进气量的大小来控制转速或扭力的大小，其外形结构有手枪式和直柄式两种，如图1-7所示。冲击式气动扳手结构简单、耐用，通常用于螺栓尺寸较大且拧紧扭矩要求不严格的场合。

冲击式气动扳手的型号与参数可查阅JB/T

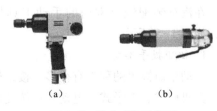

图1-7　冲击式气动扳手

(a) 手枪式；(b) 直柄式

8411—2006，如表 1-8 所示。

表 1-8　冲击式气扳机型号与参数（JB/T 8411—2006）

基本参数	产品系列											
	6	10	14	16	20	24	30	36	42	56	76	100
拧紧螺纹范围 /mm	5~6	8~10	12~14	14~16	18~20	22~24	24~30	32~36	38~42	45~56	58~76	78~100
最小拧紧扭矩 /(N·m)	20	70	150	196	490	735	882	1 350	1 960	6 370	14 700	34 300
最大拧紧时间 /s	2					3		5		10	20	30
最大负荷耗气量 /(L·s⁻¹)	10	16		18		30		40	25	50	60	75	90
最小空转转速 /(r·min⁻¹)	8 000	6 500	6 000	5 000	5 000	4 800		4 800	—	2 800	—	—
	3 000	2 500	1 500	1 400	1 000			800				

（2）定扭矩气动扳手。定扭矩气动扳手通过调整气体压力来控制扭矩大小，并根据工艺需要设定扭矩，工作时达到设定扭力后即自动停止运转。其外形结构有弯头式、直柄式和手枪式三种，如图 1-8 所示。定扭矩气动扳手具有体积小、重量轻、单位重量输出功率大、可以实现大扭矩输出、反作用力小、环境污染小及成本低等优点，但其结构相对复杂。定扭矩气动扳手广泛用于拧紧小型螺栓且扭矩要求较严格的场合，特别是用于产品生产装配线。

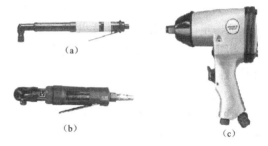

图 1-8　定扭矩气动扳手
(a) 弯头式；(b) 直柄式；(c) 手枪式

2）使用方法及注意事项

（1）使用前要进行检查，如发现缺少机件和有损坏处应及时进行修理。

（2）套头没完全套住螺母之前，严禁按动开关。

（3）套头连接必须用特制销钉连接并用胶圈密封。

（4）禁止带风装卸气动扳手套头和清洗气动扳手。

（5）使用时不要超负荷，不要高速空转，以防机械过早磨损。

（6）在使用中如发现二次冲击，应立即停机检查，禁止在现场拆卸，应及时送交修理部门检修。

（7）扳手使用完毕后，应用棉纱擦拭干净，并放入支架。

2. 气动螺丝刀的组成

气动螺丝刀是通过压缩空气进行驱动的螺丝刀，其外壳常采用金属材料，防静电性能较好，但手感比电动螺丝刀稍差。

1）气动螺丝刀的分类及用途

气动螺丝刀的类型较多，按功能不同可分为定扭矩气动螺丝刀和打滑式气动螺丝刀；按其外形结构不同可分为弯角式、直柄式及手枪式气动螺丝刀，如图1-9所示。

图1-9　气动螺丝刀

(a) 弯角式；(b) 直柄式；(c) 手枪式

（1）定扭矩气动螺丝刀。定扭矩气动螺丝刀可通过开关调节进气量的大小来控制转速或扭力的大小。其特点是噪声小、重量轻、反作用力小、运转平稳、拧紧精度较高，扭矩误差为±7%，但适用扭矩范围小。常用于扭矩小于20 N·m且扭矩要求高的场合，如汽车内饰件装配线。

（2）打滑式气动螺丝刀。打滑式气动螺丝刀不能调节转速与扭矩，其主要靠自身的打滑来保证一定的拧紧扭矩。其特点是噪声小、重量轻、反作用力小、运转平稳，但拧紧精度较低，扭矩误差一般为±15%，适用扭矩范围小。常用于扭矩小于20 N·m且扭矩要求较低的场合。

（3）弯角式气动螺丝刀。弯角式气动螺丝刀有90°弯角式、鸭嘴扁头式和开口棘轮式等，一般为定扭矩气动螺丝刀。其特点是拧紧精度较高，扭矩误差为±7%，常用扭矩为9~60 N·m，空间适应性强，但反作用力大、价格昂贵。适用于作业空间受限制、中小力矩且有一定精度要求的场合。

2）使用注意事项

（1）严禁摔打螺丝刀，以免螺丝刀产生杂音及起子头晃动现象。

（2）严禁用胶纸或布缠住螺丝刀的出风孔，以免影响螺丝刀的扭力。

（3）操作时应使螺丝刀纵向轴线与螺钉轴线在同一条直线上。

（4）刀头与螺钉头部形状应匹配，力度要与生产工艺相符，以免打滑或损伤螺钉头部。

3. 气动工具使用安全注意事项

1）压缩空气的供给

（1）气动工具必须采用压缩空气作为动力源，严禁使用氧气、乙炔等其他压缩气体作为动力源。所有的工具、配件和空气管线都必须符合空气压力与容积的要求，连接导管的接头必须连接牢固可靠。

（2）供给工具使用的空气必须干净、干燥，否则空气中的水分会导致工具内部金属生锈而造成损坏。

（3）使用的气动工具必须按照说明书规定的气压（一般不应超过630 kPa）工作，严禁使用超过规定压力的空气动力源。

（4）空气动力源管线不应相互缠绕或折弯，否则会导致严重的事故。

（5）气动工具使用时，要精力集中、紧握操作手柄，点动试验确认转向正确后，方可缓慢按动开启按钮进行工作。

2）润滑及保养

（1）每班必须从接管内孔注入润滑油3~4次，夏天可用20号机油，冬天用10号机油。

（2）扭矩扳手每拆装螺丝约8 000次或工作40 h后，应拆下工具上注油位置的注油螺钉注入黄油来润滑打击组，润滑后需再将此螺钉装上旋紧。

（3）棘轮扳手每拆装螺丝约3 000次后，需将棘轮头上的扣环拆下，将传动轴拿出擦拭干净抹上黄油后再将棘轮组装回。

注意：拆卸棘轮头组时需小心扣环及钢珠弹出。

（三）电动工具

在汽车总装作业中常用的电动工具有电动扳手和电动螺丝刀。电动扳手就是以电源或电池为动力的扳手，是一种拧紧螺母或螺栓的工具，主要分为冲击扳手、扭剪扳手、定扭矩扳手、转角扳手和充电式电动扳手等。电动螺丝刀是以电源或电池为动力的拧紧螺丝钉的工具，可分为全自动螺丝刀和半自动螺丝刀等。

1. 电动扳手

在汽车总装工作中常用的电动扳手主要有电动冲击扳手和电动定扭矩扳手。

1）电动扳手的类型及用途

（1）电动冲击扳手。电动冲击扳手如图1-10所示，其特点是具有旋转切向冲击机构，工作时反作用扭矩小，操作简便。电动冲击扳手主要用于初紧螺母或螺栓。

（2）电动定扭矩扳手。电动定扭矩扳手是可以设定扭矩值的电动扳手，也叫定扭矩电动扳手，如图1-11所示。电动定扭扳手分为电流式和动态扭矩传感器式两种，由控制器和拧紧轴组成。电流式定扭矩扳手根据电动机拧紧过程中电流值的变化来判断扭力值，当达到预定扭力时，电动机停止工作。动态扭矩传感器式是在拧紧轴上安装有传感器，时刻监测扭力值的变化，当达到预定扭力时，电动机停止工作。电动扭矩扳手具有精度高（±2%）、故障率低、寿命长、可编程、可对扭力和角度控制、可选择多种扭力的优点，其缺点是价格较高。

图1-10 电动冲击扳手

图1-11 电动定扭矩扳手

电动定扭矩扳手既可进行螺母或螺栓的初紧又可终紧，广泛应用于装配线。

2）电动扳手使用注意事项

（1）电动扳手的检验及保养。

① 电动扳手的金属外壳应可靠接地，并应有定期检验试验合格证，且在有效期限内。

② 检查电动扳手机身安装螺钉紧固情况，若发现螺钉松脱，应立即拧紧，否则会导致电动扳手故障。

③ 检查手持电动扳手手柄完好，不开裂或破损，安装牢固。

（2）电动扳手的使用和操作注意事项。

① 根据螺母大小选择合适的套筒，并正确安装。

② 在送电前应确认电动扳手上开关处于断开状态，若未关闭，则插头插入电源插座时电动扳手会突然转动，可能导致人员受到伤害。

③ 尽可能在使用时找好反向力矩支撑点，以防反作用力伤人。

④ 使用时发现电动机碳刷火花异常时，应立即停止工作，进行检查并排除故障。此外碳刷必须保持清洁干净。

2. 电动螺丝刀

电动螺丝刀类型较多，按使用电源分类可分为直流螺丝刀和交流螺丝刀；按控制方式可分为全自动螺丝刀和半自动螺丝刀；按螺钉拧紧力矩的控制方式可分为电子控制式电动螺丝刀和机械控制式电动螺丝刀；按手持方式可分为手枪式电动螺丝刀和直柄式电动螺丝刀（见图1-12）等。

1）电动螺丝刀的结构特点及用途

全自动螺丝刀的特点是螺钉拧到位就自动断电，停止转动，不会打坏螺丝及损坏机件；电子控制式电动螺丝刀采用永磁直流电动机驱动，拧紧螺钉的力矩用电子线路控制，力矩大小可调，能获得较精确的力矩数值，既能单独作业又能作为机械手的工作头应用于装配自动线上；机械控制式电动螺丝刀采用单相串励电动机驱动，用端面牙嵌安全离合器达到预定的力矩值而自行脱啮来控制螺钉的拧紧力矩，力矩的大小取决于压缩弹簧的力，一般用手握持操作。ETD型直柄式电动螺丝刀操纵机构如图1-13所示。

图1-12 电动螺丝刀类型
(a) 手枪式；(b) 直柄式

图1-13 电动螺丝刀操纵机构
1—启动扳机；2—吊环；3—电源线；4—换向开关；
5—机身；6—扭矩调节柄；7—刀头

2）电动螺丝刀使用注意事项

（1）选择刀头时应使刀头形状与螺钉头形状吻合，以免损伤螺钉头。

（2）拧紧扭矩应符合装配要求，扭矩过大会损坏螺钉或使电动机过载；扭矩过小则会使螺钉拧不紧，从而达不到螺纹夹紧力的要求。

（3）作业时螺钉、刀头应保持一条直线，且垂直于螺纹孔，并应连续、缓慢、平稳地施加压力。

3. 电动工具安全防护

1）电动工具安全防护类型

Ⅰ类工具安全防护：工具中设有接地装置，绝缘结构中全部或多数部位有基本绝缘。如果绝缘损坏，由于可触及的金属零件通过接地装置与安装在固定线路中的保护接地或保护接零导线连接在一起，故不致成为带电体，可防止操作者触电。

Ⅱ类工具安全防护：这类工具的绝缘结构由基本绝缘和附加绝缘构成的双重绝缘或加强绝缘组成。当基本绝缘损坏时，操作者由附加绝缘与带电体隔开，不致触电。Ⅱ类工具必须采用不可重接电源插头，不允许接地。

Ⅲ类工具安全防护：这类工具由安全电压电源供电。安全电压是指导体之间或任何一个导体与地之间空载电压有效值不超过 50 V；对于三相电源，导体与中线之间的空载电压有效值应不超过 29 V。安全电压通常由安全隔离变压器或具有独立绕组的变流器供给。Ⅲ类工具上不允许设置保护接地装置。

2）电动工具使用前的检查项目

（1）外壳、手柄有无裂缝、破损。

（2）电缆或软线是否完好，保护接地线或接零线连接是否正确、牢固，电气保护装置是否完好，机械防护装置是否完好。

（3）插头是否完好，开关动作是否正常、灵活、无缺损，转动部分是否灵活。

3）手持式电动工具使用注意事项

（1）移动式电动机械和手持式电动工具的单相电源线必须使用三芯软橡胶电缆，三相电源线必须使用四芯橡胶电缆；接线时，缆线护套应穿进设备的接线盒内并予以固定。

（2）当工具正在被使用时，工具上的安全防护装置不能去掉。

（3）电动机具的操作开关应置于操作人员触手可及的部位。当休息、下班或工作中突然停电时，应切断电源开关。

（4）一般场所应选用Ⅱ类手持式电动工具，并装设额定触电动作电流不大于 15 mA、额定动作时间小于 0.1 s 的漏电保护器。若采用Ⅰ类手持式电动工具，还必须做接零保护。操作人员必须戴绝缘手套、穿绝缘鞋或站在绝缘垫上。

（5）禁止使用塑料花线。移动工具时，不得只提着工具搬动。

（6）机具启动后，应空载运转，并检查和确认机具联动灵活无阻。作业时，加力应平稳，不得用力过猛。

（7）严禁超载使用。在作业时间过长、机具温升超过 60℃时，应停机，自然冷却后再行作业。作业中应注意响声及温升，发现异常应立即停机检查。

4）使用电动工具的安全注意事项

（1）连接电动机械及工具的电气回路应单独设开关或插座，并装设漏电保护器，金属外壳应接地；严禁一闸接多台设备。

（2）电流型漏电保护器的额定漏电电流不得大于 30 mA，动作时间不得大于 0.1 s；电压型漏电保护器的额定漏电电压不得大于 36 V。

(3) 电动工具应使用双重绝缘或者接地保护。
(4) 手持式电动工具的负荷线必须采用橡皮护套铜芯软电缆,并不得有接头。
(5) 工具不用时要把插头拔下,拔插头时不要猛拽电线。
(6) 工作地点应有充足的照明。

5) 手持电动工具的维护与保养

(1) 定期对工具进行维护,保障机具整体清洁,并保持机器与通风孔及运转顺畅,以使其处于良好的工作状态。

(2) 定期更换新碳刷和电源线,以确保其导电性能良好;及时填补因作业中机身上丢失的螺钉。

(3) 电动工具的绝缘电阻应定期用 500 V 的兆欧表进行测量,如带电部件与外壳之间绝缘电阻值达不到 2 MΩ,必须进行维修。

(4) 电动工具的电气部分经维修后,必须进行绝缘电阻测量及绝缘耐压试验,试验电压为 380 V,试验时间为 1 min。

(5) 定期检查传动部分的轴承、齿轮及冷却风叶是否灵活完好,适时对转动部位加注润滑油,以延长机具的使用寿命。

(6) 非金属壳体的电动机和电器,在存放和使用时不应受压、受潮,并不得接触汽油等溶剂。

(7) 机具使用完毕后应及时归还工具库妥善保管,杜绝工具放在个人工具柜过夜。

二、任务实施

一、扭矩扳手
操作时应注意:
二、气动工具
1. 气动扳手的使用方法及注意事项
2. 气动螺丝刀的使用方法及注意事项
3. 气动工具的润滑及保养

续表

三、电动工具
1. 电动扳手的使用和操作注意事项
2. 电动扳手的检验及保养
3. 使用电动工具的安全注意事项

三、任务评价

专业班级：		姓名：		学号：	
专业（知识/技能）收获			（非专业）能力素质收获		
评价考核项目			自我评价	小组评价	教师评价
已掌握扭矩扳手使用及注意事项					
已掌握气动工具使用及注意事项					
已掌握电动工具使用及注意事项					
课外学习时间（学时）					
收集相关知识程度					
工作态度（课堂、课后任务完成情况）					
合作意识及协调能力					
正确表达及沟通能力					
自律能力（缺勤/旷课/迟到/违纪次数）					

任务1.4　汽车装配基本功训练

任务1.4.1　熟练掌握直柄式电动螺丝刀的使用方法

一、知识准备

以 ETD 型直柄式电动螺丝刀（见图 1-13）为例，说明操作方法。

根据螺钉头部形状选择合适的刀头，并按以下步骤进行操作。

（一）安装螺丝刀刀头

（1）在工作台上水平放置电动螺丝刀，如图 1-14（a）所示。

（2）压下刀头锁定套，如图 1-14（b）所示。

（3）对准定位槽插入电动螺丝刀刀头，必须安装到位，如图 1-14（c）所示。

（4）松开刀头锁定套，推拽刀头检查是否装好（不能拽出说明已安装好），如图 1-14（d）所示。

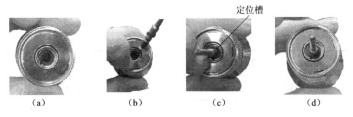

图 1-14　刀头安装示意图

（二）扭矩调整

调整扭矩时将调节柄向上顶，然后再转动调节柄，如图 1-15（a）所示，顺时针转动时扭矩变小；反之，逆时针转动，则扭矩变大。扭矩调定后放下调节柄，如图 1-15（b）所示。

（三）操作方法

1. 手握姿势

右手握电动螺丝刀：拳眼朝上，食指压在电动螺丝刀启动扳机上用来控制电动螺丝刀的停转，如图 1-16（a）所示。若要切换电动螺丝刀转动方向，则伸出拇指放到换向开关上，

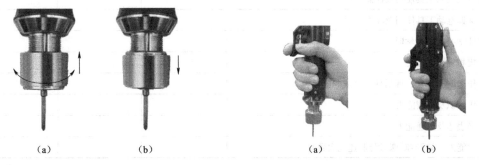

图 1-15　扭矩调整示意图　　　图 1-16　电动螺丝刀手握姿势

如图1-16（b）所示，把换向开关拨到下方，刀头按顺时针方向旋转，此时电动螺丝刀处于拧进螺钉的状态；反之，把换向开关向上拨动，刀头按逆时针方向旋转，此时电动螺丝刀处于拧出螺钉的状态。

2. 电动螺丝刀操作

左手大拇指、食指或中指捏住螺钉，把螺钉贴近电动螺丝刀刀头尖端，如图1-17所示。刀头具有磁性，可以吸住螺钉，松开左手，将螺钉尖端对准目标螺钉孔，把换向开关拨到拧进螺丝的状态，按住启动扳机并随电动螺丝刀转动轻轻压下，即可将螺钉拧进螺钉孔。若要拧出螺钉，首先切换电动螺丝刀旋转方向，即把换向开关拨到拧出螺钉的状态（向上），然后将刀头对准螺钉轻轻压住并按下启动扳机，螺钉即可拧出。

图1-17 电动螺丝刀操作

二、任务实施

步骤	图 例	说 明
安装螺丝刀刀头		
	定位槽	

续表

步骤		图 例	说 明
扭矩调整			
操作方法	手握姿势		
	操作		

三、任务评价

专业班级：		姓名：		学号：	
专业（知识/技能）收获			（非专业）能力素质收获		
评价考核项目		自我评价	小组评价	教师评价	
安装螺丝刀刀头的熟练程度					
手握姿势的熟练程度					
操作的熟练程度					
课外学习时间（学时）					
工作态度（课堂、课后任务完成情况）					
合作意识及协调能力					
正确表达及沟通能力					
自律能力（缺勤/旷课/迟到/违纪次数）					

任务1.4.2　熟练掌握用气动或电动扳手扭紧螺母

一、知识准备

（一）螺母的传送动作

（1）螺母座面贴拇指，如图1-18所示。

（2）用拇指推赶螺母的座面送出，如图1-19所示。

图1-18　螺母座面贴拇指

图1-19　送出螺母

（二）扳手上安置螺母

(1) 按如图 1-20 所示方法将螺母对正枪头。
(2) 用拇指推出，如图 1-21 所示。
(3) 向内侧滑动按紧，如图 1-22 所示。

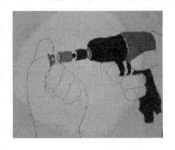 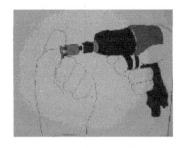 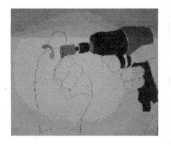

图 1-20　螺母对正枪头　　　　图 1-21　用拇指推出　　　　图 1-22　向内侧滑动按紧

（三）拧紧螺母的动作

(1) 枪垂直向下，对准螺柱，如图 1-23 所示。
(2) 扣动扳机带上螺母，如图 1-24 所示。
(3) 垂直拧紧螺母，如图 1-25 所示。

图 1-23　枪垂直对准螺柱　　　　图 1-24　扣动扳机带上螺母　　　　图 1-25　垂直拧靠紧母

（四）紧固螺母连续动作

(1) 拧螺母时，右手要握住扳手，左手准备下一个螺母，如图 1-26 所示。
(2) 装下一个螺母，如图 1-27 所示。

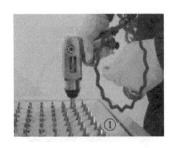 

图 1-26　左手准备下一个螺母　　　　图 1-27　装下一个螺母

二、任务实施

步骤	图 例	说 明
螺母的传送动作	①	
	②	
扳手上安置螺母		
拧紧螺母的动作	①	
	②	
	③	

续表

步骤	图例	说　明
紧固螺母连续动作	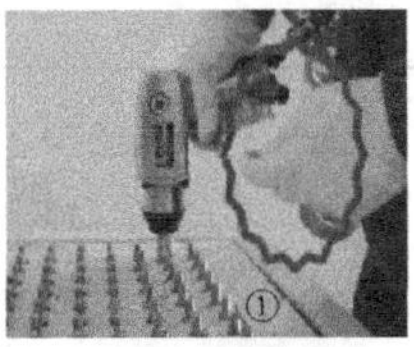 ① ②	

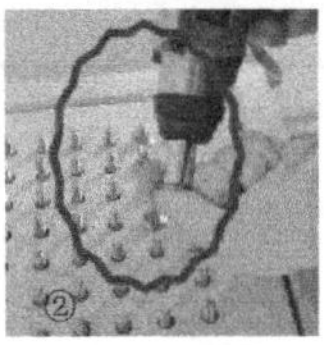

三、任务评价

专业班级：　　　　　　姓名：　　　　　　学号：

专业（知识/技能）收获	（非专业）能力素质收获

评价考核项目	自我评价	小组评价	教师评价
拧紧螺母操作的熟练程度			
课外学习时间（学时）			
工作态度（课堂、课后任务完成情况）			
合作意识及协调能力			
正确表达及沟通能力			
自律能力（缺勤/旷课/迟到/违纪次数）			

任务1.4.3　熟练掌握用气动或电动扳手拧紧螺母

一、知识准备

（一）准备螺栓的动作

1. 螺栓准备

螺栓头部垂直朝向自己，用三个手指灵活的运送螺栓，如图1-28所示。

2. 捻出螺栓

捻出螺栓，露出螺栓头部，如图 1-29 所示。

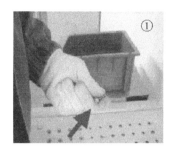

图 1-28　螺栓准备

图 1-29　捻出螺栓

（二）扳手上螺栓的动作

（1）将螺栓对准扳手孔中心，如图 1-30 所示。

（2）用三个手指夹紧螺栓，插入扳手孔中心，如图 1-31 所示。

图 1-30　安装螺栓

图 1-31　用力方法

（三）拧紧螺栓

1. 垂直安装

拧紧螺栓时扳手应垂直于安装平面，如图 1-32 所示。

2. 垂直拔出扳手

拧紧螺栓后拔出扳手时也要垂直于安装平面，如图 1-33 所示。

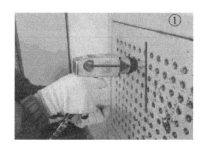

图 1-32　垂直安装

图 1-33　垂直拔出

二、任务实施

步骤	图 例	说 明
准备螺栓的动作	①	
	②	
扳手上螺栓		
拧紧螺栓	①	
	②	

三、任务评价

专业班级：		姓名：		学号：	
专业（知识/技能）收获			（非专业）能力素质收获		
评价考核项目		自我评价		小组评价	教师评价
拧紧螺栓操作的熟练程度					
课外学习时间（学时）					
工作态度（课堂、课后任务完成情况）					
合作意识及协调能力					
正确表达及沟通能力					
自律能力（缺勤/旷课/迟到/违纪次数）					

任务1.4.4　熟练掌握卡扣的插入操作

一、知识准备

（一）从料盒中取出卡扣

（1）两只手同时各取出5~6个卡扣，一次取多个会使传送困难，容易脱落，如图1-34所示。

（2）目视确认双手中卡扣数量，如图1-35所示。

（3）双手交替做插入准备，如图1-36所示。

图1-34　取卡扣

图1-35　确认卡扣数量

图1-36　做插入准备

（二）一只手传送卡扣

卡扣拿握方法：卡扣的面朝上，用拇指推出。在传送中食指要接触卡扣的下端，如图 1-37 所示；拇指要接触卡扣面，如图 1-38 所示。

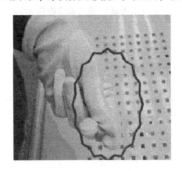 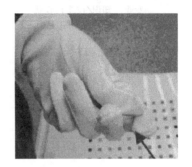

图 1-37　卡扣拿握方法　　　　　　　图 1-38　拇指接触卡扣面

（三）两只手传送卡扣

一只手做插入姿势，另一只手做传送姿势，如图 1-39 所示。

（四）插入动作

拇指接触卡扣面进行安装，孔位应对准，卡入要到位，如图 1-40 所示。

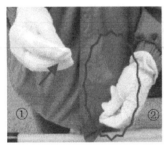  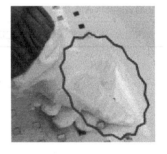

图 1-39　两只手传送卡口　　　　　　　图 1-40　位置要准确

（五）插入训练

两手各拿 5~6 个卡扣，左右交替插入训练，拇指与食指姿势应正确，孔位应对正并卡入到位，如图 1-41 所示。

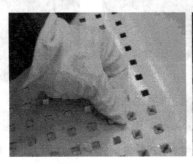 

图 1-41　左右交替插入训练

（六）连续的插入

一只手插入卡扣，另一只手捻送做准备工作，如图1-42所示。

（七）在标准节拍下连续插入训练

按30 s 16个的目标将节拍器调整到3.5 s一个循环卡扣，左右手交替反复训练，如图1-43所示。

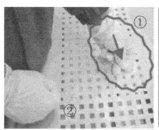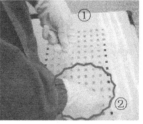

图1-42　连续插入

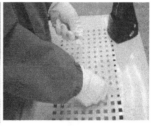

图1-43　左右手交替反复训练

二、任务实施

步骤	图　例	说　明
从料盒中取出卡扣		

续表

步骤	图 例	说 明
一只手传送卡扣	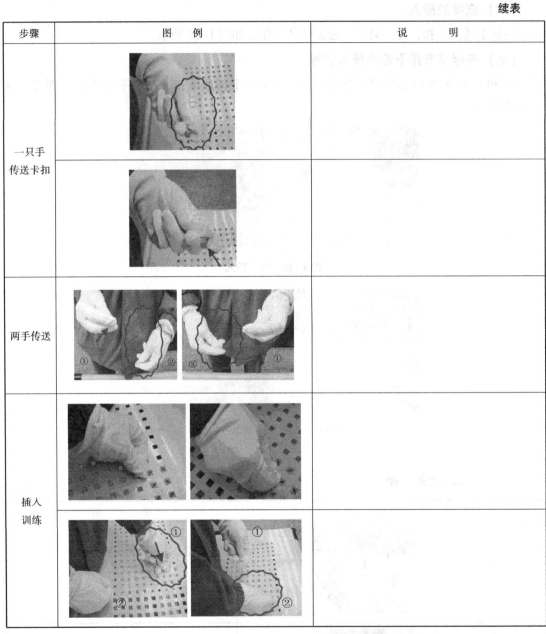	
两手传送		
插入训练		

三、任务评价

专业班级：	姓名：	学号：
专业（知识/技能）收获		（非专业）能力素质收获

续表

评价考核项目	自我评价	小组评价	教师评价
插入卡扣操作的熟练程度			
课外学习时间（学时）			
工作态度（课堂、课后任务完成情况）			
合作意识及协调能力			
正确表达及沟通能力			
自律能力（缺勤/旷课/迟到/违纪次数）			

任务 1.4.5　熟练掌握胶堵插入的操作方法

一、知识准备

（一）从胶堵的一个位置开始插入

(1) 取胶堵，按如图 1-44 所示做准备。

(2) 用拇指按住一个位置将胶堵镶入，如图 1-45 所示。

图 1-44　做准备

图 1-45　从一个位置镶入

(3) 用两个手指把住胶堵，如图 1-46 所示。

(4) 压胶堵，将其 1/2 位置镶入，如图 1-47 所示。

图 1-46　两手指把住胶堵

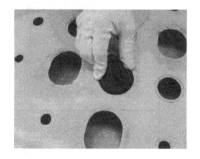

图 1-47　压胶堵，将其 1/2 位置镶入

（二）四周插入

按顺时针压入周边时，注意不要压到中心，以避免脱落。

(1) 用拇指压入，如图 1-48 所示。
(2) 用两手指压入，如图 1-49 所示。
(3) 按顺时针旋转压入，如图 1-50 所示。

图 1-48　拇指压入

图 1-49　两手指压入

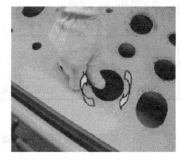
图 1-50　顺时针旋转压入

二、任务实施

插入方式	图　　例	说　　明
从胶堵的一个位置开始插入		

续表

插入方式	图　例	说　　明
四周插入		

三、任务评价

专业班级：		姓名：		学号：	
专业（知识/技能）收获			(非专业）能力素质收获		
评价考核项目		自我评价		小组评价	教师评价
插入胶堵操作的熟练程度					
课外学习时间（学时）					
工作态度（课堂、课后任务完成情况）					
合作意识及协调能力					
正确表达及沟通能力					
自律能力（缺勤/旷课/迟到/违纪次数）					

任务 1.4.6　熟练掌握胶管结合的操作方法

一、知识准备

（一）安装夹子训练

将夹子套在固定位置，并用彩线标出，如图 1-51 所示。

（二）胶管和塑料管结合

（1）两手各拿需装配的管头做安装准备，如图 1-52 所示。

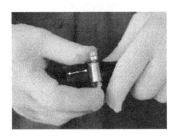

图 1-51　安装夹子训练

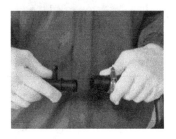

图 1-52　安装准备

（2）将胶管插入塑料管凸缘，如图 1-53 所示。安装后应符合安装标准，如图 1-54 所示。

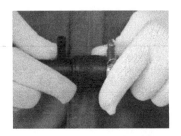

图 1-53　插入塑料管凸缘

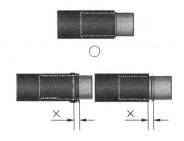

图 1-54　安装标准

（三）紧固夹子

（1）确定夹紧的位置，夹子头朝里侧并夹紧，如图 1-55 所示。

图 1-55　确认夹紧位置并夹紧

（2）安装完毕后确认，如图 1-56 所示。

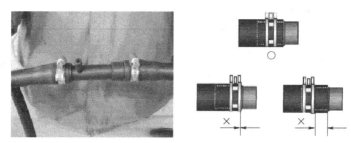

图 1-56 安装后确认

二、任务实施

步骤	图 例	说 明
安装夹子		
胶管和塑料管结合		
紧固夹子		

三、任务评价

专业班级：		姓名：		学号：	
专业（知识/技能）收获			（非专业）能力素质收获		
评价考核项目			自我评价	小组评价	教师评价
胶管结合操作的熟练程度					
课外学习时间（学时）					
工作态度（课堂、课后任务完成情况）					
合作意识及协调能力					
正确表达及沟通能力					
自律能力（缺勤/旷课/迟到/违纪次数）					

模块 2

内饰系统装配

学习目标

通过本模块的学习应掌握汽车内饰系统装配的相关知识,掌握仪表板系统装配、仪表板总成装配、座椅及安全带装配、车门附件安装以及车门内饰安装。

任务2.1 认识轿车内饰系统的组成

一、知识准备

汽车内饰系统是汽车车身的重要组成部分,主要是指汽车驾驶、操纵所需的各种机构、装置以及汽车内部装饰所用到的各种设施,涉及汽车内部的方方面面。

轿车的内饰不仅有装饰作用,还对汽车的功能、安全性、舒适性以及减振、隔热、吸声、触觉以及视觉等功能起非常重要的作用。因此,内饰件代表了整部汽车的形象,决定着轿车的声誉和档次,影响着人们选择轿车的意愿。

汽车内饰系统主要包括以下子系统:立柱护板系统、安全带、门内护板系统、安全气囊、转向盘、仪表板系统、地毯、踏板总成、座椅系统、顶棚系统、室内空气循环系统、车内照明、车内音响系统、行李箱内装件系统以及发动机舱内装件系统等,如图 2-1 所示。

一般情况下,汽车生产厂家由总装车间与

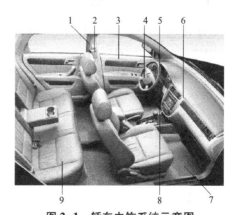

图 2-1 轿车内饰系统示意图
1—立柱护板系统;2—安全带;3—门内护板系统;
4—安全气囊;5—转向盘;6—仪表板系统;
7—地毯;8—踏板总成;9—座椅系统

冲压、焊装、油漆车间组成全封闭式联合厂房,车间由装配区和配货中心两部分组成。例如典型汽车生产厂家的总装车间整体设计采用"T"字形布置方式,以便于配货,如图2-2所示。汽车生产厂家根据不同的工艺要求,将汽车内饰装配分为一次内饰装配和二次内饰装配。

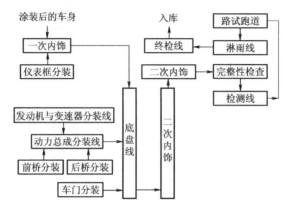

图 2-2 轿车生产线示意图

下面分别介绍一次内饰装配线和二次内饰装配线的工艺流程。

(一) 一次内饰装配线

如图 2-3 所示,某型汽车一次内饰装配线有 T0~T16 共计 17 道工序,每道工序都各自包含着 1~3 个工位,下面将详细介绍各个工位的作业内容。

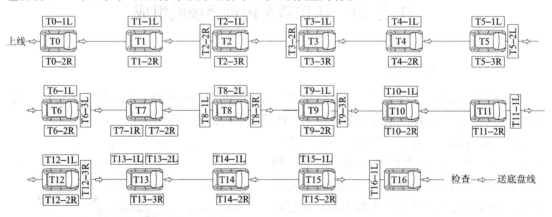

图 2-3 轿车一次内饰装配线工序布置

1. 工位的作业内容

1) T0 上线

T0-1L:安装左前门密封条(全部)、左侧挡泥板(取护衣)、通风口和卡扣,胶贴后侧围通风孔。

T0-2R:安装右前门密封条(全部)、后置天线及天线馈线水管、右侧挡泥板(扫码),取护具,胶贴后侧围通风孔。

2) T1 工位

T1-1L:安装前壁板隔热垫、左后门密封条、导流座(左侧)、顶棚隔振垫和滴水管。

T1-2R：安装导流座（右侧）、右后门密封条、室内灯线束和滴水管。

3) T2 工位

T2-1L：安装左前门线束、锁芯、锁芯卡片、门锁连接消声器、左前门外手柄板、左前门外手柄、前门锁内连接件、前门锁远程连接件和门锁。

T2-2R：连接1、2号后背门线束，连接1、2号后窗线束，安装锁环、后背门锁体、锁芯、背门外手柄总成、牌照灯、牌照板。

T2-3R：连接右前门线束，安装锁芯、锁芯卡片、门锁连接消声器、右前门外手柄板、右前门外手柄、前门锁内连接件、前门锁远程连接件和门锁。

4) T3 工位

T3-1L：连接1号左后门线束，安装左后门外手柄板、左后门外手柄、左后门内锁连接杆、左后门锁远程连接件、锁环、门锁、两种海绵块和左后门限位器。

T3-2R：安装后洗涤器喷嘴及连接管、支撑杆、背门锁杆、锁体和锁环，固定后背门牌照板，连接背门牌照灯线束，紧固后置天线。

T3-3R：连接1号右后门线束，安装右后门外手柄板、右后门外手柄、右后门内锁连接杆、右后门锁远程连接件、锁环、门锁和两种海绵块。

5) T4 工位

T4-1L：安装左外后视镜总成、左前门玻璃滑轨、前门窗电动调节器总成、左前门灯开关、左前门锁环、左前门限位器和左前门玻璃挡水条总成。

T4-2R：安装右外后视镜总成、右前门玻璃滑轨、前门窗电动调节器总成、右前门灯开关、右前门锁环、右前门限位器和右前门玻璃挡水条总成。

6) T5 工位

T5-1L：安装左后门灯开关、左后门升降器、左后门锁环、左侧座椅锁钩、限位器、左后门玻璃外挡水条、左后门儿童标签、端末扫码和门锁连接消声器。

T5-2L：连接发动机机舱主线束（全部），安装前刮水片连接杆、刮水片连杆胶套、刮水器电动机、离合拉线和油门拉线。

T5-3R：安装右后门灯开关、右后门升降器、右侧座椅锁钩、限位器、右后门玻璃外挡水条、右后门儿童标签、加油口护罩和弹簧总成，校对背门打铁线螺栓。

7) T6 工位

T6-1L：连接地板线束、油箱门开启拉线和两根滴水管，安装左前门玻璃托架。

T6-2R：安装线束保护套、前门玻璃托架和顶置冷总成。

T6-3L：安装天线、小密封块、1号顶置冷空调管、安装2号顶置冷空调管、管卡、低压管路隔热密封片、管夹H和双管夹片，安装和打印铭牌。

8) T7 工位

T7-1R：安装成型顶总成（小批量）、1号空气出口隔栅、2号空气出口隔栅、内后视镜、带室内灯、左右遮阳板固定架成和把手。

T7-2R：安装后刮水器电动机、地板线束左右后侧围、加油口罩卡环1和加油口罩卡环2。

9) T8 工位

T8-1L：安装踏板支架、加速踏板和前盖板拉线。

T8-2L：安装后背门胶条、后侧围护板和扶手。

T8-3R：安装离合器储油杯密封套、离合器储油杯软管、制动主缸衬垫、真空助力器带、主油管两通总成、离合器油管总成、节流阀支架、节流阀、1号离合拉线支架、右侧制动油管和机舱盖板隔热垫。

10）T9工位

T9-1L：安装左侧遮阳板、横梁支架、固定横梁、连接ECU线束及安全气囊电脑线束。

T9-2R：安装喷油电脑支架、喷油电脑、右B立柱护板、前制冷器滴水管、空调控制单元总成（小批量）、外气进风风道总成、副驾驶脚风道、右B立柱护板和安全气囊电脑。

T9-3R：安装3号离合拉线支架、固定真空管、前机舱盖板锁和冷凝器，连接主机舱线束。

11）T10工位

T10-1L：安装冷凝器排水管、仪表板右侧线束、右侧遮阳板和仪表板安装支架。

T10-2R：安装冷凝器排水管、仪表板右侧线束、右侧遮阳板和仪表板安装支架。

12）T11工位

T11-1L：所有ABS油管连接及扭力校对。

T11-2R：安装上加热控制器、下加热控制器、手制动、右A立柱护板、仪表板胶贴和消声阻尼板，开启密封条，取CD机。

13）T12工位

T12-1L：安装组合仪表、组合仪表面罩、雾灯开关总成、后除霜开关、后视镜开关、A立柱护板、前门开启密封条和转向立柱螺母，捋顺转向立柱线束。

T12-2R：连接CD机，固定CD机，固定加热控制器，安装中央面罩、旋钮烟灰盒、A立柱护板、前门开启密封条和仪表板。

T12-3R：安装暖风水管A、暖风水管B、前制冷器滴水管过孔胶套、空调管过孔胶套、暖风水管过孔胶堵、侧转向灯总成、前机舱开启器、继电器盒内继电器，安装冷凝器左右密封挡板管夹B、管夹C、管夹D、管夹E。

14）T13工位

T13-1L：安装左前安全带、左后安全带、左后门密封条、左侧后组合灯、洗涤器水盒和减震胶贴。

T13-2L：安装转向立柱上下壳体和变速操纵。

T13-3R：安装右中排安全带、右前排安全带、右后门密封条、右后组合灯和减震胶贴。

15）T14工位

T14-1L：固定水盒，安装前减震器用固定螺母固定。

T14-2R：安装前减震器，校对边灯扭力。

16）T15工位

T15-1L：粘贴前风挡、后风挡侧窗和玻璃密封条玻璃。

T15-2R：粘贴前风挡、后风挡侧窗和玻璃密封条玻璃。

17）工位

T16-1L：安装尾翼，拆卸护具，拓印码。

2. 工位作业时间安排（见表2-1）

表2-1　左前门升降器作业时间

作业名称	左前门升降器		工位	T4-1L	车型	
制作人			工区	T	节拍/s	216
制表日期			班组	1班	作业时间/s	179
序号	作业名称			时间		
				动作	自动	走动
1	确认指示书			2		2
2	取左前门升降器和左前门外挡水条，并放入车内			8		5
3	装右前门挡水条			17		
4	取左前门外后视镜、转向立柱保护套			9		
5	装转向立柱保护套			4		4
6	装后视镜			9		
7	取地板胶堵、左前门限位器、门灯开关、标件盒及风枪，并放入车内			7		4 / 4
8	装地板胶堵			13		
9	装左前门限位器			22		
10	固定后视镜			10		
11	装门灯开关			9		
12	装左前门玻璃滑轨			7		
13	装左前门玻璃升降器			30		
14	自检，返回工位			9		4
合　　计				156		23

3. 工位作业要领（见表2-2和表2-3）

表2-2　左前门玻璃升降器作业要领

作业要领			作业名称	装左前门玻璃升降器	重要项目	作业时间	保证工程	工具
	编号	车型				30s		BQ6风枪 M10套筒
			班组/工区	T工区				
序号	作业步骤	作业要点		注意事项（品质保证方法、检验方法）				零件个数
1	取件	升降器		取升降器时避免划伤车身漆面				
2	安装	右手拿升降器后端和平衡杆，左手拿风动工具对角紧固螺栓		装配升降器时戴好劳保手套，以避免划伤手臂				
3	紧固	螺栓 9004A-10084						
4	安装			平衡杆带凹槽端在后面				

续表

序号	作业步骤	作业要点	注意事项（品质保证方法、检验方法）	零件个数
5	安装	右手拿升降器后端和平衡杆，左手拿风动工具对角紧固螺栓		
6	紧固	螺栓 9004A-10083		

 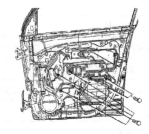

表 2-3　左前门后视镜作业要领

作业要领			作业名称	装配左前门后视镜	重要项目	作业时间	保证工程	工具
	编号	车型				19 s		BQ6 风枪 M10 套筒
			班组/工区	T工区				

序号	作业步骤	作业要点	注意事项（品质保证方法、检验方法）	零件个数
1	取件	左前门后视镜 87940-BZ130	紧固时检查外后视镜胶垫是否平整	
2	安装	右手拿后视镜，左手将线束穿入装配孔	线束从装配孔向下理顺至门内板边	
3	安装		镜侧插接器与车体侧插接器要插接牢固，并将车体侧插接器上的固定销牢固地插到门板内侧	
4	连接			
5	紧固	带垫螺母 9004A-18016		
6	粘贴	粘贴胶带		

(二) 二次内饰装配线

如图 2-4 所示，典型汽车的二次内饰装配线有 F1~F11 共计 11 道工序，每道工序都各自包含着 1~4 个工位，下面将详细介绍各个工序具有哪些作业内容。

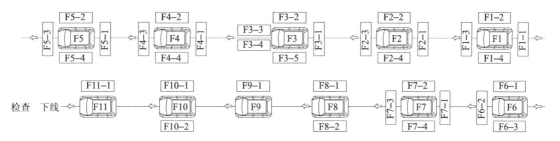

图 2-4 轿车二次内饰装配线工序布置

1. 工序的作业内容

1) F1 工序

F1-1：左前门膜装配，扬声器装配，安装车门内饰板支架和左前门内拉手。

F1-2：安装左后门玻璃、左后门窗框三角装饰板、左后门密封膜、内手柄固定支架和左后门内拉手。

F1-3：安装油门拉线总成、碳罐胶管、线束支架、地线分总成、电子低音喇叭、进风管、蓄电池托盘和动力转向泵传感器，速接发动机舱主线束。

F1-4：安装点火开关、背门内饰板减震块、后背门板和驻车制动调整杆。

2) F2 工序

F2-1：安装散热器密封胶片和暖风进出水管，张贴发动机标签，连续真空管。

F2-2：左、右后侧围板分装及安装。

F2-3：左前地毯装配，连接左后侧围 ABS 线束，安装千斤顶固定座、千斤顶装置、前地板左置搁脚架、左中排座椅安全带下支点、左前排座椅安全带下支点和左中排座椅安全带护罩。

F2-4：连接右 ABS 线束，装配前地毯右侧，连接发动机主线束，安装右前后安全带下支点。

3) F3 工序

F3-1：分装变速操纵安装孔罩与变速操纵框，分装后烟灰盒总成，安装中盖板分总成、仪表板下装饰罩、右前立柱下装饰板和右中立柱下护板。

F3-2：安装右后门玻璃总成、右后门窗框三角装饰板，装配右后门膜、右车门锁内拉手总成。

F3-3：安装前盖板前部装饰板，连接继电器线束插头、卡片、卡扣和继电器盒盖，装配后杠左右缓冲支撑。

F3-4：安装左中立柱护板、一号护板和左侧上车踏板，粘贴轮胎规格及压力标牌。

4) F4 工序

F4-1：空滤器分装及安装，安装蓄电池托盘和打铁线。

F4-2：安装后保险杠安装和四轮外装饰罩。

F4-3：安装左二排座椅和三排座椅，安装左后门外装饰板。

5）F5 工序

F5-1：发动机舱主线束装配，安装左右前风窗下装饰板，紧固转向轴，三合一加注。

F5-2：安装左前座椅和转向盘，校正左上控制臂和左后减震上支点螺栓扭力。

F5-3：安装右前上车踏板、右前座椅、室内镜底座和右前车门外装饰板。

6）F6 工序

F6-1：安装左前照灯、前保险杠右支架、前保险杠左支架和空调出风管。

F6-2：安装左前门内饰板总成、左前门内饰板装饰扣、外后视镜三角装饰板卡扣座及三角装饰板，固定左前门内拉手及内手扣总成。

F6-3：固定右后上车踏板、右二排座椅和三排座椅，校正右后减震上支点及右上控制臂螺栓扭力。

7）F7 工序

F7-1：装配右前门玻璃分总成和右前门膜，安装扬声器、车门内饰板固定支架和内拉手总成。

F7-2：安装表板 2 号护板、杂物箱体总成，安装电动窗开关到右内手扣总成上，安装电动窗主开关总成到左车门内手扣总成上。

F7-3：校紧前悬臂螺栓和下控制臂螺栓，紧固后减震下支点螺栓和横向拉杆左右两侧螺母。

F7-4：粘贴标牌，粘贴后背门后标志标牌，加注制动油。

8）F8 工序

F8-1：安装前杠安装上部，连接雾灯线束，安装蓄电池。

F8-2：安装右前门内饰板总成、右前门内饰板装饰扣、外后视镜三角装饰板卡扣座及三角装饰板、右后门内饰板分总成和右车门内手扣总成，固定右车门内手扣总成和右车门拉手总成。

9）F9 工序

F9-1：粘贴无铅汽油提示表，安装油箱盖，加注汽油。

10）F10 工序

F10-1：紧固后杠下部螺栓。

F10-2：加注制冷液，加注风窗清洗液。

F10-3：装配前刮水器和发动机前舱板上密封条，调整前后刮水器喷嘴及后窗刮水器。

11）F11 工序

F11-1：设备异常时手动补液。

2. 工位作业时间安排（见表 2-4）

表 2-4 发动机舱、空滤器的分装和安装及蓄电池托盘、打铁线的安装作业时间

作业名称	发动机舱、空滤器的分装和安装及蓄电池托盘、打铁线的安装		工位	F4-1	车型	
制作人			工区	F	节拍/s	216
制表日期			班组	1班	作业时间/s	153

序号	作业名称	时间		
		动作	自动	走动
1	取滤清器总成，检查是否有划伤	2		
2	取进气压力传感器，将温度传感器卡入空滤器上并固定	9		
3	取胶管，并安装在电磁阀上	5		
4	取风枪，用螺栓将分装的电磁阀固定在空滤器上	10		
5	取前取气管总成，并用管夹将其固定在与滤清器连接处	15		
6	取蓄电池搭铁线螺栓、O形密封圈、蓄电池托盘螺栓，并放入前机舱上	4		
				3
7	拽开发动机线束，取下发动机防尘盖并安装O形密封圈	16		
				2
8	取螺栓，安装分装好的空滤器	29		
				3
9	取风枪固定搭铁线螺栓、蓄电池托盘螺栓和空滤器螺栓	39		
				2
10	取扭矩扳手，校对搭铁线螺栓	5		
				1
11	放回扭矩扳手	1		
				7
12	放回风枪，返回原位			
合计		135		18

3. 工位作业要领（见表 2-5）

表 2-5 右中排座椅总成作业要领

作业要领			作业名称		右中排座椅总成	重要项目	作业时间	保证工程	工具
	编号	车型					40s	自	风枪BQ6、M12套筒头、扭力扳手、记号笔
			班组/工区		F工区				

序号	作业步骤	作业要点	注意事项（品质保证方法、检验方法）	零件个数
1	取件	取左中排座椅总成一个，确认部件完好（见图1）	包装完好，护罩无划伤	
2	搬运	将右中排座椅总成安放到左前座椅安装处（见图2）		

续表

序号	作业步骤	作业要点	注意事项（品质保证方法、检验方法）	零件个数
3	取风枪和螺栓	取4个六角法兰面螺栓和平垫圈组合件9004A-11186（见图3）		
4	预紧座椅	预紧前端螺栓2个，预紧后端螺栓2个		
5	取件	扭矩扳手		
6	校正扭力	取扭矩扳手校对螺栓扭力，取记号笔打标记，将中排座椅靠背扶起（见图4）	规格：20.6~30.3 N·m；注意：固定座椅时，小腿不要和门槛下侧钣金有接触，以防磕碰出暗坑	

图1　　　　　图2　　　　　图3　　　　　图4

二、任务实施

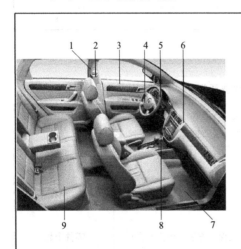

各组成部分的名称

1—(　　　)；2—(　　　)；3—(　　　)；

4—(　　　)；5—(　　　)；6—(　　　)；

7—(　　　)；8—(　　　)；9—(　　　)

三、任务评价

专业班级：		姓名：		学号：	
专业（知识/技能）收获			（非专业）能力素质收获		
评价考核项目		自我评价		小组评价	教师评价
已掌握轿车内饰系统的组成					
主动提出问题数量					
课外学习时间（学时）					
工作态度（课堂、课后任务完成情况）					
合作意识及协调能力					
正确表达及沟通能力					
自律能力（缺勤/旷课/迟到/违纪次数）					

任务2.2 掌握仪表板系统装配

任务2.2.1 认识轿车左、中、右分块式仪表板系统

一、知识准备

仪表板系统由仪表板总成及其上所安装的各种仪表、控制开关、显示器及各种保护罩、装饰板等组成。仪表板系统是汽车进行操纵、控制及显示的集中装置，是汽车上的主要内饰件，也是车厢内最引人注目的地方。仪表板总成壁薄，体积大，结构形状十分复杂，上面开有很多方孔和圆孔。

（一）仪表板系统的类型

仪表板系统主要是根据仪表板总成的材料及各种仪表布置的结构形式来分类的，按其材料可分为硬仪表板和软仪表板；按其结构可分为整体式仪表板和组合式仪表板。组合式仪表板又可分为左、右分块环抱式仪表板，左、中、右分块式仪表板，中置式仪表板等。

1. 硬质仪表板

硬质仪表板一般采用PP、PC、ABS、PPO、PC/ABS等一次性注射成型。这种仪表板尺

寸很大，无蒙皮，表面质量要求很高，其材料要求耐湿、耐热、刚性好且不易变形。这种仪表板通常在轻、小型货车和大货车、客车上使用，如图2-5所示。

2. 软质仪表板

软质仪表板由表皮、骨架材料和缓冲材料等构成，一般采用钢板、PC/ABS合金、ABS、改性PP、FRP等材料做成骨架，表皮材料采用PVC/ABS或PVC片材等。其加工工艺是先将表皮真空吸塑成型后，置入发泡模腔内，再放上骨架，然后注入缓冲类发泡材料（如PU）而成型。由于半硬质PU泡沫有很多气孔，因此具有良好的回弹性，并能吸收50%~70%的冲击能量，安全性高，耐热、耐寒，坚固耐用，且手感好。但是由这三种以上材料构成的仪表板，材料的再生利用极为困难。为了便于回收利用，正在发展热塑性聚烯烃TPO表皮和改性聚丙烯PP骨架及聚丙烯发泡材料。这种仪表板一般在轿车上使用，如图2-6所示。

图2-5 硬质仪表板

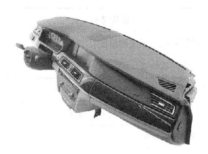

图2-6 软质仪表板

3. 左、右分块环抱式仪表板

左、右分块环抱式仪表板上没有横向贯通的线条，仪表显示区和中控区是紧密联系的；主仪表和空调、音响等的操控区成围绕驾驶员的环抱式，体现了较好的操控性和人机协调性；环抱区通过大回转线条和前排乘员区的表台分离，形成左右两部分。这种设计可塑性强，强调了以驾驶员为主的操控气氛，常用于经济型或运动型轿车，如图2-7所示。

4. 左、中、右分块式仪表板

与左、右分块的形式略有不同，左、中、右分块形式强调了中置控制区的功能，形体上独立或成封闭的区间，其线条不与左、右型面连接，各个功能区的划分明显，一目了然，形体上饱满圆滑，可以派生出多种不同的布局方案。这种布置方式在小型车和概念车上也很常见，如图2-8所示。

图2-7 左、右分块式仪表板

图2-8 左、中、右分块式仪表板

5. 中置式仪表板

中置式仪表板把仪表布置在仪表板中间，驾驶员正前方区域消除了凸起的表罩形体，因此不仅视野性良好，而且形体新颖直观，如图2-9所示。

图2-9 中置式仪表板

（二）仪表板系统的结构及布置形式

仪表板中的操纵机构、各种仪表、控制开关及设施按其功能一般分为驾驶操控区和乘用功能区两部分。驾驶操控区即主仪表区，是操控车辆行驶的有关功能区，一般集中在转向盘周围，如行车里程表、车速表、发动机转速表、灯光开关和刮水器开关等；乘用功能区即副仪表区，主要有空调旋钮、音响控制和储物盒等，一般集中在仪表板的中部及右部。轿车左、中、右分块式仪表板系统如图2-10所示。

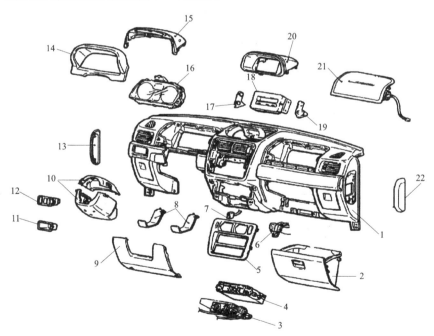

图2-10 左、中、右分块式仪表板系统

1—仪表面板总成；2—手套箱；3—热风控制总成；4—录音机；5—中央面板；6—手套箱撞击器；7—故障灯开关接头；8—膝盖保护器支架；9—底盖；10—转向盘轴盖；11—开关插头；12—开关面板总成；13—左侧盖；14—仪表罩B；15—仪表罩A；16—组合仪表；17—显示器左支架；18—时钟；19—显示器右支架；20—显示器罩；21—乘客侧面气囊模块；22—右侧盖

二、任务实施

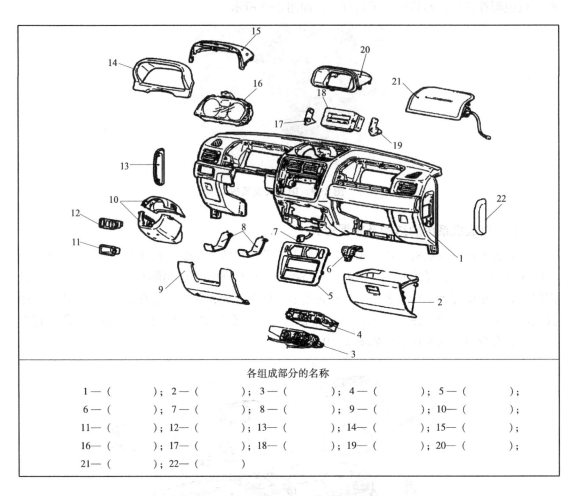

各组成部分的名称
1—（　　　）；2—（　　　）；3—（　　　）；4—（　　　）；5—（　　　）；
6—（　　　）；7—（　　　）；8—（　　　）；9—（　　　）；10—（　　　）；
11—（　　　）；12—（　　　）；13—（　　　）；14—（　　　）；15—（　　　）；
16—（　　　）；17—（　　　）；18—（　　　）；19—（　　　）；20—（　　　）；
21—（　　　）；22—（　　　）

三、任务评价

专业班级：	姓名：	学号：
专业（知识/技能）收获		（非专业）能力素质收获

评价考核项目	自我评价	小组评价	教师评价
已掌握仪表板系统的类型			
已掌握轿车左、中、右分块式仪表板系统			
主动提出问题数量			
课外学习时间（学时）			

续表

评价考核项目	自我评价	小组评价	教师评价
工作态度（课堂、课后任务完成情况）			
合作意识及协调能力			
正确表达及沟通能力			
自律能力（缺勤/旷课/迟到/违纪次数）			

任务2.2.2　典型仪表板系统装配工艺流程

一、知识准备

仪表板系统由于结构形式及制造厂家不同，其装配工艺流程也有所不同。组合式仪表板系统由仪表板横梁和仪表板本体构成。车内装配时首先分别组装仪表板横梁和仪表板本体，然后在车体指定位置先安装仪表板横梁，再通过仪表板横梁把仪表板本体安装到车体上，之后安装各种仪表、控制开关和装饰板等。如图2-11所示。

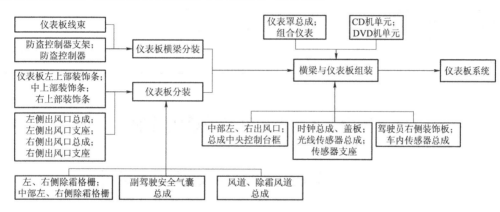

图2-11　仪表板组装工艺流程

二、任务实施

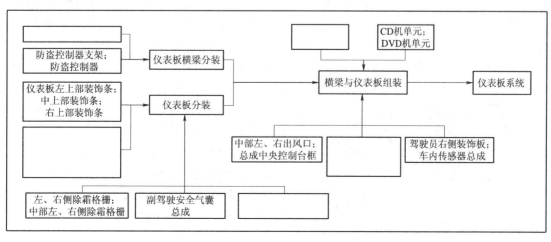

三、任务评价

专业班级：		姓名：		学号：	
专业（知识/技能）收获			(非专业)能力素质收获		
评价考核项目		自我评价	小组评价		教师评价
已掌握典型仪表板系统装配工艺流程					
主动提出问题数量					
课外学习时间（学时）					
工作态度（课堂、课后任务完成情况）					
合作意识及协调能力					
正确表达及沟通能力					
自律能力（缺勤/旷课/迟到/违纪次数）					

任务2.3 掌握仪表板总成装配

任务2.3.1 掌握整体式仪表板系统的装配过程

一、知识准备

(一) 仪表板总成的装配

整体式仪表板系统没有仪表板横梁，因此，首先组装仪表板总成，再把仪表板总成安装到车体上，之后再安装各种仪表、控制开关、手套箱以及装饰板等，最后安装地板控制台。下面介绍整体式仪表板系统的装配过程。

仪表板总成主要有仪表面板、中央支撑面板、仪表面板加强板、中央空气出口壳、中央空气出口总成、侧面空气出口总成、除霜器管、分配管、接头固定器、杂物箱和装饰面板等零部件。仪表板总成（见图2-12）是以上各零部件依次安装到仪表面板所构成的。

仪表板总成各零部件的安装顺序如下：

1. 安装中央支撑面板

安装中央支撑面板时，在仪表面板指定位置用自攻螺钉以3~5 N·m的扭矩将支撑架拧紧，如图2-13

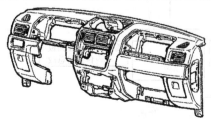

图2-12 仪表板总成

所示。

2. 安装仪表面板加强板

安装仪表面板加强板时，用自攻螺钉 1 将仪表面板加强板与中央支撑面板相连，用自攻螺钉 2 和自攻螺钉 3 将仪表面板加强板与仪表面板相连，各螺钉的拧紧扭矩均为 3~5 N·m，如图 2-14 所示。

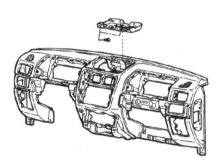

图 2-13 安装中央支撑面板示意图

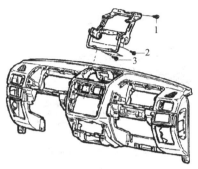

图 2-14 安装仪表面板加强板

1，2，3—自攻螺钉

3. 安装中央空气出口壳

安装中央空气出口壳时，在仪表面板指定位置用自攻螺钉以 3~5 N·m 的扭矩将中央空气出口壳拧紧，如图 2-15 所示。

4. 安装中央空气出口总成及侧面空气出口总成

安装顺序为先安装中央空气出口总成，后安装侧面空气出口总成，在安装中央空气出口总成时，对准中央空气出风口将中央空气出口总成推进；安装侧面空气出口总成时应注意卡扣的形状及位置，必须将卡扣卡好，如图 2-16 所示。

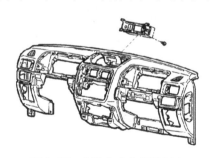

图 2-15 安装中央空气出口壳

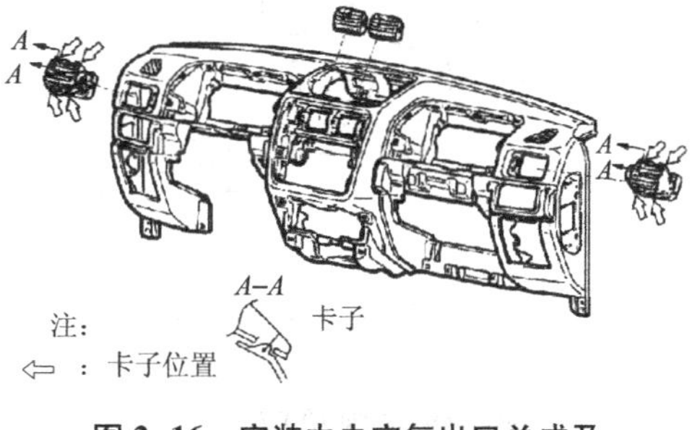

图 2-16 安装中央空气出口总成及侧面空气出口总成

5. 安装除霜器管

安装除霜器管时应对准管口与仪表面板上的除霜器出风口，然后依次由从里到外的顺序将 4 个自攻螺钉拧紧，其拧紧扭矩为 3~5 N·m，如图 2-17 所示。

6. 安装分配管

安装分配管时，分配管上的中央出风口及两侧出风口应对准仪表面板上相应的出风口，自攻

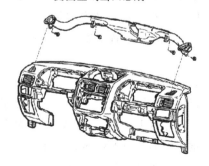

图 2-17 安装除霜器管

螺钉2拧在除霜器管上,其余的自攻螺钉1、3、4拧在仪表面板上,注意3个螺钉都带好后,先拧紧螺钉3,然后再拧紧两边螺钉,其拧紧扭矩为3~5 N·m,如图2-18所示。

7. 安装接头固定器

将接头固定器插入安装孔,拧紧自攻螺钉,其拧紧扭矩为3~5 N·m,如图2-19所示。

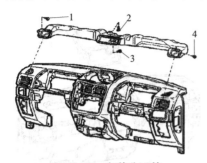

图2-18 安装分配管

1,2,3,4—自攻螺钉

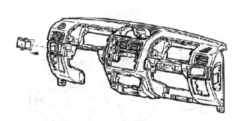

图2-19 安装接头固定器

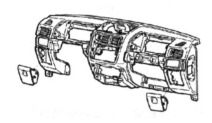

图2-20 安装杂物箱

8. 安装杂物箱

安装杂物箱时用力不应过猛,两侧的铰链轴都要安装到位,如图2-20所示。

9. 安装装饰面板

将每个装饰面板对准各自的安装位置,用自攻螺钉拧紧,其拧紧扭矩为3~5 N·m,如图2-21所示。组装后的仪表面板总成如图2-22所示。

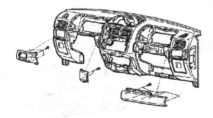

图2-21 安装装饰面板

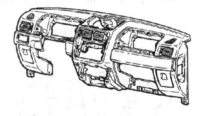

图2-22 仪表板总成

(二)安装仪表板总成

车体内安装仪表板总成时,在车身上先安装边支撑架,然后再安装仪表板总成。

1. 安装仪表面板边支撑架

在车身相应位置上安装左、右边支撑架,用螺栓以8~10 N·m的扭矩拧紧,如图2-23所示。

2. 安装仪表面板总成

将仪表面板总成对准左、右边支撑架上的孔和车身上的安装孔,仪表面板总成与边支撑架用自攻螺钉1拧紧,其拧紧扭矩为3~5 N·m;仪表面板总成与车身用六角螺栓2拧紧,其拧紧扭矩为8~10 N·m,拧紧时应将所有螺栓全都带上,然后按从中间向外、从上到下的顺序拧紧所有螺栓,如图2-24所示。

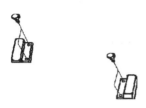

图 2-23　安装边支撑架

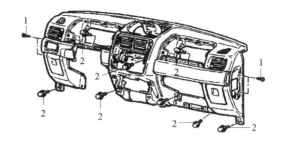

图 2-24　安装仪表面板总成

1—自攻螺钉；2—六角螺栓

（三）安装各种主要仪表、控制开关及仪表罩

在仪表板总成中安装的主要零部件有仪表面板侧盖、手套箱、乘客侧气囊模块、A/C 控制面板总成（空调控制）、录音机、中央面板、显示器支架及时钟、显示器罩、仪表罩外罩、组合仪表、仪表罩内罩、底盖及方向柱盖等。下面介绍各零部件的安装步骤及注意事项。

1. 安装仪表面板侧盖

仪表板与左右两侧盖均用卡扣连接，因此，安装时对准卡扣压进即可，如图 2-25 所示。

2. 安装手套箱

安装手套箱时，先安装手套箱门总成，然后再安装手套箱门挡块。

（1）安装手套箱门总成时应水平地接合两侧的铰链，注意操作时用力不要过猛，如图 2-26 所示。

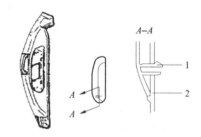

图 2-25　安装仪表面板侧盖

1—卡口；2—仪表面板

（2）按图 2-27 中箭头所示方向推入手套箱门两侧的同时，关闭箱门以将其接触到各自挡块上，并将手套箱门挡块安装到手套箱门上。

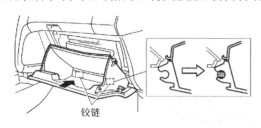

图 2-26　安装手套箱门总成

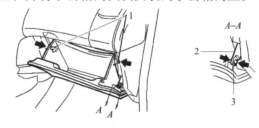

图 2-27　安装手套箱门挡块

1—挡块；2—手套箱门挡块；3—定位爪

3. 安装乘客侧气囊模块

仪表面板与乘客侧气囊模块采用两种不同形状的卡扣连接，即上排和左右两侧采用 A 型卡扣，下排用 B 型卡扣，安装时对准上排 4 个卡扣稍微压下，检查左、右卡扣位置是否正确，确认后压下即可，如图 2-28 所示。

4. 安装 A/C 控制面板总成、录音机及中央面板

安装顺序为先装 A/C 控制器总成，然后安装录音机，最后安装中央面板，如图 2-29 所示。

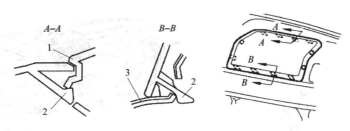

图 2-28　安装乘客侧气囊模块

1—仪表面板；2—卡口；3—装饰板

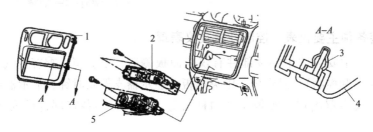

图 2-29　安装 A/C 控制面板总成、录音机及中央面板

1—中央面板；2—录音机；3—夹子；4—仪表面板；5—A/C 控制器

1）安装 A/C 控制器总成

安装 A/C 控制器总成与仪表板总成，用螺纹连接，操作时 A/C 控制器总成左右两侧的安装孔与仪表板总成上相应的安装位置对准，用自攻螺钉连接，拧紧扭矩为 3~5 N·m。

2）安装录音机

其安装方法与安装 A/C 控制器总成相同。

3）安装中央面板

中央面板与仪表板总成采用夹子连接，操作时对准左右两侧 4 个夹子，用力应均匀，不要过猛。

5. 安装显示器支架、时钟及显示器罩

安装顺序为先将时钟与显示器架相连，然后通过显示器架安装到仪表板总成上，最后安装显示器罩，如图 2-30 所示。

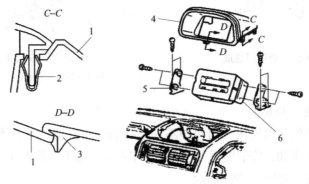

图 2-30　安装显示器支架、时钟及显示器罩

1—仪表面板；2—夹子；3—卡扣；4—显示器罩；5—显示器支架；6—时钟

1）时钟与显示器支架相连

时钟的左右两侧分别用两个自攻螺钉安装显示器支架，拧紧扭矩为 3~5 N·m。

2）安装时钟

将已经安装显示器支架的时钟安装到仪表板总成，操作时显示器支架上的安装孔应对准仪表板总成上相应的位置，并用左右各两个自攻螺钉连接，拧紧扭矩为 3~5 N·m。

3）安装显示器罩

显示器罩与仪表板总成采用夹子和卡扣连接，即正面用卡扣、后面左右两侧各用两个夹子。操作时应对准各夹子及卡扣，用力不要过猛。

6. 安装仪表外罩、组合仪表、仪表内罩

组合仪表及其护罩的安装顺序为先安装仪表外罩，再安装组合仪表，最后安装内罩，如图 2-31 所示。

（1）仪表外罩与仪表板总成前后共用 4 个自攻螺钉连接，安装时仪表外罩上的 4 个孔对准仪表板总成上相应的安装孔，螺钉的拧紧扭矩为 3~5 N·m。

（2）组合仪表与仪表板总成共用 3 个自攻螺钉连接，即下边 2 个螺钉、上边 1 个螺钉，安装时仪表外罩上的 3 个孔对准仪表板总成上相应的安装孔，螺钉的拧紧扭矩为 3~5 N·m。

（3）仪表内罩与仪表板总成共用 4 个夹子连接，即前边 2 个、后边 2 个。安装时对准各夹子及安装孔，用力应均匀，不要过猛。

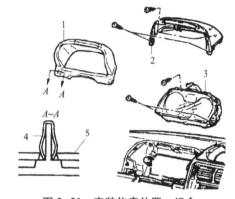

图 2-31 安装仪表外罩、组合仪表、仪表内罩

1—仪表内罩；2—仪表外罩；3—组合仪表；4—夹子；5—仪表面板

7. 安装底盖、方向柱盖

底盖与方向柱盖的安装一般在转向系统安装完毕后进行。底盖与方向柱盖的连接方式随车型及制造厂家不同而有所区别，比如方向柱盖有些车型用螺纹连接，也有用夹子和卡扣连接的。不管什么样的连接方式，均应先认真阅读工艺卡，严格按工艺要求操作。

（四）仪表板系统安装注意事项

（1）仪表板本体与仪表框、手套箱和扬声器面罩等附件配合应无影响美观的缺陷，无安装不到位、松动现象，无相互干涉影响各自使用功能的现象，表面缝隙应均匀，过渡要圆滑。

（2）仪表板双风口与空调出风口接口应吻合，不允许有安装不到位和漏风现象，不允许出现仪表板风道与驾驶内横梁、蒸发器等件干涉而影响仪表板安装，最终导致仪表板及其附件安装不到位现象。

（3）仪表板各出风口应调节自如，不允许出现卡死和失调现象；风口开关挡位应明显。

（4）仪表板与前风挡玻璃不应发生干涉，与前风挡之间间隙应均匀。

（5）仪表板与车身两侧的间隙应均匀一致，且能满足门洞密封条的装配。

二、任务实施

序号	安装内容	装配过程	图示
1	安装中央支撑面板		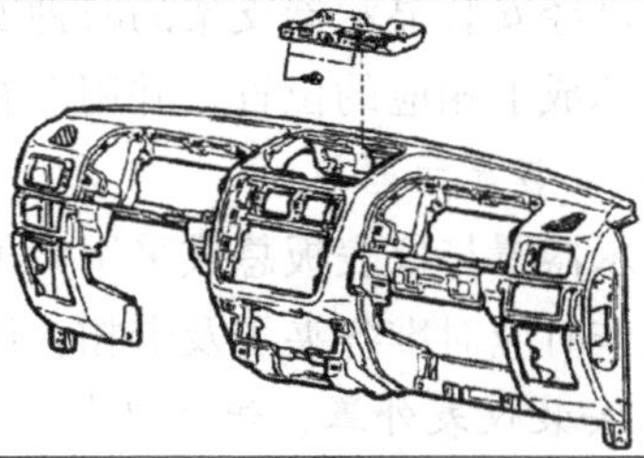
2	安装仪表面板加强板		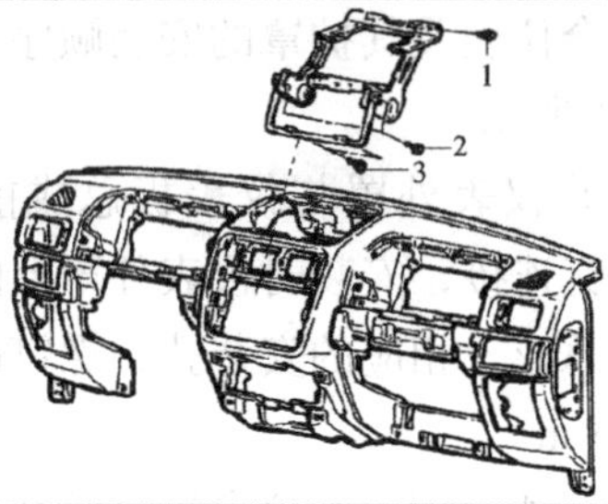
3	安装中央空气出口壳		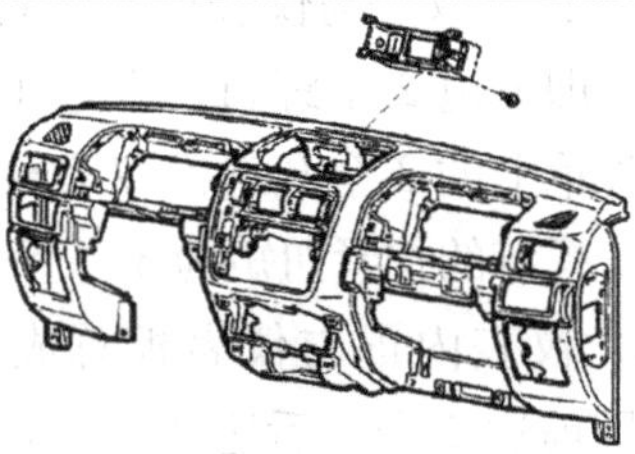
4	安装中央空气出口总成及侧面空气出口总成		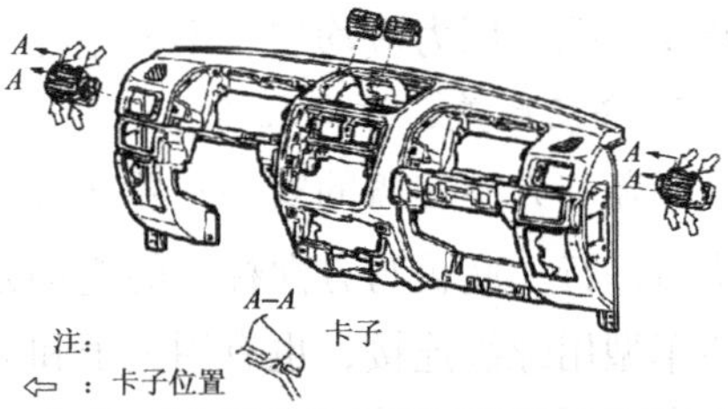 注：卡子 ⇦：卡子位置
5	安装除霜器管		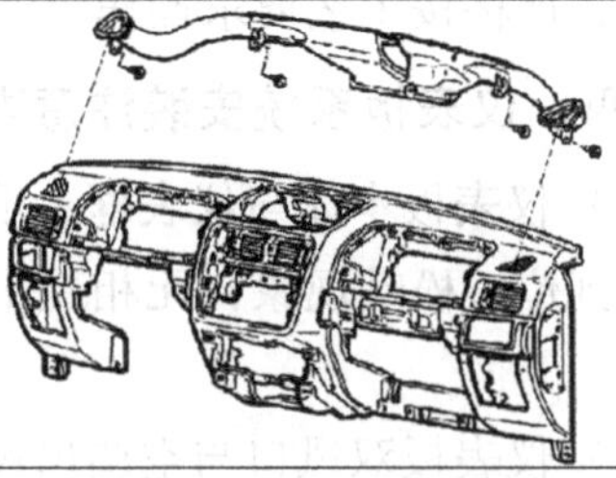
6	安装分配管		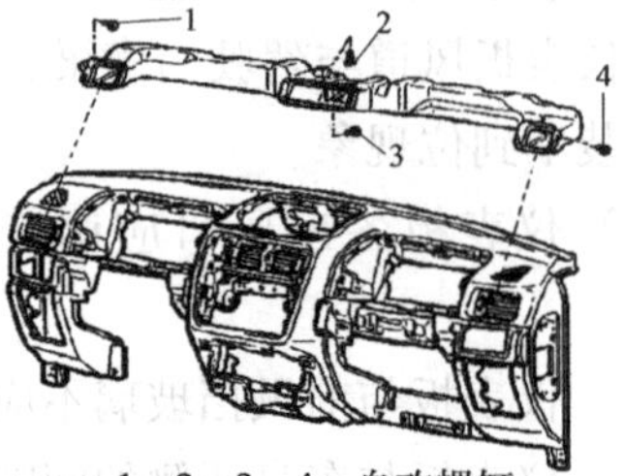 1、2、3、4—自攻螺钉

续表

序号	安装内容	装配过程	图示
7	安装接头固定器		
8	安装杂物箱		
9	安装装饰面板		

三、任务评价

专业班级：		姓名：		学号：	
专业（知识/技能）收获			（非专业）能力素质收获		
评价考核项目		自我评价		小组评价	教师评价
已掌握典型仪表板系统装配工艺流程					
主动提出问题数量					
课外学习时间（学时）					
工作态度（课堂、课后任务完成情况）					
合作意识及协调能力					
正确表达及沟通能力					
自律能力（缺勤/旷课/迟到/违纪次数）					

任务2.3.2 地面控制台总成装配流程

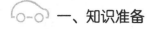

一、知识准备

地面控制台也称副仪表板，根据车型不同，其结构形式及上部所安装的设施也有所区别。

（一）地面控制台的组成

地面控制台主要有用作装饰的变速杆和手制动拉杆等，此外还设有烟灰缸、杂物箱等，如图2-32所示。

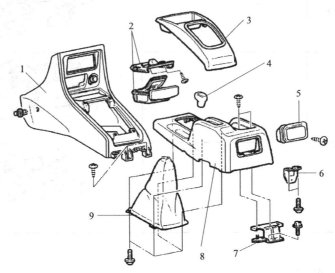

图 2-32　地面控制台总成

1—前地面控制台；2—前烟灰缸总成；3—A/T面板；4—变速手柄；5—后烟灰缸总成；
6—烟灰缸支架；7—地面控制台支架；8—后地面控制台；9—变速杆盖

（二）地面控制台的装配

地面控制台的安装一般在底盘总成装配后进行，其装配过程及顺序如下：

（1）将前烟灰缸总成用自攻螺钉安装到仪表面板上，拧紧扭矩为3~5 N·m。

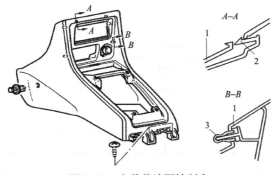

图 2-33　安装前地面控制台

1—仪表面板；2—卡扣；3—夹子

（2）安装前地面控制台。前地面控制台前部上正面用2个卡扣，左右两侧各用2个夹子与仪表面板相连接，操作时各卡扣和夹子对准仪表面板上相应位置，匀速推进，不要用力过猛；后部用2个自攻螺钉与地面相连接，拧紧扭矩为3~5 N·m，如图2-33所示。

（3）安装A/T面板。A/T面板用4个夹子与前地面控制台箱连接，操作时各夹子对准前地面控制台上相应位置，匀速压下，不要用力过猛，如图2-34所示。

（4）安装变速杆盖。变速杆盖用4个六角螺栓与后地面控制台箱连接，螺栓拧紧扭矩为8~10 N·m，如图2-32所示。

（5）安装地面控制台支架。地面控制台支架用2个六角螺栓与地面相连接，操作时地面控制台支架对准地面相应的安装位置，螺栓拧紧扭矩为8~10 N·m，如图2-32所示。

（6）安装后地面控制台。后地面控制台前部用2个夹子与前地面控制台相连接，后部用 2 个自攻螺钉与地面控制台支架相连接，如图 2-35 所示。

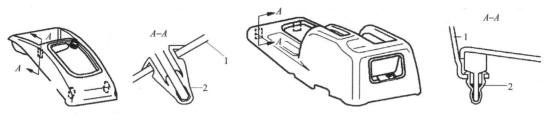

图 2-34　安装 A/T 面板
1—前地面控制台；2—夹子

图 2-35　安装后地面控制台
1—前地面控制台；2—夹子

（7）后烟灰缸支架与后烟灰缸总成安装。后烟灰缸支架用 2 个连接螺栓安装到后地面控制台，后烟灰缸总成用自攻螺钉安装到后地面控制台，如图 2-32 所示。

二、任务实施

序号	安装内容	装配过程	图　　示
1	安装前烟灰缸总成		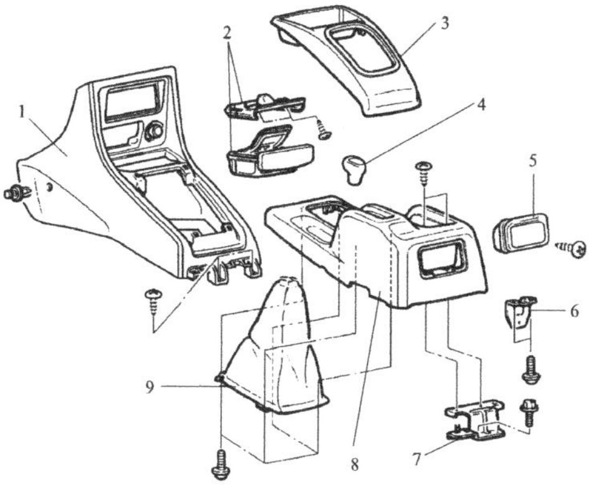 1—前地面控制台；2—前烟灰缸总成；3—A/T 面板；4—变速手柄；5—后烟灰缸总成；6—烟灰缸支架；7—地面控制台支架；8—后地面控制台；9—变速杆盖
2	安装前地面控制台		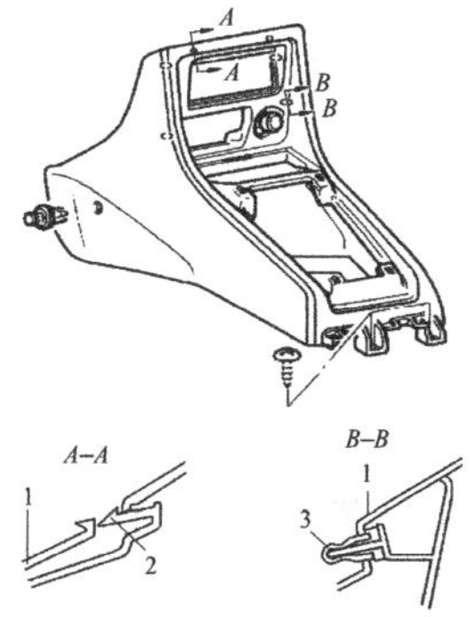 1—仪表面板；2—卡扣；3—夹子
3	安装 A/T 面板		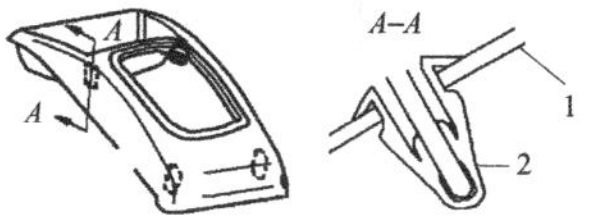 1—前地面控制台；2—夹子

续表

序号	安装内容	装配过程	图 示
4	安装变速杆盖		1—前地面控制台；2—前烟灰缸总成；3—A/T面板；4—变速手柄；5—后烟灰缸总成；6—烟灰缸支架；7—地面控制台支架；8—后地面控制台；9—变速杆盖
5	安装地面控制台支架		1—前地面控制台；2—前烟灰缸总成；3—A/T面板；4—变速手柄；5—后烟灰缸总成；6—烟灰缸支架；7—地面控制台支架；8—后地面控制台；9—变速杆盖
6	安装后地面控制台		1—前地面控制台；2—夹子
7	后烟灰缸支架与后烟灰缸总成安装		1—前地面控制台；2—前烟灰缸总成；3—A/T面板；4—变速手柄；5—后烟灰缸总成；6—烟灰缸支架；7—地面控制台支架；8—后地面控制台；9—变速杆盖

三、任务评价

专业班级：		姓名：		学号：	
专业（知识/技能）收获			（非专业）能力素质收获		
评价考核项目		自我评价	小组评价		教师评价
已掌握地面控制台总成装配流程					
主动提出问题数量					
课外学习时间（学时）					
工作态度（课堂、课后任务完成情况）					
合作意识及协调能力					
正确表达及沟通能力					
自律能力（缺勤/旷课/迟到/违纪次数）					

任务2.4　掌握座椅及安全带装配

任务2.4.1　认识典型汽车前排座椅装配流程

一、知识准备

座椅是汽车内饰中重要的功能件。汽车座椅作为汽车驾乘者直接接触的部件，特别是驾驶座椅，为驾驶者提供了便于操纵、舒适、安全和不易疲劳的驾驶环境，故要求座椅具有良好的体压分布，触感良好，能缓和与衰减由车身传来的冲击和震动，结构紧凑，外形与色彩美观大方，与车身内饰相协调。因每一位汽车驾驶员体格、体型都不相同，因此，驾驶座椅都设有手动或电动坐垫升降调节、靠背倾角调节和前后调节及加热通风等。根据汽车的型式不同，对后排座椅性能的要求不同，高级轿车重视后座椅的舒适性。

汽车座椅由专业汽车配件厂制造，所以在汽车装配中的座椅安全带装配主要是安全带的安装工作。下面简要介绍座椅的装配工艺流程。

汽车座椅功能越多其装配过程就越复杂，比较典型的汽车前排座椅装配工艺流程如图2-36所示，各工位的工序内容及工序安排如表2-6所示。

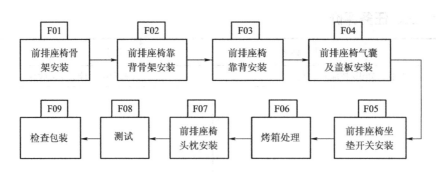

图 2-36 座椅的装配工艺流程

表 2-6 座椅装配工位工序安排

工位号	工序号	工序名	工位描述	工位号	工序号	工序名	工位描述
F01	01	物料上架	前排座椅骨架安装	F04	17	安装安全气囊总成	前排座椅气囊及盖板安装
	02	扫描			18	安装安全带内侧插锁	
	03	固定滑道			19	安装调角器内侧饰板	
	04	安装座椅线束			20	安装安全带三角盖板	
	05	安装安全气囊结束		F05	21	安装坐垫总成	前排座椅坐垫开关安装
	06	安装螺母					
	07	安装内侧饰板支架		F06	22	烘烤	烘烤
F02	08	安装靠背骨架总成及安全带外侧插锁	前排座椅靠背骨架总成安装	F07	23	安装头枕总成	前排座椅头枕安装
	09	安装横梁					
	10	固定线束卡钉		F08	24	功能测试	测试
	11	安装内衬面板		F09	25	贴 3C 标准	检查包装
	12	安装外衬面板			26	安装靠背面板	
	13	安装 U 形塑料边框			27	检查整形	
F03	14	安装靠背面套总成	前排座椅靠背安装		28	送至仓储位置	
	15	安装后侧饰板			29	QC 检查	
	16	安装调角器外侧饰板			30	包装	

二、任务实施

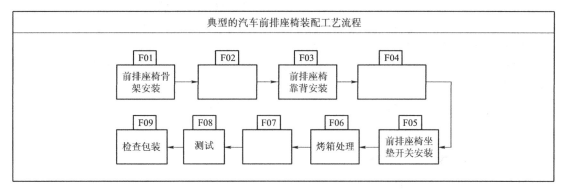

三、任务评价

专业班级:		姓名:		学号:	
专业（知识/技能）收获			（非专业）能力素质收获		

评价考核项目	自我评价	小组评价	教师评价
已掌握典型汽车前排座椅装配的工艺流程			
已掌握座椅装配工位的工序安排			
主动提出问题数量			
课外学习时间（学时）			
工作态度（课堂、课后任务完成情况）			
合作意识及协调能力			
正确表达及沟通能力			
自律能力（缺勤/旷课/迟到/违纪次数）			

任务 2.4.2 掌握前排座椅安装方法

一、知识准备

一般驾驶座椅和前乘客座椅的安装步骤基本相同，其安装过程如下：
（1）通过两个车身孔 3 和 4 插入两个定位销，将前座椅移到最靠前的位置，并确认内外座椅导轨已牢固锁定,如图 2-37 所示。

(2) 将后侧螺栓 1 和 2 顺次安装并紧固,拧紧扭矩为 37 N·m。

(3) 将前座椅移到最靠后的位置,然后确认内外座椅导轨已牢固锁定。将前侧螺栓 3 和 4 顺次安装并紧固,拧紧扭矩为 37 N·m。

(4) 确认移动座椅后内、外座椅导轨能够同时锁定。如果内、外座椅导轨不同时锁定,则拧松螺栓并调节座椅导轨。

(5) 安装前座椅导轨盖时,只要对准卡槽压下卡扣即可,如图 2-38 所示。

图 2-37 前座椅安装

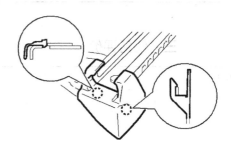

图 2-38 安装前座椅导轨盖

二、任务实施

序号	安装步骤	图 示
1		
2		
3		
4		
5		

三、任务评价

专业班级：		姓名：		学号：	
专业（知识/技能）收获			（非专业）能力素质收获		
评价考核项目			自我评价	小组评价	教师评价
已掌握前排座椅的安装步骤					
主动提出问题数量					
课外学习时间（学时）					
工作态度（课堂、课后任务完成情况）					
合作意识及协调能力					
正确表达及沟通能力					
自律能力（缺勤/旷课/迟到/违纪次数）					

任务 2.4.3　掌握前排安全带安装方法

一、知识准备

前座椅安全带装置主要由座椅内侧安全带锁扣、座椅外侧安全带总成和上部固定件调节器总成等零部件组成。

左前座椅安全带和右前乘客座椅安全带的安装方法及安装过程基本相同。

以左前座椅安装为例，其安装步骤如下：

（一）安全带锁扣的安装

安装前座椅安全带锁扣的主要操作内容有安装锁扣、连接电源和安装护板等，以上项目按下列步骤进行操作。

（1）将安全带锁扣贴到座椅侧面安装位置上，用螺栓紧固，拧紧扭矩为 42 N·m，如图 2-39 所示。之后插接电线接头。

（2）将护板上的孔对准座椅侧面的安装孔，用螺钉紧固，拧紧扭矩为 12 N·m，如图 2-39 所示。

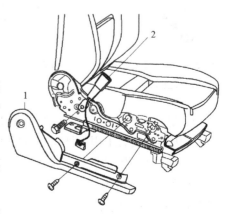

图 2-39　前座椅安全带锁扣安装
1—护板；2—锁扣

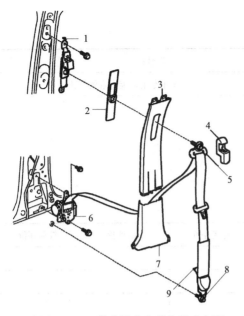

(二)安装外侧安全带总成

前座椅外侧安全带主要由安全带上部固定件调节器总成和前座椅安全带总成等部件组成,如图2-40所示。其安装步骤如下:

1. 安装上部调节器总成

将卡钩插入车身孔,用两个螺栓紧固安全带上部固定件调节器,拧紧扭矩为42 N·m,如图2-41所示。

2. 安装调节器总成盖

用两个卡扣将固定件内盖安装到车身上,如图2-42所示。

3. 安装中柱上饰件

用3个卡扣和2个卡钩,将中柱上饰件安装到车身上,如图2-43所示。

4. 安装前座椅安全带总成

(1)将卷收器的下支撑件挂到两个车身卡钩上,用两个螺栓临时安装卷收器,

图2-40 前座椅安全带组成示意图
1—安全带上部固定件调节器总成;2—调节器总成盖;
3—中柱上饰件;4—上固定件盖;5—上固定件;6—卷收器;
7—中柱下饰件;8—下固定件;9—前座椅安全带总成

如图2-44所示。预装时先拧紧螺栓A,拧紧扭矩为4.9 N·m(待上固定件安装并检查合格后紧固,拧紧扭矩为42 N·m);然后拧紧螺栓B,拧紧扭矩为42 N·m。

  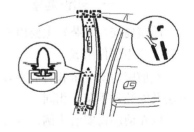

图2-41 安装上部调节器总成　　图2-42 安装调节器总成盖　　图2-43 安装中柱上饰件

(2)用螺栓安装上固定件,拧紧扭矩为42 N·m,如图2-45所示。

(3)用螺栓安装下固定件,拧紧扭矩为42 N·m,如图2-46所示。

(4)用3个卡扣安装上固定件盖,如图2-47所示。

5. 安装中柱下饰件

用两个卡扣和两个夹子安装中柱下饰件,如图2-48所示。

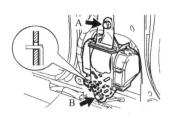  

图 2-44　安装卷收器　　　　图 2-45　安装上固定件　　　　图 2-46　安装下固定件

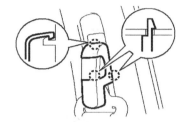 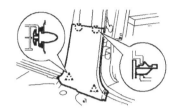

图 2-47　上固定件盖安装　　　　　　　图 2-48　中柱下饰件安装

二、任务实施

序号	安装内容	装配过程	图　　示
1	安全带锁扣的安装		
2	安装上部调节器总成		
3	安装调节器总成盖		

续表

序号	安装内容	装配过程	图示
4	安装中柱上饰件		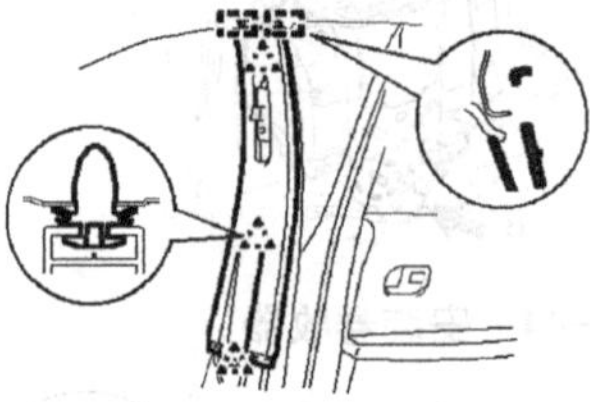
5	安装前座椅安全带总成	(1)	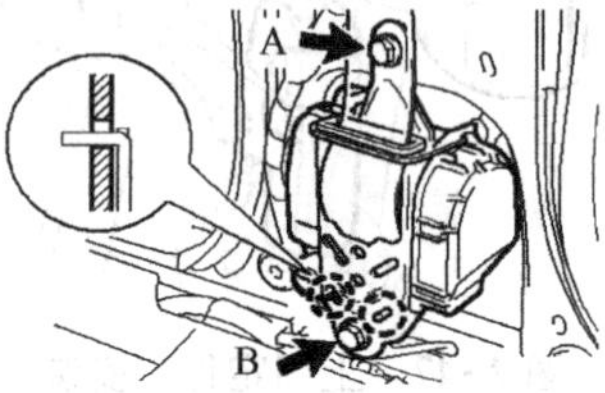
		(2)	
		(3)	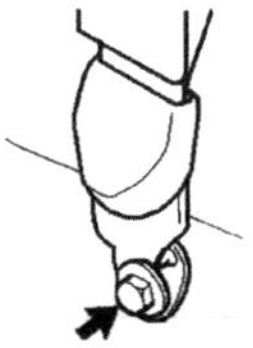
		(4)	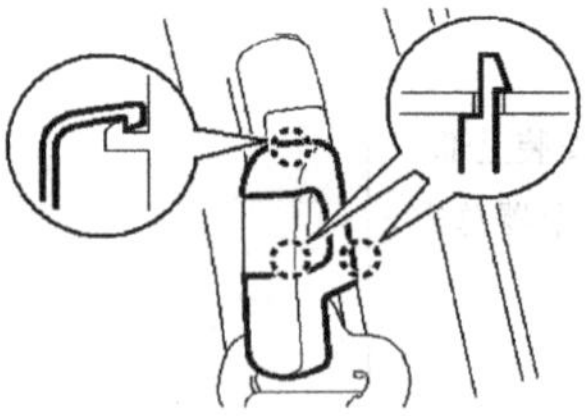
6	安装中柱下饰件		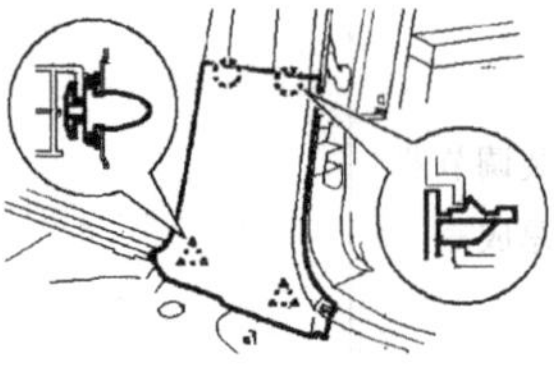

三、任务评价

专业班级：		姓名：		学号：	
专业（知识/技能）收获			（非专业）能力素质收获		
评价考核项目			自我评价	小组评价	教师评价
已掌握前排安全带的安装步骤					
主动提出问题数量					
课外学习时间（学时）					
工作态度（课堂、课后任务完成情况）					
合作意识及协调能力					
正确表达及沟通能力					
自律能力（缺勤/旷课/迟到/违纪次数）					

任务 2.4.4　掌握后排座椅安装方法

一、知识准备

先安装后座椅，再安装安全带。

后座椅安装步骤如下：

（1）在车身孔中插入两个定位销，按如图 2-49 所示顺序安装 4 个螺栓，拧紧扭矩为 37 N·m。

（2）安装后座椅软垫。用两个螺栓安装后座椅软垫，拧紧扭矩为 20 N·m，再将隔圈安装在座椅侧面，拧紧扭矩为 21 N·m，如图 2-50 所示。

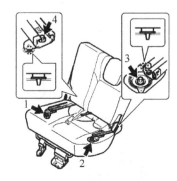

图 2-49　安装后排座椅总成

图 2-50　安装后座椅软垫

（3）安装 1 号后座椅腿罩。连接 4 个卡扣，并安装 1 号后座椅腿罩，如图 2-51 所示。
（4）安装 2 号后座椅腿罩。连接 3 个卡扣，并安装 2 号后座椅腿罩，如图 2-52 所示。

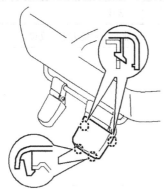

图 2-51　安装 1 号后座椅腿罩

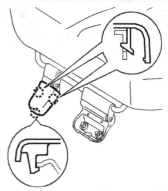

图 2-52　安装 2 号后座椅腿罩

二、任务实施

序号	安装内容	装配过程	图　　示
1	按顺序安装螺栓		
2	安装后座椅软垫		
3	安装 1 号后座椅腿罩		

续表

序号	安装内容	装配过程	图示
4	安装2号后座椅腿罩		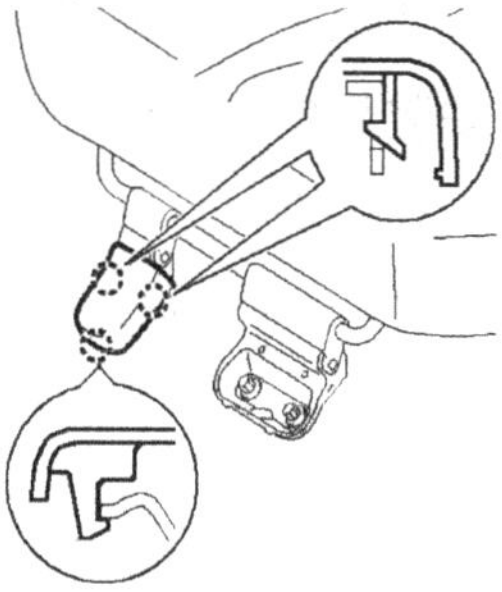

三、任务评价

专业班级：		姓名：		学号：	
专业（知识/技能）收获			（非专业）能力素质收获		
评价考核项目		自我评价		小组评价	教师评价
掌握后排座椅的安装步骤					
主动提出问题数量					
课外学习时间（学时）					
工作态度（课堂、课后任务完成情况）					
合作意识及协调能力					
正确表达及沟通能力					
自律能力（缺勤/旷课/迟到/违纪次数）					

任务 2.4.5　掌握后座椅安全带安装方法

一、知识准备

后座椅外侧安全带总成主要由安全带孔密封件、卷收器、贯穿固定件和安全带支撑板等组成。后座椅左、右外侧安全带总成的安装方法相同。

(一) 安装后座椅内侧安全带（折叠式座椅）

安装支撑板时，使箭头标记朝前，用螺栓安装后座椅内侧安全带，拧紧扭矩为 42 N·m。安装时注意，不应将支撑板放在地板的定位标记部位，如图 2-53 所示。

(二) 安装后座椅外侧安全带总成

后座椅外侧安全带总成主要由安全带孔密封件、卷收器、贯穿固定件和安全带支撑板等组成，如图 2-54 所示。后座椅左、右、外侧安全带总成的安装方法相同。

图 2-53　安装后座椅内侧安全带

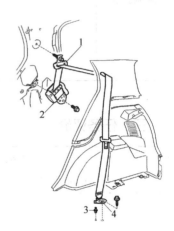

图 2-54　后座椅外侧安全带总成
1—贯穿固定件；2—卷收器；3—安全带孔密封件；4—安全带支撑板

1. 安装安全带孔密封件

用两个定位爪安装座椅安全带孔密封件，如图 2-55 所示。

2. 安装卷收器

首先检查锁止卷收器所需的倾角。由初始位置轻轻倾斜卷收器，检查并确认当卷收器向任意方向倾斜 15°或更小角度时安全带不锁止。同样，检查并确认当回缩器倾斜 45°或更大角度时安全带锁止。将卷收器的下支撑件挂到两个车身卡钩上，用螺栓安装回缩器，拧紧扭矩为 42 N·m，如图 2-56 所示。

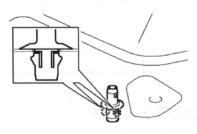

图 2-55　安装安全带孔密封件

图 2-56　安装卷收器

3. 安装贯穿固定件

用螺栓安装贯穿固定件，拧紧扭矩为 42 N·m，如图 2-57 所示。

4. 安全带的支撑板

首先用卡扣将安全带支撑板安装到地板指定位置，再用螺栓紧固，拧紧扭矩为 42 N·m，如图 2-58 所示。

图 2-57 安装贯穿固定件

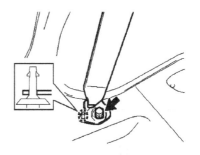

图 2-58 安装支撑板

二、任务实施

序号	安装内容	装配过程	图示
1	安装后座椅内侧安全带		箭头标记 定位标记
2	安装安全带孔密封件		
3	安装卷收器		
4	安装贯穿固定件		

续表

序号	安装内容	装配过程	图　　示
5	安全带的支撑板		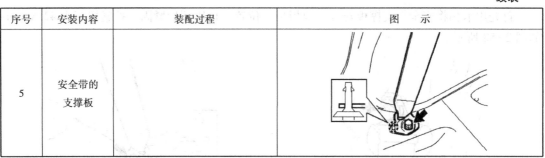

三、任务评价

专业班级：		姓名：		学号：	
专业（知识/技能）收获			（非专业）能力素质收获		
评价考核项目			自我评价	小组评价	教师评价
已掌握后座椅安全带的安装步骤					
主动提出问题数量					
课外学习时间（学时）					
工作态度（课堂、课后任务完成情况）					
合作意识及协调能力					
正确表达及沟通能力					
自律能力（缺勤/旷课/迟到/违纪次数）					

任务2.5　掌握车门附件安装流程

车门内饰装配主要有车门附件安装和车门内饰安装。下面以前门为例简要介绍车门内饰安装步骤。车门附件安装包括门外把手、门锁总成、车门开度限位器、玻璃升降机构和车窗玻璃等的安装。

任务2.5.1　汽车门外把手及门锁总成安装

一、知识准备

一般门外把手及门锁总成同时安装，其安装步骤如下：安装门外把手框→安装前、后衬块→安装内侧锁止拉索总成→安装门锁总成→安装门外把手总成→连接线束插头→安装前门锁芯→安装门外把手盖。

（一）安装门锁开启杆

安装前门锁开启杆时，按 A 向插进安装孔，再按 B 向旋转，如图 2-59 所示。

（二）安装门外把手密封垫

用两个卡夹安装门外把手前、后衬块，如图 2-60 所示。

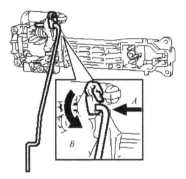

图 2-59　安装门锁开启杆

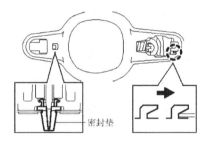

图 2-60　安装密封垫

（三）安装门外把手框

将润滑脂涂抹在前门外把手框的滑动部位，用螺钉安装前门外把手框，拧紧扭矩为 4.0 N·m，如图 2-61 所示。

（四）安装门锁止遥控拉索总成及锁止拉索总成

安装锁止遥控拉索时，插牢钢索接头并固定好钢索套管；安装锁止拉索时，卡牢 3 个卡爪。如图 2-62 所示。

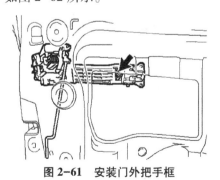

图 2-61　安装门外把手框

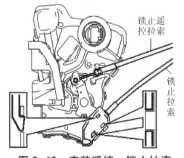

图 2-62　安装遥控、锁止拉索

（五）安装门锁总成

将通用润滑脂涂抹在前门门锁总成的滑动零件上，将前门锁开启杆插入门锁总成，并确保锁开启杆牢固地连接到门锁总成上，用 3 个螺钉安装门锁总成，拧紧扭矩为 5.0 N·m，如图 2-63 所示。

（六）安装门外把手总成

将前门外把手总成的后端插入前门外把手框内。然后，将前门外把手总成推向车辆前方,使之就位,如图 2-64 所示。

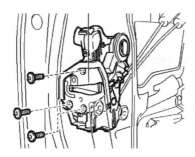

图 2-63 安装门锁总成

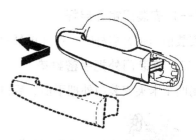

图 2-64 安装门外把手总成

(七) 连接线束插头

连接线束插头,如图 2-65 所示。

(八) 安装前门锁芯

确保锁芯杆插入门锁总成中,用螺钉安装前门锁芯,拧紧扭矩为 4.0 N·m,如图 2-66 所示。

(九) 安装门外把手盖

用螺钉将把手盖和门锁锁芯同时安装,确保门锁锁芯杆已插入门锁,拧紧扭矩为 4.0 N·m,之后安装孔塞,如图 2-67 所示。

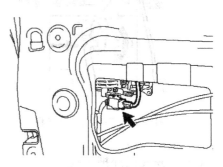

图 2-65 连接线束插头

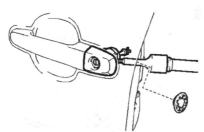

图 2-66 安装锁芯

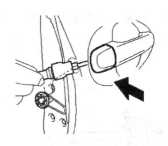

图 2-67 安装门外把盖

二、任务实施

序号	安装内容	装配过程	图 示
1	安装门锁开启杆		

续表

序号	安装内容	装配过程	图 示
2	安装门外把手密封垫		
3	安装门外把手框		
4	安装门锁止遥控拉索总成及锁止拉索总成		
5	安装门锁总成		
6	安装门外把手总成		

续表

序号	安装内容	装配过程	图示
7	连接线束插头		
8	安装前门锁芯		
9	安装门外把手盖		

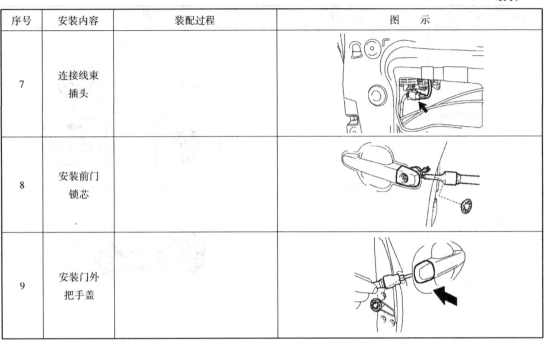

三、任务评价

专业班级：		姓名：		学号：	
专业（知识/技能）收获			（非专业）能力素质收获		
评价考核项目			自我评价	小组评价	教师评价
已掌握汽车门外把手的安装步骤					
已掌握门锁总成的安装步骤					
主动提出问题数量					
课外学习时间（学时）					
工作态度（课堂、课后任务完成情况）					
合作意识及协调能力					
正确表达及沟通能力					
自律能力（缺勤/旷课/迟到/违纪次数）					

任务 2.5.2 车门开度限位器安装

一、知识准备

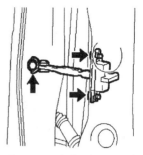

图 2-68 安装限位器总成

（1）在车门开度限位器的滑动部位涂抹润滑脂，用两个螺栓将前门开度限位器安装到门板上，拧紧扭矩为 5.5 N·m，如图 2-68 所示。

（2）将黏结剂 1324 或同类产品涂抹在螺栓的螺纹上，然后用螺栓将前门开度限位器安装到车身面板上，拧紧扭矩为 30 N·m，如图 2-68 所示。

二、任务实施

序号	安装内容	装配过程	图 示
1	滑动部位涂抹润滑脂		
2	将黏结剂 1324 涂抹在螺栓的螺纹上		

三、任务评价

专业班级：		姓名：		学号：	
专业（知识/技能）收获			（非专业）能力素质收获		

评价考核项目	自我评价	小组评价	教师评价
已掌握车门开度限位器的安装方法			
主动提出问题数量			
课外学习时间（学时）			
工作态度（课堂、课后任务完成情况）			
合作意识及协调能力			
正确表达及沟通能力			
自律能力（缺勤/旷课/迟到/违纪次数）			

任务 2.5.3 门框总成安装

一、知识准备

前门门框总成的安装包括前下门框安装和后下门框安装。

（一）前下门框安装

用 2 个螺栓和 1 个螺钉安装前门前下门框分总成，拧紧扭矩为 6.2 N·m，如图 2-69 所示。

（二）后下门框安装

用螺栓安装前门后下门框分总成，拧紧扭矩为 6.2 N·m，如图 2-70 所示。

（三）车门密封条安装

用 35 个卡扣安装前门密封条，如图 2-71 所示。

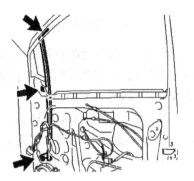

图 2-69　安装前下门框

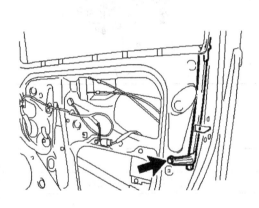

图 2-70　安装后下门框

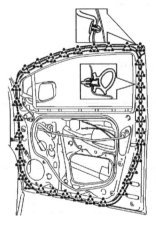

图 2-71　安装前门密封条

二、任务实施

序号	安装内容	装配过程	图　示
1	前下门框安装		

续表

序号	安装内容	装配过程	图示
2	后下门框安装		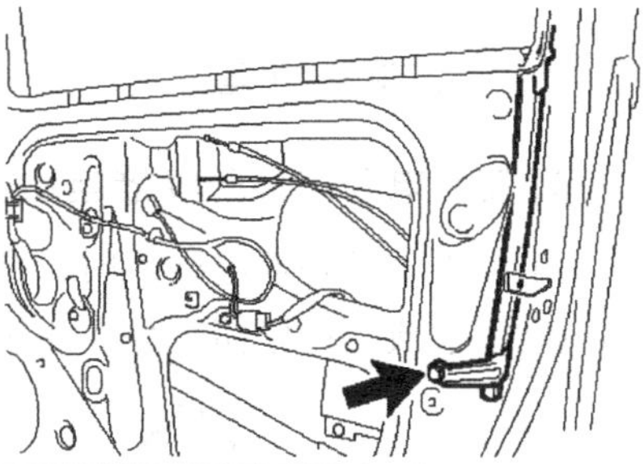
3	车门密封条安装		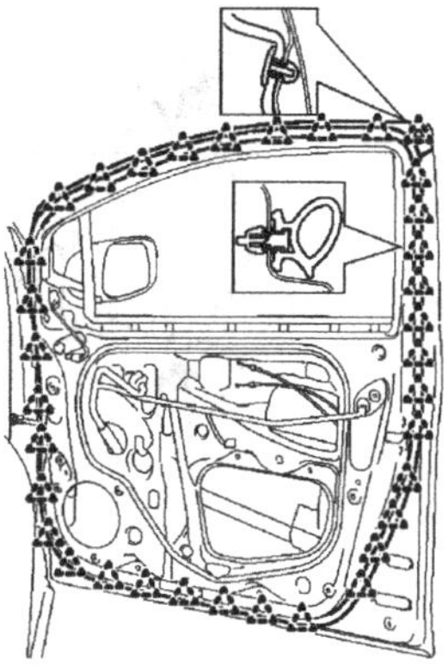

三、任务评价

专业班级：		姓名：		学号：	
专业（知识/技能）收获			（非专业）能力素质收获		
评价考核项目		自我评价		小组评价	教师评价
已掌握车门密封条的安装步骤					
已掌握门框总成的安装步骤					
主动提出问题数量					
课外学习时间（学时）					
工作态度（课堂、课后任务完成情况）					
合作意识及协调能力					
正确表达及沟通能力					
自律能力（缺勤/旷课/迟到/违纪次数）					

模块 2　内饰系统装配

任务 2.5.4 前门玻璃升降器总成安装

一、知识准备

（一）安装电动玻璃升降器电动机

安装电动玻璃升降器电动机时，调整升降器臂使其低于中间位置，用 3 个螺钉安装玻璃升降器电动机总成，拧紧扭矩为 5.4 N·m，如图 2-72（a）所示。

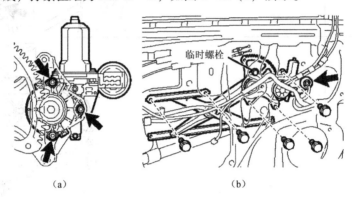

图 2-72　安装玻璃升降器总成
(a) 安装电动机；(b) 安装玻璃升降器

（二）安装前门窗升降器分总成

将通用润滑脂涂抹在前门窗升降器分总成的滑动部分；将临时螺栓安装到前门窗升降器分总成上，临时安装前门窗升降器分总成。用 5 个螺栓安装前门窗升降器，然后拧紧临时螺栓，拧紧扭矩为 8.0 N·m，如图 2-72（b）所示。最后连接电源插座。

二、任务实施

序号	安装内容	装配过程	图　　示
1	安装电动玻璃升降器电动机		安装电动机
2	安装前门窗升降器分总成		临时螺栓 安装玻璃升降器

三、任务评价

专业班级：		姓名：		学号：	
专业（知识/技能）收获			（非专业）能力素质收获		
评价考核项目			自我评价	小组评价	教师评价
已掌握前门玻璃升降器总成的安装步骤					
主动提出问题数量					
课外学习时间（学时）					
工作态度（课堂、课后任务完成情况）					
合作意识及协调能力					
正确表达及沟通能力					
自律能力（缺勤/旷课/迟到/违纪次数）					

任务 2.5.5　车窗玻璃安装

一、知识准备

（一）安装前门玻璃升降槽

将车窗玻璃升降槽安装到车门上，用螺钉紧固，拧紧扭矩为 10 N·m，如图 2-73 所示。

（二）安装车窗玻璃

沿着玻璃升降槽将玻璃从斜下方插入前门板内，如图 2-74 所示虚线区域，玻璃接近升降臂时按图 2-74 所示（2）方向转动一个角度，使玻璃上的两个安装孔对准升降臂上相应的两个孔，用两个螺栓安装前门玻璃，拧紧扭矩为 8.0 N·m。

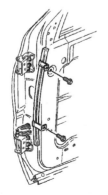

图 2-73　安装玻璃升降槽

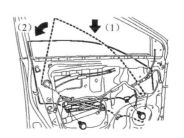

图 2-74　安装车窗玻璃

二、任务实施

序号	安装内容	装配过程	图　　示
1	安装前门玻璃升降槽		
2	安装车窗玻璃		

三、任务评价

专业班级：		姓名：		学号：	
专业（知识/技能）收获			（非专业）能力素质收获		
评价考核项目			自我评价	小组评价	教师评价
已掌握车窗玻璃的安装步骤					
主动提出问题数量					
课外学习时间（学时）					
工作态度（课堂、课后任务完成情况）					
合作意识及协调能力					
正确表达及沟通能力					
自律能力（缺勤/旷课/迟到/违纪次数）					

任务2.6 车门内饰安装

车门内饰安装主要有车门内把手总成、车门内饰板、车窗升降器开关总成及扶手座上板的安装等。

任务2.6.1 前门饰板分总成安装

一、知识准备

（一）安装前门内把手分总成

将前门锁止遥控拉索和前门内侧锁止拉索连接到前门内把手分总成上。接合两个卡爪，并安装前门内把手分总成，如图2-75所示。

（二）安装防水密封膜

安装防水密封膜时，按压有黏结剂的部位，使黏结剂正确就位，如图2-76所示。

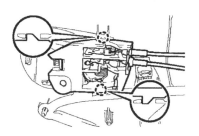

图2-75 安装内把手总成

（三）安装前门饰板

用前门玻璃内密封条上的5个卡爪接合前门装饰板，并接合9个卡扣将前门装饰板安装到前门板上。安装两个螺钉，拧紧扭矩为4.0 N·m，之后接合卡爪，连接车门扶手盖，如图2-77所示。

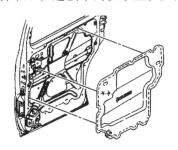

图2-76 安装防水密封膜

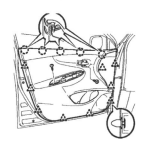

图2-77 安装前门饰板

二、任务实施

序号	安装内容	装配过程	图 示
1	前门内把手分总成		

续表

序号	安装内容	装配过程	图示
2	安装防水密封膜		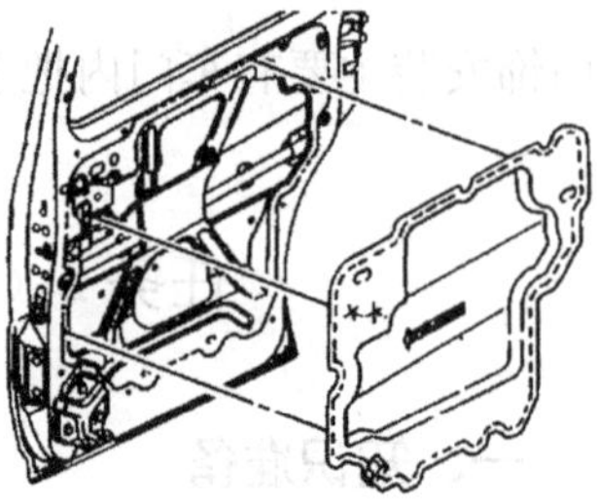
3	安装前门饰板		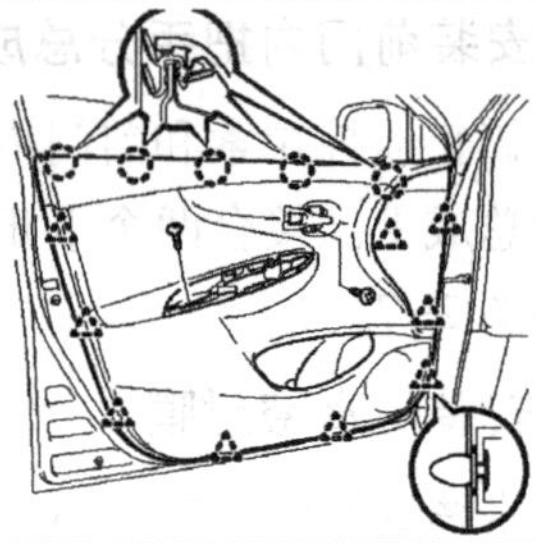

三、任务评价

专业班级：		姓名：		学号：	
专业（知识/技能）收获			（非专业）能力素质收获		
评价考核项目			自我评价	小组评价	教师评价
已掌握前门内把手总成的安装步骤					
已掌握前门饰板分总成的安装步骤					
主动提出问题数量					
课外学习时间（学时）					
工作态度（课堂、课后任务完成情况）					
合作意识及协调能力					
正确表达及沟通能力					
自律能力（缺勤/旷课/迟到/违纪次数）					

任务 2.6.2　车窗升降器开关总成安装

一、知识准备

（一）安装驾驶员侧电动车窗升降器开关总成

用 3 个螺钉安装电动车窗升降器主开关总成，拧紧扭矩为 4.0 N·m，如图 2-78 所示。

（二）安装前排乘客侧电动车窗升降器开关总成

接合两个卡爪，安装电动车窗升降器开关总成，如图 2-79 所示。

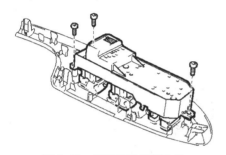

图 2-78　安装驾驶员侧电动车窗升降器开关总成

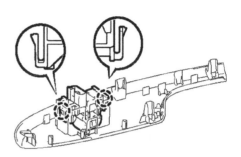

图 2-79　安装前排乘客侧电动车窗升降器开关总成

（三）安装前扶手座上板

接合 2 个卡扣和 6 个卡爪，安装前扶手座上板，如图 2-80 所示。

（四）安装前门内把手框

接合 3 个卡爪，安装前门内把手框，如图 2-81 所示。

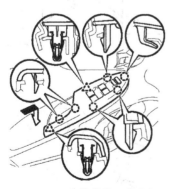

图 2-80　安装前扶手座上板

图 2-81　安装前门内把手框

二、任务实施

序号	安装内容	装配过程	图 示
1	安装驾驶员侧电动车窗升降器开关总成		
2	安装前排乘客侧电动车窗升降器开关总成		
3	安装前扶手座上板		
4	安装前门内把手框		

三、任务评价

专业班级：		姓名：		学号：	
专业（知识/技能）收获			（非专业）能力素质收获		
评价考核项目			自我评价	小组评价	教师评价
已掌握车窗升降器开关总成的安装步骤					
已掌握前扶手座上板的安装步骤					
已掌握前门内把手框的安装步骤					
主动提出问题数量					
课外学习时间（学时）					
工作态度（课堂、课后任务完成情况）					
合作意识及协调能力					
正确表达及沟通能力					
自律能力（缺勤/旷课/迟到/违纪次数）					

模块 3 汽车底盘装配

学习目标

通过本模块的学习应掌握汽车底盘装配的相关知识、动力总成的安装、车桥的装配、转向系统的安装及制动系统的安装等。

任务3.1 认识汽车底盘结构

一、知识准备

汽车底盘主要由动力总成、行驶系、转向系和制动系等四部分组成，轿车底盘结构如图 3-1 所示。底盘的作用是安装和支撑汽车各种总成及零部件，形成汽车整体造型，并使汽车产生驱动力、制动力以及改变汽车行驶方向，以保证其正常运行。

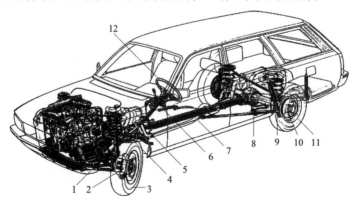

图 3-1 轿车底盘结构

1—前悬架；2—前轮制动器；3—前轮；4—变速器；5—离合器踏板；6—驻车制动手柄；7—传动轴；
8—后桥；9—后悬架；10—后轮制动器；11—后轮；12—转向盘

底盘装配的主要内容有油管、油箱、隔热板、动力总成、悬架、排气管、挡泥板和轮胎等。

图3-2所示为典型底盘线分布,此底盘线处于一次内饰线与二次内饰线之间,同时又包含若干个分装线。

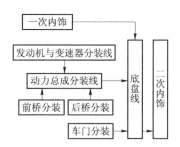

图3-2 典型底盘线分布

下面介绍二次内饰装配线的工艺流程。如图3-3所示,典型汽车的二次内饰装配线有C1~C11共计11道工序,每道工序都各自包含着1~2个工位,下面将详细介绍各个工序具有哪些作业内容。

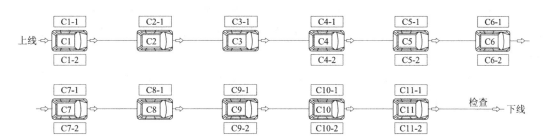

图3-3 轿车底盘装配线工序布置

(一)工序的作业内容

1. C1工序

C1-1:安装前保险杠上侧支架总成、发动机下前部护板支架总成、前保险杠左支架总成、前保险杠右支架总成、驻车拉索夹子——右侧、离合器控制(软管支架)总成、挡泥板总成——传动轴、地板附件(装配孔塞)、地板附件(装配前地板胶堵)、前悬置附件(双头螺栓)、左前轮轮眉装饰板总成、左后轮轮眉装饰板总成。

C1-2:安装多管夹子(安装制动油管)、前挡泥板衬垫(左)、前挡泥板衬垫(右)、多管夹子(制动执行器)、中裙板卡扣。

2. C2工序

C2-1:安装加油口径焊接总成、燃油箱总成,地板线束(连接油箱线束),燃油箱(连接进油管和燃油管),燃油箱(连接加油口径和呼吸胶管),油箱盖锁(加油口座)。

3. C3工序

C3-1:装配制动执行器、碳罐(支架)(出气管)、碳罐(连接管)、碳罐(碳罐出气管）、碳罐（管连接）、散热器海绵块 C、散热器海绵块 D、右前轮轮眉装饰板总成、右后轮轮眉装饰板总成。

4. C4 工序

C4-1：安装后梁管夹、后梁管夹（连接固定空调管）、前稳定杆支架，抄写发动机号，推发动机至举升台，中裙板安装，前轮眉紧固。

C4-2：安装后梁管夹、后梁管夹（连接固定空调管）、前稳定杆支架，抄写发动机号，推发动机至举升台，中裙板安装，前轮眉紧固。

5. C5 工序

C5-1：装配前拖梁（左），安装排气管支撑胶块、发动机后悬置（左）和前稳定器杆（左），装配左侧悬臂。

C5-2：装配前拖梁（右），安装碳罐（2号出气管）、发动机后悬置（右）、前稳定器杆（右），装配右侧悬臂。

6. C6 工序

C6-1：装配左侧悬臂球头螺栓，校对扭力。

C6-2：装配右侧悬臂球头螺栓，校对扭力。

7. C7 工序

C7-1：安装后悬置附件（左侧上控制臂）、后悬置附件（左侧下控制臂）、后减震器（左）、后螺旋弹簧（左）、左后减震器胶块、左后 ABS 传感器和左后挡泥板，紧固中裙板。

C7-2：安装后悬置附件（左侧上控制臂）、后悬置附件（左侧下控制臂）、后减震器（左）、后螺旋弹簧（左）、左后减震器胶块和地板附件。

8. C8 工序

C8-1：安装右前制动油管、横向拉杆（左端）、横向拉杆（右端）、后制动油管，装配备胎架和备胎限位器。

C8-2：安装右前制动油管、制动装配标准件、右后 ABS 传感器和右侧后挡泥板，紧固门槛装饰板。

9. C9 工序

C9-1：装配转向轴，安装软轴总成及其他（连接自动挡软轴拉线）、散热器水管、主燃油管、离合拉线、氧传感器，连接倒车开关线束。

10. C10 工序

C10-1：装配碳罐，安装主消声器总成（附带进排气管固定），装配备胎，安装主消声器总成（附带进排气管连接）。

C10-2：安装车轮总成（左）和车轮装饰罩，加注后桥油。

11. C11 工序

C11-1：安装车轮总成和车轮装饰罩，加注变速箱油。

（二）典型工位作业时间安排

列举燃油箱装配作业中每个工位对应的作业时间，如表 3-1 所示。

表 3-1 燃油箱装配作业时间表

作业名称	燃油箱装配		工位	C2-1	车型	
制作人			工区	C	节拍/s	216
制表日期			班组	2班	作业时间/s	206

序号	作业名称	时间		
		动作	自动	走动
1	确认作业指示书	2		
2	取风枪、螺栓	1		
3	取加油口径焊接总成	4		
4	紧固加油口径	20		
5	放回风枪			2
6	取卡扣、通孔式嵌装螺母、加油口径护板	2		
7	安装加油口径护板	15		
8	取燃油箱加油口单向阀分总成			2
9	安装燃油箱加油口单向阀分总成	3		
10	取油箱夹具卡入车身后桥孔内	3		
11	取燃油箱总成放在夹具上			3
12	取风枪、螺栓、燃油箱	5		
13	装配燃油箱	29		
14	放回风枪			2
15	取扭矩扳手校对油箱扭力	12		
16	放回扭矩扳手			2
17	取记号笔点标记	2		
18	放回记号笔			4
19	取毛刷和鱼嘴钳子	3		
20	连接燃油箱进油管、呼吸胶管、加油口径、回油管	35		
21	用钳子紧固燃油箱进油管,连接通钢管	15		
22	放回鱼嘴钳子和毛刷			2
23	取风枪紧固加油胶管	8		
24	放回风枪			2
25	连接油箱线束	4		
26	取记号笔,在加油口径上点标记确认单向阀是否安装	3		
27	放回记号笔			2
28	作业结束后进行自主检查	15		
29	回到起始点			3
	合　　计	181		24

（三）典型工位作业要领（见表 3-2）

表 3-2 碳罐（2 号出气管）作业要领

作业要领				作业名称	碳罐（2 号出气管）	重要项目	作业时间/s	保证工程	工具
	编号		车型				15		
				班组/工区	C 工区				
序号	作业步骤			作业要点	注意事项（品质保证方法、检验方法）				零件个数
1	确认部件			检查部件完好性	查看部件无损坏				
2	取部件			取 1 个夹子插接到车身防护板工艺孔内（见图 1）	把有白漆的一侧朝向车身后方				
3	安装部件			将 2 号碳罐出气管卡装到夹子上（见图 2）	管夹插接方向向下插入车身工艺孔内				

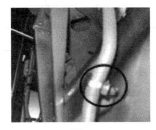

图 1

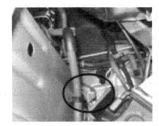

图 2

二、任务实施

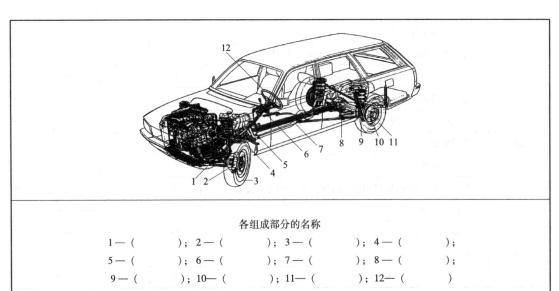

各组成部分的名称

1—(　　　　)；2—(　　　　)；3—(　　　　)；4—(　　　　)；
5—(　　　　)；6—(　　　　)；7—(　　　　)；8—(　　　　)；
9—(　　　　)；10—(　　　　)；11—(　　　　)；12—(　　　　)

三、任务评价

专业班级：		姓名：		学号：	
专业（知识/技能）收获			（非专业）能力素质收获		
评价考核项目		自我评价	小组评价		教师评价
已掌握轿车底盘结构					
主动提出问题数量					
课外学习时间（学时）					
工作态度（课堂、课后任务完成情况）					
合作意识及协调能力					
正确表达及沟通能力					
自律能力（缺勤/旷课/迟到/违纪次数）					

任务3.2 动力总成安装

动力总成由发动机、离合器和变速箱等构成。在车体上安装动力总成时，应首先组装发动机、离合器及变速器，装配完动力总成，再将动力总成安装到车体上。

任务3.2.1 发动机与离合器及变速器组装

一、知识准备

（一）发动机与离合器组装方法

（1）首先目测检查发动机有无缺陷或有无缺件。
（2）取下飞轮上的螺栓和螺柱上的螺母及垫圈，在螺栓螺纹部分涂螺纹锁固胶。
（3）用毛刷蘸汽油清洗发动机飞轮上的油污，再用抹布将清洗面擦拭干净。
（4）装压盘组件。用螺栓将压盘固定到飞轮上，按十字交叉法拧紧，拧紧力矩为45~55 N·m，如图3-4所示。

（二）发动机与变速器组装方法

（1）将发动机安装到变速器壳体。安装发动机时，在发动机和变速箱之间必须安装间隔套，如图3-5所示。
（2）将定位销安装到变速器壳体，以保证发动机与变速器的安装位置，如图3-6所示。

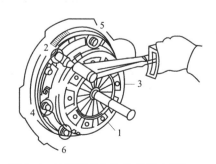

图3-4 拧紧压盘与飞轮的固定螺钉

图 3-5 安装间隔套

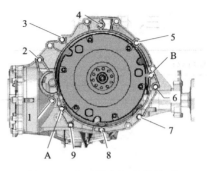

图 3-6 变速器壳体安装端面

1，2，3，4，5，6，7，8，9—安装孔；
A，B—定位销

（3）用弹簧垫与螺母将变速箱和发动机飞轮壳端固定到一起，螺母按十字交叉法拧紧，拧紧力矩为 75~92 N·m，如图 3-6 所示。

二、任务实施

序号	装配过程	图　　示
1		
2		
3		1，2，3，4，5，6，7，8，9—安装孔； A，B—定位销

三、任务评价

专业班级：	姓名：	学号：
专业（知识/技能）收获		（非专业）能力素质收获

续表

评价考核项目	自我评价	小组评价	教师评价
已掌握发动机、离合器及变速器组装			
主动提出问题数量			
课外学习时间（学时）			
工作态度（课堂、课后任务完成情况）			
合作意识及协调能力			
正确表达及沟通能力			
自律能力（缺勤/旷课/迟到/违纪次数）			

任务 3.2.2　动力总成及操纵装置的装配

一、知识准备

（一）动力总成安装方法

（1）将发动机左、右支架的两个安装孔分别对准发动机左、右的支架安装孔，用 4 根 M8×25 的外六角螺栓带上，并装入平垫和弹簧垫，用套筒气动扳手紧固螺栓，拧紧力矩为 20~25 N·m。要求发动机左、右支架安装紧固、可靠。

（2）发动机安装脚缓冲块、缓冲块隔热挡板的安装，如图 3-7 所示。

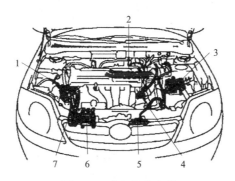

图 3-7　动力总成安装

1—左固定支架；2—换挡拉索；3—右固定支架；4—加速踏板拉索；
5—离合器分离泵；6—空调压缩机；7—传动皮带

① 将缓冲块隔热挡板的大小孔对准发动机缓冲块的安装螺栓和凸包插入，再将发动机安装脚缓冲块的安装螺栓对准发动机左支架的安装孔插入，然后在螺栓上装入平垫和弹簧垫，使用 M10×1.25 的螺母并用套筒气动扳手紧固，拧紧力矩为 35~40 N·m。

② 将发动机脚缓冲块的安装螺栓对准发动机右支架的安装孔插入，在螺栓上装入平垫和弹簧垫，使用 M10×1.25 的螺母并用套筒气动扳手紧固，拧紧力矩为 35~40 N·m。

（3）排气管前节安装。先将排气管衬垫的安装孔对准发动机排气支管的螺栓套，再将排气管前节的安装孔对准发动机变速器总成排气支管的螺栓，装上，在螺栓上装入平垫和弹簧垫，使用 M10×1.25 的螺母并用套筒气动扳手紧固，拧紧力矩为 35~40 N·m。动力总成装配工艺卡如表3-3所示。

表3-3 动力总成装配工艺卡

装配工艺卡片					工位名称	部装发动机变速器总成组件		第1页共1页		
					车型	FY1605A/B		定额工时		
装配零（部）件				装配工艺						
序号	名称	数量	工序	装配过程	工艺要求	标件名称	规格/mm	等级	数量	设备工装
1	发动机变速器总成	1	1	将发动机左、右支架的两个安装孔分别对准发动机左、右支架安装孔，用4颗M8×25的外六角螺栓、弹垫、平垫带上，用S13套筒气动扳手紧固螺栓	发动机左、右支架安装紧固、可靠	外六角螺栓	M8×25	4		
2	发动机左支架	1				外六角螺母	M10×1.25	5		
3	发动机右支架	1								
4	发动机脚缓冲块	2	2	（1）将1件缓冲块隔热挡板的大小孔对准工件发动机缓冲块的安装螺栓和凸包，装上。再将发动机脚缓冲块的安装螺栓对准发动机左支架的安装孔，凸包向下装上，用1个M10×1.25的外六角螺母及弹簧垫、平垫带上。（2）将1件发动机脚缓冲块的安装螺栓对准发动机右支架的安装孔，凸包向下装上，用1个M10×1.25的外六角螺母及弹簧垫、平垫带上。用S16套筒气动扳手紧固螺栓。（3）先将1件排气管双口接口垫的3个安装孔对准发动机排气支管的3颗螺栓套，再将排气管前节的3个安装孔对准发动机变速器总成排气支管的3颗螺栓，装上，用3个M10×1.25的外六角螺母及弹簧垫和平垫带上。用S16的套筒气动扳手紧固螺母	发动机脚缓冲块、缓冲块隔热挡板安装紧固、可靠	弹垫	φ10	5		
5	排气管双口接口垫	1				平垫	φ10	5		
6	排气管前节	1			排气管前节安装紧固、可靠；无漏气现象	弹垫	φ8	4		
7	缓冲块隔热挡板	1				平垫	φ8	4		
编制			会签		审核			批准		

（二）动力总成操纵装置的装配方法

动力总成的操纵装置由加速踏板装置、离合操纵系统以及变速器操纵装置等。下面分述各操纵装置的安装过程。

1. 安装加速踏板装置

加速踏板装置是用钢索控制发动机节气门开度的机构，主要由加速踏板总成、节气门拉线及前围板等组成，如图 3-8 所示，其安装步骤如下：

（1）将拉线穿过前围板，如图 3-8 所示。

（2）用螺栓安装加速踏板总成，螺栓的拧紧力矩为 20~25 N·m，并连接拉线与加速踏板。

（3）拉线的另一端与节气门摇臂连接，并保证油门拉线松紧适度。

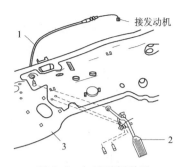

图 3-8 加速踏板装置

1—拉线；2—踏板总成；3—前围板

2. 安装离合器操纵系统

目前常用的离合器操纵系统有拉索式操纵机构和液压操纵机构两种。下面介绍拉索式操纵机构（见图 3-9）的安装过程，拉索式操纵机构的安装主要是在前围板上安装踏板组件、拉索组件以及拉索与分离叉臂的连接。

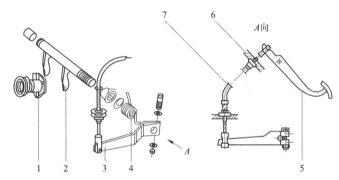

图 3-9 拉索式离合器操纵机构示意图

1—分离套筒；2—分离叉；3—分离叉臂；4—回位弹簧；5—踏板组件；6—前围板；7—拉索组件

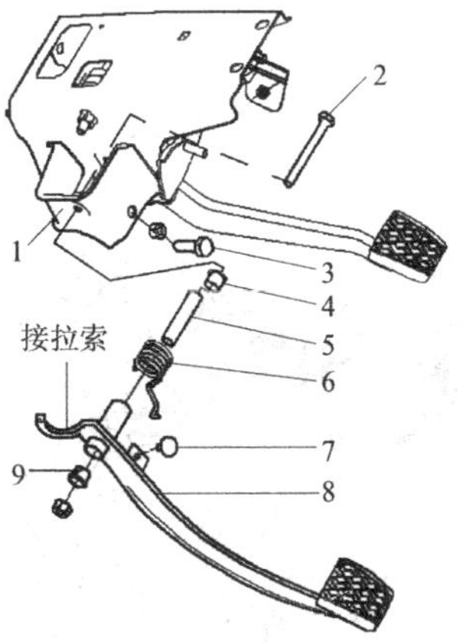

1）踏板组件装配

踏板组件主要由踏板总成、限位垫、弹簧、衬垫、轴套以及销轴等零部件组成，如图 3-10 所示，其装配步骤为：

（1）将轴套插到踏板总成安装孔内。

（2）将衬套 4 安装到踏板安装座孔内，销轴穿过衬套 4 的孔。

（3）将弹簧装到踏板总成安装轴上，轴套对准销轴装入离合器踏板安装座内，推进销轴，并将销轴推到位。

（4）装衬套 9，拧紧螺母，拧紧扭矩为 20~25 N·m。

（5）安装调节螺钉，以便调整踏板行程。

2）拉索组件装配

拉索组件装配就是把拉索组件安装到前围板，拉索的一端连接到踏板总成，另一端与分离叉相连，如

图 3-10 踏板组件装配示意图

1—离合器踏板安装座；2—销轴；3—调节螺钉；4，9—衬套；5—轴套；6—弹簧；7—限位垫；8—踏板总成

图 3-11 所示,其安装步骤如下:
(1) 将拉索组件中与踏板连接的一端插入前围板,并与踏板相连接。
(2) 用螺栓将螺栓组件与前围板连接,螺栓拧紧扭矩为 20~25 N·m。
(3) 将拉索另一端连接到分离叉臂。

3) 检查调整离合器踏板安装情况

离合器操纵系统装配完成后应对离合器踏板安装高度、工作行程和自由行程等项目进行检查调整,如图 3-12 所示。

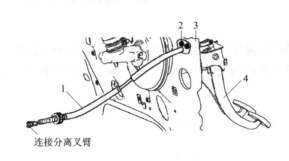

图 3-11 拉索组件安装示意图
1—拉索组件;2—螺栓;3—前围板;4—踏板组件

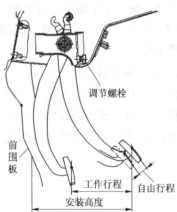

图 3-12 离合器踏板安装参数

(1) 离合器踏板安装高度为 180~186 mm。
(2) 离合器踏板的工作行程为 134~142 mm。
(3) 离合器踏板的自由行程为 10~20 mm。

3. 安装变速器操纵装置

安装拉杆式变速器操纵装置主要是装配变速杆总成、拉杆总成及变速器总成等零部件,如图 3-13 所示,其装配步骤如下:

1) 将拉杆安装到变速器

将拉杆插入到变速器壳体安装位置上,先拧紧六角法兰螺栓,再拧紧连接螺栓,拧紧扭矩为 40~50 N·m,如图 3-14 所示。

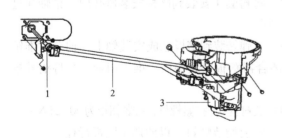

图 3-13 拉杆式变速器操纵装置
1—变速杆总成;2—拉杆总成;3—变速器总成

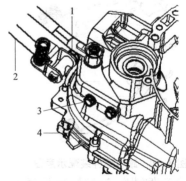

图 3-14 拉杆装到变速器
1—拉杆连接螺栓;2—拉杆;
3—六角法兰螺栓;4—变速器总成

2）安装变速杆总成

将变速杆总成插入到车体地板安装位置上，拧紧法兰面螺母，拧紧扭矩为 20~25 N·m，如图 3-15 所示。

注：（1）应保证换挡手柄顶部的挡位示意文字朝向车辆前进方向，适当拧紧换挡手柄的定位螺钉。

（2）检查换挡操纵是否灵活、可靠；空挡时，手柄应基本处于竖直位置。

3）安装变速杆防尘盖

将防尘盖套入变速杆，再压上防尘盖护圈，一并装入地板上的安装螺栓，拧紧螺母，拧紧扭矩为 20~25 N·m，如图 3-16 所示。

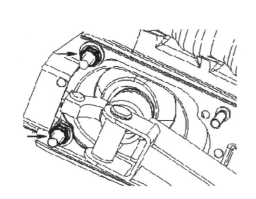

图 3-15 安装变速杆总成

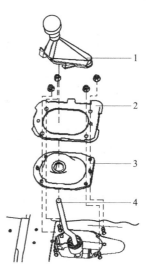

图 3-16 安装变速杆防尘盖

1—手柄总成；2—防尘护圈；
3—防尘盖；4—变速杆总成

（三）发动机线束装配方法

发动机线束包括起动机的线束分支，变速箱、蓄电池箱的线束分支，驾驶室的线束分支等，如图 3-17 所示。发动机线束的安装一般按以下步骤进行。

1. 插接发动机底盘电线束的 ECU89 孔插接器

拆下 ECU89 孔插接器接口上的堵盖，将 ECU89 孔插接器锁紧装置向上完全打开，插接后再向下完全锁紧。

2. 连接发电机线

将双压的红线接到"B1+"接线柱上，将单根红线接到"B2+"接线柱上。

注意：电线应置于发电机后端盖的布线槽内，如图 3-18 所示。

3. 插接发电机 5 孔插接器

插接器插接前应先打开插接器的锁紧装置，插接后锁紧，锁紧时应保证锁紧装置挂入锁孔内。

图 3-17 发动机线束的组成

1—至起动机的线束分支；2—至变速箱、
蓄电池的线束分支；3—至驾驶室的线束分支

4. 连接进气加热格栅及进气加热继电器

(1) 接进气加热格栅线：将进气加热格栅接线柱上的螺母拆下，分别接红色电源线和棕色搭铁线，并带好绝缘护套，接线时红线在上棕线在下。

注意：红线不得与接棕线的接线柱直接接触。

(2) 接进气加热继电器线：将两根红色线分别接到继电器的粗接线柱上，拧紧螺母并带好绝缘护套。将两根白线不分左右接到继电器的细接线柱上并拧紧螺母。

5. 接起动机线

将起动机线束分支中的红线接到起动机30端（主电源），将起动继电器两孔插接器插到起动机上，并将线束捆扎到 ECU 安装支架及高压油管上，如图 3-19 所示。

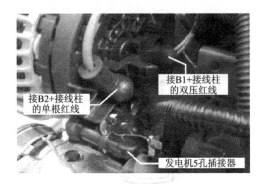

图 3-18　连接发电机线

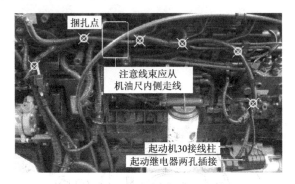

图 3-19　连接起动机线

注意：(1) 线束应在机油尺内侧走线；

(2) 线束应固定到喷油器的高压油路（钢管）而不是低压油路（软管）；

(3) 插接起动继电器两孔插接器时应以听到"咔嗒"的响声来确定插接到位。

6. 对接 6 孔插接器并固定线束

先将发动机上 4 孔插接器上的橡胶帽拆下，将发动机底盘电线线束的 4 孔插接器（圆形）与发动机上的相应接口对接，并旋紧插接器。注意插接器两端线束均要固定。

7. 水温传感器接线

拔下水温传感器上的护套，按接线片的大小分别接线并将线束捆扎固定，注意电线不要绷紧，水温传感器线束应捆扎到发动机自身的线束上。

8. 油压传感器接线

油压传感器线束与水温传感器线束在同一分支上，如图 3-20 所示。

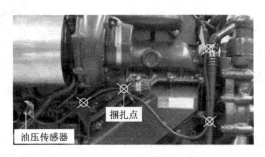

图 3-20　油压传感器接线

二、任务实施

序号	安装内容	装配过程	图　　示
1	安装加速踏板装置		1—拉线；2—踏板总成；3—前围板
2	安装离合器操纵系统 — 踏板组件装配		1—离合器踏板安装座；2—销轴；3—调节螺钉；4，9—衬套；5—轴套；6—弹簧；7—限位垫；8—踏板总成
	拉索组件装配		1—拉索组件；2—螺栓；3—前围板；4—踏板组件
	检查调整离合器踏板安装情况		

续表

序号	安装内容		装配过程	图示
3	安装变速器操纵装置	拉杆安装到变速器		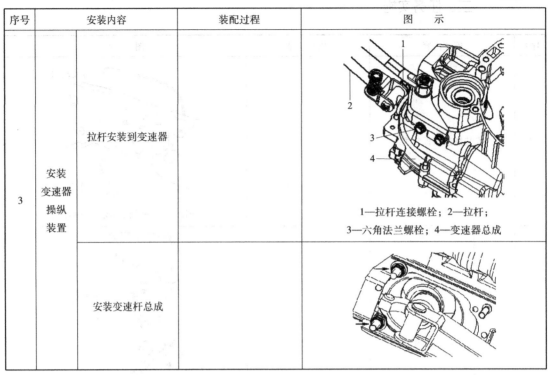 1—拉杆连接螺栓；2—拉杆； 3—六角法兰螺栓；4—变速器总成
		安装变速杆总成		

三、任务评价

专业班级：		姓名：		学号：	
专业（知识/技能）收获			（非专业）能力素质收获		
评价考核项目			自我评价	小组评价	教师评价
已掌握动力总成的装配					
已掌握操纵装置的装配					
主动提出问题数量					
课外学习时间（学时）					
工作态度（课堂、课后任务完成情况）					
合作意识及协调能力					
正确表达及沟通能力					
自律能力（缺勤/旷课/迟到/违纪次数）					

任务3.3 汽车前后车桥装配

一、知识准备

车桥是指通过悬架和车架或车身相连，两端安装汽车车轮的桥式结构。其功能是传递车架或车身与车轮之间各方向作用力及其力矩。

根据车桥上车轮的作用不同，车桥也分成转向桥、驱动桥、转向驱动桥和支持桥四种。其中转向桥和支持桥都属于从动桥。

驱动桥分整体式与断开式两大类。

整体式驱动桥：其半轴套管与主减速器壳均和轴壳刚性地相连成一个整体梁，因而两侧的半轴和驱动轮相关地摆动，并通过弹性元件与车架相连，如图3-21所示，一般用在中、重型货车和客车上。

断开式驱动桥：驱动桥两侧的半轴和驱动轮在横向平面相对于车体有相对运动，如图3-22所示。断开式车桥各自通过悬架系统支撑车身，只能与独立悬架配用，一般用在轿车和轻型客车上。

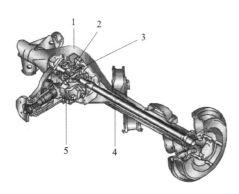

图 3-21 整体式驱动桥
1—后桥壳；2—差速器壳；3—差速器；
4—半轴；5—主减速器

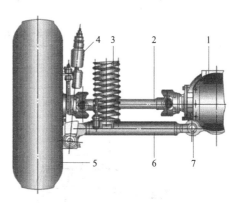

图 3-22 断开式驱动桥
1—主减速器；2—半轴；3—缓冲弹簧；4—减震器；
5—车轮；6—摆臂；7—摆臂轴

（一）车桥的装配过程

1. 安装左、右侧后减震器到车身

后减震器安装到后横梁，并用两个螺钉紧固到规定扭矩，后板簧后吊耳装到车身下支架。将后板簧后端放到吊耳夹板中，用螺母及螺栓松装，再将后减震器下端装到后桥上，并用垫圈及螺母紧固到规定扭矩。

2. 放前桥和后桥到车身

将前桥运至前桥举升器上、后桥运至后桥举升器上；将前、后桥举升器行至车身下面，然后升起到装配位置。

装后吊耳夹板到车身下支架：装后板簧吊耳板到后板簧安装支架上，并用螺栓松装。

装后板簧前端到车身：装后板簧前吊耳到后板簧安装支架上，并用螺栓松装。

紧固 U 形螺栓：固定后板簧 U 形螺栓到规定扭矩。

3. 装主销 U 形调节叉到车身

放主销后倾角 U 形调节叉到下控制臂固定支架上，并用两个螺母松装；放调整垫片到调节叉和固定支架之间，并紧固螺母到规定扭矩。

装横向减震杆支架到纵梁：放推力杆支架和板式组合螺栓推力杆平板总成到纵梁，并用另一个推力杆平板总成和 4 个螺母松装，然后紧固 4 个螺母到规定扭矩。

4. 装上、下控制臂

放上控制臂到纵梁内侧及控制臂固定支架中，用螺栓、螺母松装，并用手动定扭扳手紧固。

装上控制臂：用螺母及螺栓装上控制臂到前桥。

装下控制臂到前纵桥：用螺母及螺栓装下控制臂到前纵梁的安装支架上。

装前减震器下端到前桥：将前减震器放到前桥的减震器固定支架上，并用两个螺钉和两个螺母紧固到固定扭矩。

装前稳定杆：将前稳定杆上的连杆放到前桥，并用两个螺母和两个螺栓紧固到规定扭矩。

（二）车桥装配工艺

典型的车桥装配工艺如表 3-4~表 3-10 所示。

表 3-4 车桥装配工艺卡（1）

项目	数量	零件编号	零件总称	分组号				
			总装工艺卡				共1页	第1页
					工序号	操作内容		工具和设备
					1	将前桥运至前桥举升器上、后桥送至后桥举升器上		前桥桥车
								后桥桥车
					2	将前后举升器行至车身下面，并升起到装配位置		
1		参考	前桥总成					
2		参考	后桥总成					

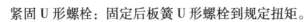

续表

				装配名称	放前桥和后桥到车身	关键项	
						工艺编号	7400-00

表 3-5 车桥装配工艺卡（2）

	总装工艺卡			共1页	第1页
		工序号	操作内容	工具和设备	
		1	将主销后倾角U形调节叉放到下控制臂固定支架上，并用两个螺母松装		
		2	将调整垫片放到调节叉和固定支架之间，并紧固螺母到规定扭矩	气动扳手 H25NR12H18	
			注：垫片数量是预先确定的，现要求在每侧都装一厚两薄三个垫片		
			扭矩：16.3~19.0 N·m		

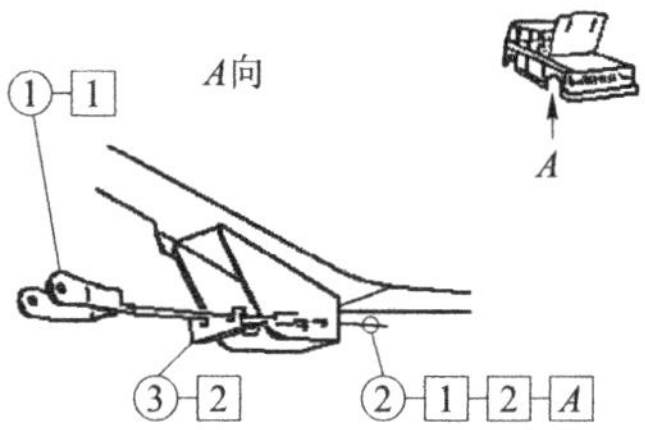

项目	数量	零件编号	零件名称	分组号
1	2	1052000532	"U"形夹子——后倾角调整	17220
2	4	11502811	螺母	17220
3	AR	1052003976	调整垫片 4 mm	17220
3	AR	1052000234	调整垫片 0.95 mm	17220

			装配名称	装主销"U"形调节叉到车身	关键项	
					工艺编号	7401-01

表 3-6 车桥装配工艺卡 (3)

		总装工艺卡				共1页	第1页
					工序号	操作内容	工具和设备
						仅左侧	
					1	将推力杆支架和板式组合螺栓件2放到纵梁上，并用另一个件4和4个螺母松装	
colspan="5"		2	紧固4个螺母到规定扭矩 扭矩：86.7~100.0 N·m	气动扳手 9RSQ83 接杆 套管 $S=18$ mm
项目	数量	零件编号	零件名称	分组号			
1	1	1052007121	推力杆支架总成	17240			
2	1	1052001493	推力杆平板总成	17240			
3	4	11502813	螺母	17240			
4		参考	推力杆平板总成	17240			
					装配名称	装横向减震杆支架到纵梁	关键项
						工艺编号	7401-02

表 3-7 车桥装配工艺卡 (4)

			总装工艺卡					共 1 页	第 1 页
					工序号	操作内容		工具和设备	
					1	将上控制臂放到纵梁内侧及控制臂固定支架中,并用螺栓、螺母松装		气动扳手 A40LRA2TPM-2	
						规定扭矩:80~99 N·m		套管 $S=15$ mm	
					2	6420EC 车用手动定扭矩板子紧固		手动定扭矩扳手 QC3P200	
					注意	紧固上控制臂到车身端前,需先将上控制臂左、右工装挂好在纵梁处,然后紧固上控制臂左、右工装(左长,右短)		开口扳手 $S=15$ mm 棘轮气动扳手 H25MRO8H20	

项目	数量	零件编号	零件总称	分组号					
1	2	1052038230	上控制臂总成	17210					
2	2	34203013	带挡板凸缘螺栓	17210					
3	2	11502812	螺母	17210					
1	2	B7280270AA	上控制臂总成	17210					
						装配名称	装上控制臂	关键项	
								工艺编号	7401-03

表 3-8　车桥装配工艺卡（5）

		总装工艺卡				共 1 页	第 1 页
				工序号	操作内容		工具和设备
				1	用螺母及螺栓装上控制臂到前桥		气动扳手 9RSQ83
					规定扭矩：65~88 N·m		套管 $S=15$ mm

项目	数量	零件编号	零件总称	分组号			
1	2	06505154AA	螺栓—内梅花	17210			
2	2	11502812	螺母	17210			
					装配名称	装上控制臂前桥	关键项
						工艺编号	7401-04

表 3-9 车桥装配工艺卡（6）

			总装工艺卡					共1页	第1页
					工序	操作内容		工具和设备	
					1	用螺母及螺栓松装下控制臂到前纵梁的安装支架上		撬棍	
								榔头，2磅	
项目	数量	零件编号	零件总称	分组号					
1	2	1034201334	螺栓	17220					
2	2	11502814	螺母	17220					
					装配名称	装下控制臂到前纵梁		关键项	
								工艺编号	7401-05

表 3-10 车桥装配工艺卡（7）

		总装工艺卡				共1页	第1页
				工序	操作内容	工具和设备	
				1	将前减震器放到前桥的减震器固定支架上，并用两个螺钉及两个螺母紧固到规定扭矩	气动扳手 A30LRA2TA-3 接杆	
						套管 $S=13$ mm	
					扭矩（A）：16.9~19.0 N·m	开口扳手 $S=13$ mm	
						定扭矩扳手 NB-50	
						套管 $S=13$ mm	
项目	数量	零件编号	零件总称	分组号			
1	4	J4200402	自攻螺钉	17120			
2	4	11502811	螺母	17120			
					装配名称	装前减震器下端到前桥	关键项
						工艺编号	7401-06

二、任务实施

序号	安装内容	装配过程
1	装左、右侧后减震器到车身	
2	放前桥和后桥到车身	
3	装主销U形调节叉到车身	
4	装上、下控制臂	

三、任务评价

专业班级：		姓名：		学号：	
专业（知识/技能）收获			（非专业）能力素质收获		

评价考核项目	自我评价	小组评价	教师评价
已掌握轿车前后桥装配			
主动提出问题数量			
课外学习时间（学时）			
工作态度（课堂、课后任务完成情况）			
合作意识及协调能力			
正确表达及沟通能力			
自律能力（缺勤/旷课/迟到/违纪次数）			

任务3.4 转向系统安装

转向系统按转向能源的不同可分为机械转向系统和动力转向系统两大类。

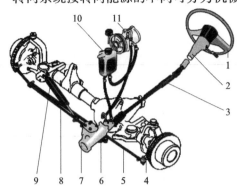

图3-23 动力转向系统示意图

1—转向盘；2—转向轴；3—中间轴；4—转向臂；
5—横拉杆；6—转向摇臂；7—转向器；8—直拉杆；
9—减震器；10—转向油罐；11—转向油泵

完全靠人力操纵的转向系统称为机械转向系统，由于这种转向系统需要较大的操作力，转向不够灵敏，所以目前机械转向系统采用的越来越少。

借助动力来操纵的转向系统称为动力转向系统。动力转向系统又可分为液压助力转向系统和电动助力转向系统，液压动力转向系统如图3-23所示，下面介绍液压助力转向系统的安装方法。安装液压助力转向系统的主要内容及操作步骤为：安装转向器总成→连接横拉杆与转向臂→连接液压油管以及安装转向柱护盖和转向盘组合等。

任务3.4.1 动力转向器总成的装配及液压油管的连接

一、知识准备

（一）动力转向器总成的安装

动力转向器总成用4个螺栓安装到前围板，拧紧扭矩为60~90 N·m，如图3-24所示。

（二）横拉杆与转向臂的连接

将横拉杆球头销插入转向臂的安装孔，拧紧槽形锁紧螺母，拧紧扭矩为30~40 N·m，如图3-25所示。

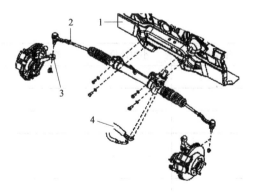

图3-24 转向器安装示意图

1—前围板；2—转向器总成；3—转向臂；4—液压油管

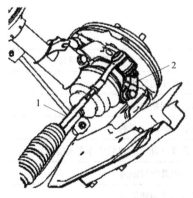

图3-25 横拉杆与转向臂的连接

1—横拉杆；2—转向臂

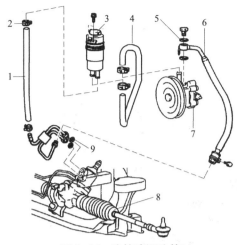

图 3-26 连接液压油管
1—回油管；2—软管夹箍；3—油箱；4—吸油管；
5—垫圈；6—高压油管；7—油泵；
8—转向器总成；9—O 形密封圈

（三）连接液压油管

按以下步骤连接液压油管，如图 3-26 所示。

（1）将吸油管和回油管连接到油箱上，并用软管夹箍固定好。

（2）将吸油管插到油泵吸油口，回油管的另一端接管接头，分别用软管夹箍夹紧。

（3）将高压油管的接头螺纹连接到转向泵上，拧紧扭矩为 20~35 N·m。

（4）用固定夹将回油管和高压油管固定到车身前围板上。

（5）将高压油管和回油管的接头螺纹通过 O 形密封圈连接到转向器上，拧紧扭矩为 20~35 N·m。

（6）排尽动力转向管路系统中的空气，检查管路系统是否有泄漏，灌注液压油并检查油箱内液面高度。

二、任务实施

序号	安装内容	装配过程	图示
1	动力转向器总成的安装		1—前围板；2—转向器总成；3—转向臂；4—液压油管
2	横拉杆与转向臂的连接		1—横拉杆；2—转向臂

续表

序号	安装内容	装配过程	图示
3	连接液压油管		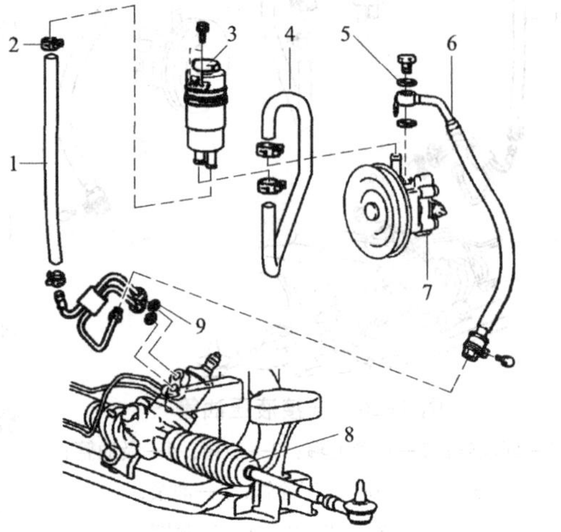 1—回油管；2—软管夹箍；3—油箱；4—吸油管；5—垫圈；6—高压油管；7—油泵；8—转向器总成；9—O形密封圈

三、任务评价

专业班级：		姓名：		学号：	
专业（知识/技能）收获			（非专业）能力素质收获		
评价考核项目			自我评价	小组评价	教师评价
已掌握动力转向器总成的装配					
已掌握连接液压油管					
主动提出问题数量					
课外学习时间（学时）					
工作态度（课堂、课后任务完成情况）					
合作意识及协调能力					
正确表达及沟通能力					
自律能力（缺勤/旷课/迟到/违纪次数）					

任务 3.4.2　转向盘组合件的安装

一、知识准备

转向盘组合主要由安全气囊总成、转向盘总成、组合开关支座、刮水器开关总成、转向柱总成、中间轴、万向节、转向柱下护盖、转向柱上护盖和大灯开关总成等组成，如图 3-27 所示。安装转向盘组合的步骤如下。

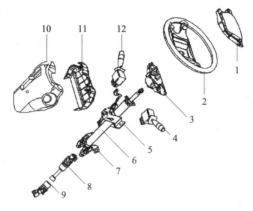

图 3-27　转向盘组合件示意图

1—安全气囊总成；2—转向盘总成；3—组合开关支座；4—刮水器开关总成；5—转向柱支座；6—转向柱总成；7—转向柱支架；8—中间轴；9—万向节；10—转向柱下护盖；11—转向柱上护盖；12—大灯开关总成

（一）安装转向柱总成

（1）将转向柱总成的下端穿过前围板的安装孔，转向柱下端的万向节插入转向器，并拧紧螺栓，拧紧扭矩为 22~34 N·m，如图 3-28 所示。

（2）通过转向柱支座和转向柱支架，用螺栓固定转向柱总成，拧紧扭矩为 16~26 N·m，如图 3-29 所示。

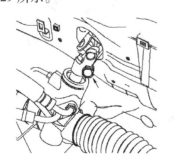

图 3-28　连接转向器与转向柱

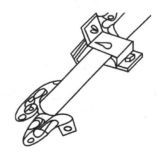

图 3-29　固定转向柱总成

（二）点火开关总成

转向柱固定之后安装点火开关总成，将点火开关总成装到转向柱，用螺钉紧固，如图 3-30 所示。点火开关锁芯安装后，应检查转向锁止功能的工作状态：拔出钥匙时，转向机构锁止；钥匙插入并旋转到 AFF 位置时，转向机构锁止解除。

(三) 安装组合开关总成

将组合开关支座插入转向柱,用3个固定螺钉松装,安装大灯变光开关和刮水器开关,并插牢其开关线束,将转向柱上、下护盖初装调整后,拧紧固定螺钉,拧紧力矩为22~34 N·m,如图3-31所示。

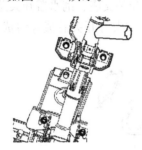

图3-30 安装点火开关总成

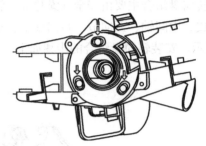

图3-31 安装组合开关总成

(四) 安装转向柱上、下护盖

将转向柱上、下护盖初装,松装固定螺钉,待组合开关调整紧固后拧紧固定螺钉,拧紧力矩为22~34 N·m,如图3-32所示。

(五) 安装转向盘总成

安装转向盘总成时应首先确认车轮在中间位置,按转向盘的正向将其压入转向柱,并用内六角固定螺栓紧固,拧紧力矩为40~60 N·m,如图3-33所示。

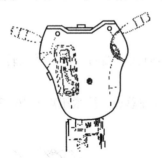

图3-32 安装转向柱上、下护盖

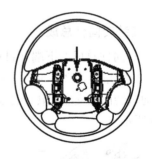

图3-33 安装转向盘总成

(六) 安装安全气囊总成

先将安全气囊线束接头连接并用螺钉固定,然后放置安全气囊总成,必须保证安全气囊上表面朝上,压入安全气囊总成时应先插入直平面卡扣,之后再压入斜面卡扣,如图3-34所示。

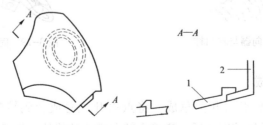

图3-34 安装安全气囊总成

1—安全气囊总成;2—转向盘

二、任务实施

序号	安装内容	装配过程	图示
1	安装转向柱总成		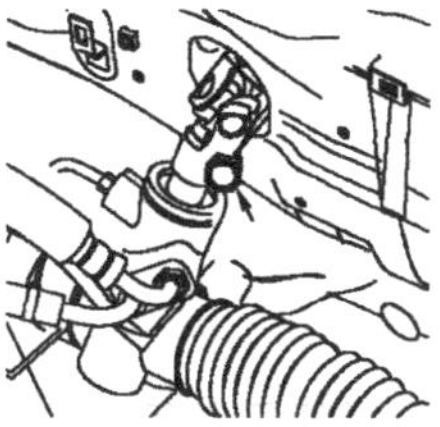 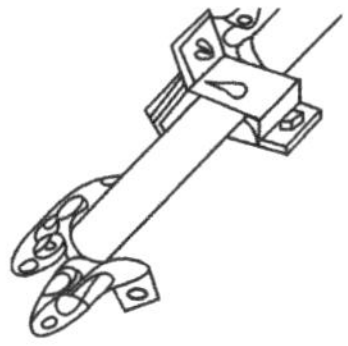
2	点火开关总成		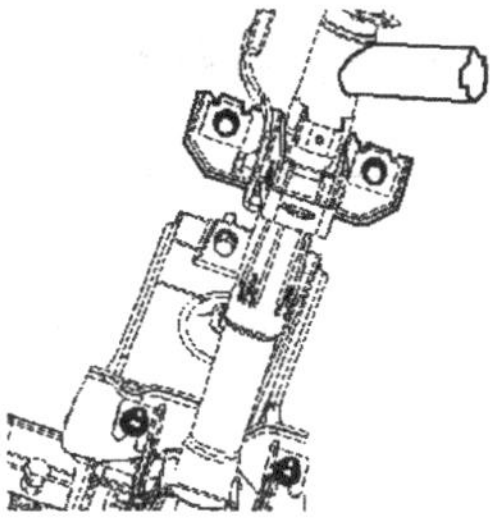
3	安装组合开关总成		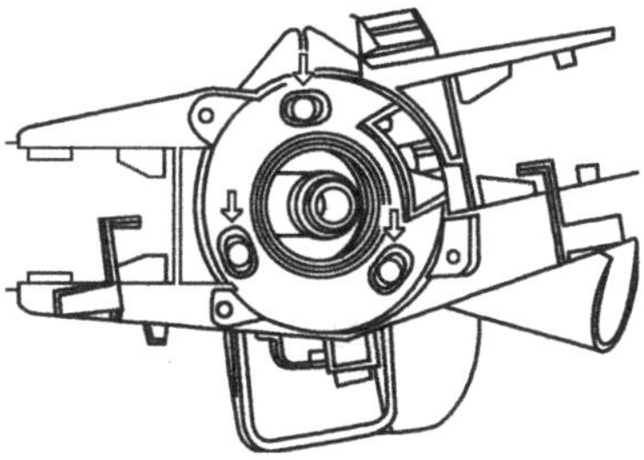
4	安装转向柱上、下护盖		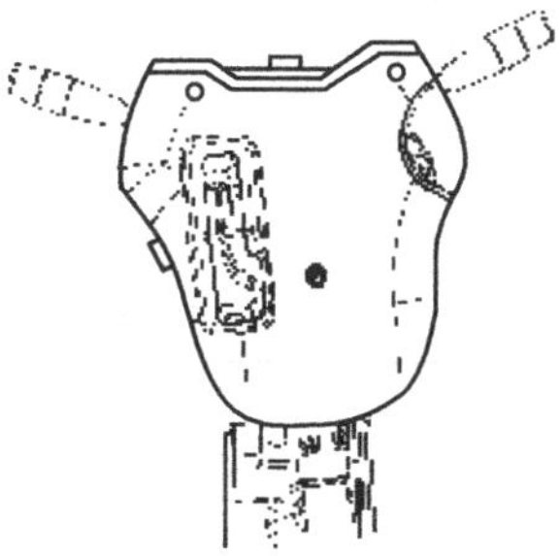
5	安装转向盘总成		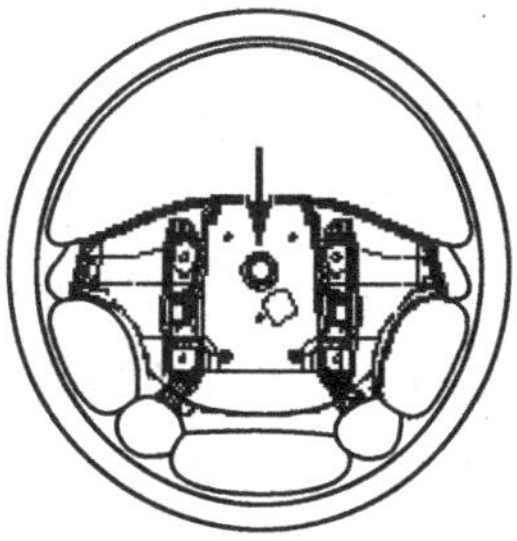

续表

序号	安装内容	装配过程	图示
6	安装安全气囊总成		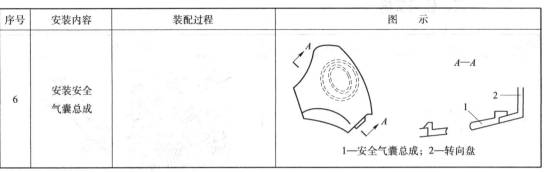 1—安全气囊总成；2—转向盘

三、任务评价

专业班级：		姓名：		学号：	
专业（知识/技能）收获			（非专业）能力素质收获		
评价考核项目		自我评价		小组评价	教师评价
已掌握转向盘总成的装配					
主动提出问题数量					
课外学习时间（学时）					
工作态度（课堂、课后任务完成情况）					
合作意识及协调能力					
正确表达及沟通能力					
自律能力（缺勤/旷课/迟到/违纪次数）					

任务3.5 制动系统安装

汽车制动系一般至少装有两套各自独立的系统，一套是行车制动装置，主要用于汽车行驶中的减速和停车；另一套是驻车制动装置，主要在车辆停止时防止其发生滑移。制动系统的基本构件主要由制动液储液罐总成、真空助力器、前后制动器、感载弹簧、压力调节阀、平衡器、驻车制动装置以及制动踏板等组成，如图3-35所示。有的汽车还装有紧急制动装置和安全制动或辅助制动装置，高级汽车还装有制动力调节装置、报警装置和压力保护装置等。

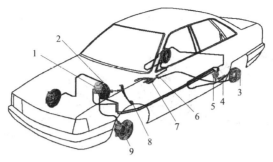

图 3-35 制动系统总成

1—制动液储液罐总成；2—真空助力器；3—后制动器；4—感载弹簧；5—压力调节阀；
6—平衡器；7—驻车制动座；8—制动踏板；9—前制动器

制动系统的安装主要是安装前后制动器、制动操纵装置及连接制动液压油路，下面介绍各总成的安装步骤。

任务 3.5.1　前、后制动器的装配

一、知识准备

（一）前制动器的装配的方法

轿车前轮制动器一般采用盘式制动器，其主要由制动盘、制动钳总成、制动管接头、O形密封圈等组成，如图 3-36 所示。盘式制动系统的安装步骤如下：

1. 安装制动盘

将制动盘安装到轮毂上，用 4 个螺栓紧固，拧紧扭矩为 196~255 N·m，如图 3-36 所示，安装时应注意保持制动盘摩擦表面清洁，不得附着机油或润滑脂。

2. 安装制动管接头

将制动管接头安装到制动钳总成上，安装制动管接头时两侧应分别垫 O 形密封圈，并用螺钉紧固，拧紧扭矩为 16~20 N·m，如图 3-36 所示。

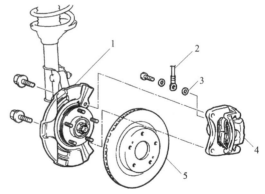

图 3-36　前制动器安装

1—前轴法兰；2—制动管接头；3—O 形密封圈；
4—盘式制动器总成；5—制动盘

3. 安装制动钳总成

将制动钳总成安装到前轴法兰上，用两个螺栓紧固，拧紧扭矩为 90~100 N·m，如图 3-36 所示。

（二）后制动器的装配方法

轿车后轮制动一般采用鼓式制动器，其主要由制动板组合、制动鼓、轮毂轴、后轴、驻车制动拉线和制动管接头等组成，如图 3-37 所示。后轮制动系统的安装步骤如下。

1. 安装制动板组合

先将制动管接头安装到制动板组合上，再将制动板组合安装到后轴法兰上，并用螺栓紧

固,拧紧螺栓的力矩为 30 N·m。最后安装驻车制动拉线,如图 3-37 所示。

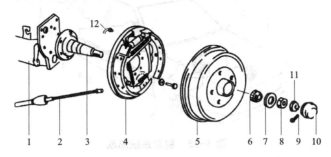

图 3-37 安装后制动器

1—后轴;2—驻车制动拉线;3—轮毂轴;4—制动板组合;5—制动鼓;6—轮毂外轴承;7—止推垫圈;
8—螺母;9—开口销;10—轮毂盖;11—锁盖;12—制动管接头

2. 安装制动鼓

先将制动鼓安装到轮毂轴,再安装轮毂外轴承、止推垫圈、螺母,拧紧螺母后安装锁盖并用开口销固定,最后装上轮毂盖,如图 3-37 所示。

二、任务实施

序号	安装内容		装配过程	图 示
1	前制动器的装配	安装制动盘		1—前轴法兰;2—制动管接头;3—O 形密封圈;4—盘式制动器总成;5—制动盘
		安装制动管接头		
		安装制动钳总成		
2	后制动器的装配	安装制动板组合		1—后轴;2—驻车制动拉线;3—轮毂轴;4—制动板组合;5—制动鼓;6—轮毂外轴承;7—止推垫圈;8—螺母;9—开口销;10—轮毂盖;11—锁盖;12—制动管接头
		安装制动鼓		

三、任务评价

专业班级：		姓名：		学号：	
专业（知识/技能）收获			（非专业）能力素质收获		
评价考核项目			自我评价	小组评价	教师评价
已掌握前制动器的装配					
已掌握后制动器的装配					
主动提出问题数量					
课外学习时间（学时）					
工作态度（课堂、课后任务完成情况）					
合作意识及协调能力					
正确表达及沟通能力					
自律能力（缺勤/旷课/迟到/违纪次数）					

任务 3.5.2　制动操纵装置的装配

一、知识准备

制动操纵装置主要由真空助力器总成和制动踏板机构组成，如图 3-38 所示。制动操纵装置的安装步骤如下。

（一）安装制动踏板总成

将制动踏板总成安装到制动踏板支架上（离合器踏板的安装同时进行），安装时将扭簧套在制动踏板总成转轴上，并将隔套装进制动踏板总成转轴内孔中；将衬套装进制动踏板支架上的安装孔中，然后把组装好的踏板总成插到制动踏板支架上并对准其安装孔，插入螺栓，拧紧螺母，如图 3-38 所示。

注意：制动踏板与制动踏板支架组装后，应保证制动踏板转动灵活。

（二）安装制动踏板支架

将制动踏板支架对准前围板横梁上的安装孔，并用螺栓紧固，拧紧扭矩为 16~20 N·m。

（三）安装真空助力器总成

将真空助力器总成对准安装孔，然后放置到制动踏板支架上，用 4 个螺栓紧固，拧紧扭矩为 16~20 N·m，如图 3-39 所示。

（四）连接制动主缸总成与踏板总成

将制动主缸活塞轴的叉形端部对准踏板上的安装孔，插入销轴并用平垫和开口销固定，如图 3-38 所示。

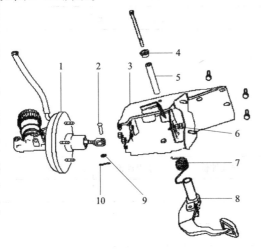
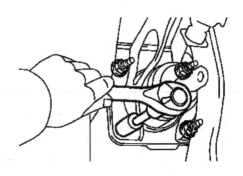

图 3-38　制动操纵装置示意图　　　　　　图 3-39　安装真空助力器总成

1—真空助力器总成；2—销轴；3—制动踏板支架；
4—衬套；5—隔套；6—调节螺钉；7—扭簧；
8—制动踏板总成；9—平垫；10—开口销

（五）检查并调整制动踏板

（1）制动踏板至地板的高度：正常为 176~181 mm。

（2）踩下制动踏板 5~15 mm 时，制动灯应亮起。

（3）踏板自由行程应为 10~30 mm。

二、任务实施

序号	安装内容	装配过程	图　　示
1	安装制动踏板总成		1—真空助力器总成；2—销轴；3—制动踏板支架；4—衬套；5—隔套；6—调节螺钉；7—扭簧；8—制动踏板总成；9—平垫；10—开口销

续表

序号	安装内容	装配过程	图示
2	制动踏板支架安装到前围板横梁上		
3	安装真空助力器总成		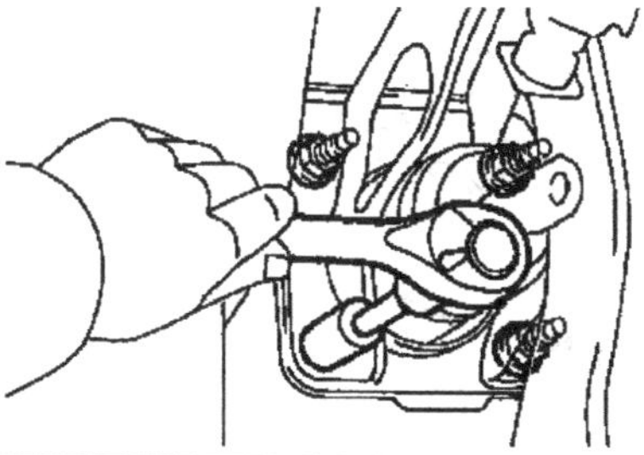
4	连接制动主缸总成与踏板总成		
5	检查并调整制动踏板		

三、任务评价

专业班级：		姓名：		学号：	
专业（知识/技能）收获			（非专业）能力素质收获		
评价考核项目			自我评价	小组评价	教师评价
已掌握制动操纵装置的装配					
主动提出问题数量					
课外学习时间（学时）					
工作态度（课堂、课后任务完成情况）					
合作意识及协调能力					
正确表达及沟通能力					
自律能力（缺勤/旷课/迟到/违纪次数）					

任务 3.5.3 液压制动系统油路连接

一、知识准备

液压制动系统的控制油路从制动主缸到控制器及各轮制动器之间由各种软管总成、硬管组件及管接头连接而成，如图 3-40 所示。制动系统控制油路的连接顺序如下：

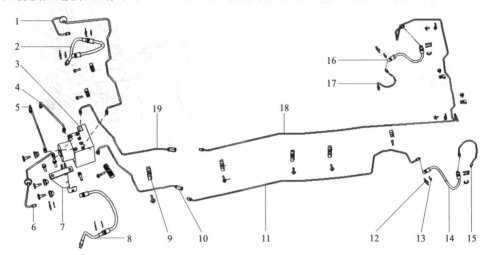

图 3-40 制动油路示意图

1—前右制动硬管组件；2，8—前制动软管总成；3—控制器总成；4—制动主缸至控制器 1 号制动硬管组件；
5—制动主缸至控制器 2 号制动硬管组件；6—前左制动硬管组件；7—控制器支架；9—五管夹；
10—后左 1 号制动硬管组件；11—后左制动硬管组件；12—E 形卡簧；13—开口挡圈；
14，16—后制动软管总成；15—后制动器 3 号制动硬管组件；
17—后制动器 4 号制动硬管组件；18—后右制动硬管组件；
19—后右 1 号制动硬管组件

（1）安装控制器总成。先将控制器总成安装到控制器支架上，再把控制器支架总成安装到车身。控制器总成与控制器支架之间加减震垫，并用 3 个内梅花螺钉紧固；控制器支架与车身用 3 个六角螺栓连接，拧紧扭矩为 20~25 N·m，如图 3-41 所示。

（2）安装后左、右 1 号制动硬管组件。连接制动硬管组件与控制器，如图 3-40 所示的管组件 10 和 19，接头螺纹的拧紧扭矩为 20~25 N·m。

（3）安装制动主缸控制器连接的 1、2 号制动硬管组件（如图 3-40 所示的管 4 和 5），接头螺纹的拧紧扭矩为 20~25 N·m。

（4）安装前左、前右制动硬管组件（如图 3-40 所示的管组件 1 和 6），接头螺纹的拧紧扭矩为 20~25 N·m。

（5）安装前制动软管总成（如图 3-40 所示的管组件 2 和 8），其一端与前制动硬管相连接，另一端与制动器相连接。

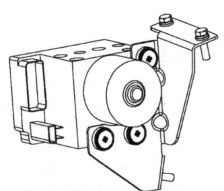

图 3-41 安装控制器总成

（6）安装后左、右制动硬管组件（如图 3-40 所示的管组件 11 和 18），其一端与后制动硬管 10 和 19 相连接，用一个双管夹和三个五管夹固定在车身，如图 3-42 所示。

图 3-42　固定后制动硬管组件

（7）安装后制动软管组件（如图 3-40 所示的软管组件 14 和 16），拧紧后制动软管与后左、右制动硬管组件连接的接头螺纹，用 E 形卡簧固定在软管支架上。

（8）安装后制动器 3、4 号硬管组件（如图 3-40 所示的硬管组件 15 和 17），其一端与软管相连接，另一端与制动器相连接，用 E 形卡簧固定在硬管支架上。

二、任务实施

序号	安装内容	装配过程	图　　示
1	安装控制器总成		
2	安装后左、右 1 号制动硬管组件		
3	安装制动主缸控制器连接的 1、2 号制动硬管组件		
4	安装前左、前右制动硬管组件		
5	安装前制动软管总成		1—前右制动硬管组件；2，8—前制动软管总成；3—控制器总成；4—制动主缸至控制器 1 号制动硬管组件；5—制动主缸至控制器 2 号制动硬管组件；6—前左制动硬管组件；7—控制器支架；9—五管夹；10—后左 1 号制动硬管组件；11—后左制动硬管组件；12—E 形卡簧；13—开口挡圈，14，16—后制动软管总成；15—后制动器 3 号制动硬管组件；17—后制动器 4 号制动硬管组件；18—后右制动硬管组件；19—后右 1 号制动硬管组件
6	安装后左、右制动硬管组件		
7	安装后制动软管组件		
8	安装后制动器 3、4 号硬管组件		

三、任务评价

专业班级：		姓名：		学号：	
专业（知识/技能）收获			（非专业）能力素质收获		
评价考核项目		自我评价		小组评价	教师评价
已掌握制动系统油路连接					
主动提出问题数量					
课外学习时间（学时）					
工作态度（课堂、课后任务完成情况）					
合作意识及协调能力					
正确表达及沟通能力					
自律能力（缺勤/旷课/迟到/违纪次数）					

任务 3.5.4　驻车制动系统的装配

一、知识准备

驻车制动系统的安装主要是安装其操纵结构和连接制动拉线。驻车制动器的操纵机构主要由手柄总成、支架、平衡臂及护板等组成，如图 3-43 所示，其安装步骤如下。

（一）安装手柄总成

将弹簧片装入支架内，把手柄总成的孔对准支架上的安装孔并插入销轴，用卡环定位，如图 3-43 所示。

（二）安装平衡臂

在手柄总成的拉杆上套入防尘罩，插入平衡臂，拧紧调整螺母及固定螺母，如图 3-43 所示。

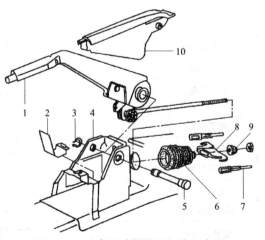

图 3-43　驻车制动器操纵机构示意图
1—手柄总成；2—弹簧片；3—卡环；4—支架；
5—销轴；6—防尘罩；7—驻车制动拉杆；
8—平衡臂；9—调整螺母；10—护板

(三) 驻车制动器拉线的安装

平衡臂的左、右两侧各安装驻车制动拉杆，用拉线将左、右后制动器与各自的制动拉杆箱连接。

驻车制动装置安装后达到驻车制动手柄拉起 4~7 齿时，车辆应可靠制动，且制动灯点亮，其最大操纵力应不大于 196 N，在完全松开制动手柄时，车轮应能自由转动，否则应调整。

二、任务实施

序号	安装内容	装配过程	图示
1	安装手柄总成		
2	安装平衡臂		1—手柄总成；2—弹簧片；3—卡环；4—支架；5—销轴；6—防尘罩；7—驻车制动拉杆；8—平衡臂；9—调整螺母；10—护板
3	驻车制动器拉线的安装		

三、任务评价

专业班级：		姓名：		学号：	
专业（知识/技能）收获			（非专业）能力素质收获		
评价考核项目		自我评价		小组评价	教师评价
已掌握驻车制动系统的装配					
主动提出问题数量					
课外学习时间（学时）					
工作态度（课堂、课后任务完成情况）					
合作意识及协调能力					
正确表达及沟通能力					
自律能力（缺勤/旷课/迟到/违纪次数）					

专用汽车装配技术概述

🔑 学习目标

通过本模块的学习应了解专用汽车的分类、编号、概念及型号的编制规则；掌握专用汽车装配的特点和要求；熟练掌握专用汽车底盘的选型；掌握专用汽车的总体布置原则；掌握专用汽车整车总体参数的确定。

任务4.1 认识专用汽车的分类与编号

一、知识准备

（一）专用汽车的概念及分类

我国专用汽车行业经过60多年的发展历程，目前已进入飞速发展期，当前年产量已突破百万辆，品种5 000多种，占载货车的比例接近56%，具备相当的规模。专用汽车是我国汽车工业的重要组成部分，也是我国汽车工业产业链中的重要环节。专用汽车既具有汽车的机动灵活，又具备各种专业特性，用途十分广泛，其应用范围涉及运输、工程建设、物流、交通、城建、环卫、市政、石油、化工、矿产开发、卫生医疗、金融、国防军工、文化娱乐和新农村建设等国民经济发展的各个领域。经过多年发展，特别是"十一五"期间的快速发展，专用汽车产品产量和品种不仅能满足国民经济建设的需要，而且具备参与国际市场竞争的能力，是国民经济发展和增长的重要保障。

在我国，GB/T 17350—2009标准中规定，专用汽车是"装置有专用设备，具备专用功能，用于承担专门运输任务或专项作业以及其他专项用途的汽车"。

GB/T 17350—2009标准还把国产专用汽车分为厢式汽车、罐式汽车、专用自卸汽车、起重举升汽车、仓栅式汽车和特种结构汽车六大类。

（1）厢式汽车：是指具有独立的封闭结构车厢或与驾驶室连成一体的整体式封闭结构

车厢的专用汽车。

（2）罐式汽车：是指装有罐状容器，用于运输或完成特定作业任务的专用汽车。

（3）专用自卸汽车：是指装有液压举升机构，能将车厢（罐体）卸下或使车厢（罐体）倾斜一定角度，使货物依靠自重能自行卸下或者水平推挤卸料的专用汽车。

（4）起重举升汽车：是指装置有起重设备或可升降作业台（斗）的专用汽车。

（5）仓栅式汽车：是指具有仓笼式或栅栏式结构车厢的专用汽车。

（6）特种结构汽车：是指具有桁架形结构、平板结构等各种特殊结构，用于承担专项作业的专用汽车。

（二）我国专用汽车型号的编制规则

国家标准 GB/T 9417—1988 和 GB/T 17350—2009 规定，专用汽车型号应能表明其厂牌、类型和主要特征参数等。该型号由拼音字母和阿拉伯数字组成，包括首部、中部和尾部三部分，如图 4-1 所示。

图 4-1 专用汽车产品型号构成

首部：由 2 个或 3 个拼音字母组成，是企业名称代号。如 CA 代表一汽，EQ 代表二汽，HY 代表汉阳特种汽车制造厂等。

中部：由 4 位阿拉伯数字组成，分为首位、中间两位和末位三部分。其含义如表 4-1 所示。

表 4-1 汽车型号中部 4 位数字的含义

首位（1~9）表示车辆类别		中间两位数字表示汽车的主要特征参数	末位数字
1	载货汽车	数字表示汽车的总质量（t） 注：总质量超过 100 t，允许用 3 位数字	表示企业自定产品序号
2	越野汽车		
3	自卸汽车		
4	牵引汽车		
5	专用汽车		
6	客车	数字×0.1 m 表示车辆的总长度 注：总长超过 10 m，可用数字×1 m 表示车辆的总长度	
7	轿车	数字×0.1 L 表示发动机排量	
8	（暂缺）	—	
9	半挂车或专用挂车	数字表示汽车的总质量（t）	—

尾部：由拼音字母或加上阿拉伯数字组成，可以表示变型车与基本型车的区别或表示专

用汽车的结构特征和用途特征等。专用汽车结构特征代号如表 4-2 所示。

表 4-2　专用汽车结构特征代号

厢式汽车	罐式汽车	专用自卸汽车	特种结构汽车	起重举升汽车	仓栅式汽车
X	G	Z	T	J	C

现以汉阳特种汽车制造厂生产的第一代总质量为 9.7 t 的食用植物油加油车型号为例，其产品型号及含义如图 4-2 所示。

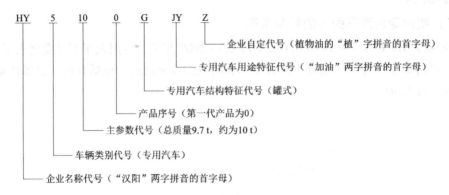

图 4-2　专用汽车产品型号含义举例

二、任务实施

一、专用汽车的分类
GB/T 17350—2009 标准把国产专用汽车分为六大类：
二、专用汽车的概念
根据 GB/T 17350—2009 中的规定，专用汽车指：
三、专用汽车型号的编制规则
专用汽车产品型号构成

三、任务评价

专业班级：		姓名：		学号：	
专业（知识/技能）收获			（非专业）能力素质收获		
评价考核项目		自我评价	小组评价	教师评价	
已掌握专用汽车的分类					
已掌握专用汽车的概念					
已掌握专用汽车型号编号规则					
课外学习时间（学时）					
工作态度（课堂、课后任务完成情况）					
合作意识及协调能力					
正确表达及沟通能力					
自律能力（缺勤/旷课/迟到/违纪次数）					

任务4.2 专用汽车改装的要求

一、知识准备

专用汽车与普通汽车的区别主要是改装了具有专用功能的上装部分，能承担专门运输任务或专项作业任务，因此，在设计上不仅要满足普通基本型汽车性能要求，还要满足专用功能的要求，这就形成了其自身特点和特殊要求。这些特点和特殊要求概括如下：

（1）专用汽车设计常选用定型的基本型汽车底盘进行改装设计。

首先要了解商用车产品的生产情况、底盘规格、供货渠道、销售价格及相关资料等。然后根据所设计的专用汽车的特殊功能和性能指标要求，在功率匹配、动力输出、传动方式、外形尺寸、轴载质量和成本等方面进行分析比较，优选出一种基本型汽车底盘作为专用汽车改装设计的底盘。

对于不能直接采用二类底盘或三类底盘进行改装的专用汽车，在设计专用底盘时也要尽量选用定型的汽车总成和部件进行设计，以缩短产品的开发周期，提高产品的可靠性。

（2）专用汽车设计的主要工作是总体布置和专用工作装置的匹配。在设计时，既要保证专用功能满足其性能要求，又要不影响汽车底盘的基本性能。必要时，在保证安全的前提下，可适当降低汽车底盘的某些性能指标，以满足实现某些专用工作装置性能的要求。

（3）专用汽车设计应考虑产品的系列化。由于专用汽车生产具有品种多、批量少的特点，故产品系列化可以根据不同用户的特殊需要很快地进行产品变型。专用汽车零部件的设计应按"三化"的要求进行，即最大限度地选用标准件或选用已经定型产品的零部件，尽量减少自制件。对自制件的设计，应遵循单件或小批量的生产特点，还要更多考虑通用设备加工的可能性。

（4）优选工作装置核心部件。工作装置中某些核心部件和总成（如各种水泵、油泵、气泵、空压机及各种阀等）直接影响到专用汽车专项作业性能的好坏，因此，这些核心部件要从专业生产厂家中优选，以满足性能和可靠性要求。

（5）在普通汽车底盘上改装的专用汽车，底盘受载情况可能与原设计不同，因此，要对一些重要的总成结构件进行强度校核。

（6）对于某些特殊车辆，如重型半挂车、油田修井车和机场宽体客车等，应作为特定作业环境的特种车辆来处理。

（7）专用汽车要具有良好的适应性。某些专用汽车可能会在恶劣的环境下工作，使用条件复杂，所以要了解和掌握国家及行业相应的规范和标准，使专用汽车工作时，具有良好的适应性，且要安装安全装置。

综上所述，专用汽车的设计既要满足汽车设计的一般要求，同时又要获得好的专用性能，满足专用功能的要求。这就要求设计中汽车和专用工作装置合理匹配，构成一个协调的整体，使汽车的基本性能和专用功能都得到充分发挥。

二、任务实施

专用汽车改装的特点和特殊要求
（1）专用汽车设计常选用定型的基本型汽车底盘进行改装设计。
（2）
（3）
（4）
（5）
（6）
（7）

三、任务评价

专业班级：		姓名：		学号：	
专业（知识/技能）收获			（非专业）能力素质收获		
评价考核项目		自我评价		小组评价	教师评价
已掌握专用汽车改装的特点和特殊要求					
课外学习时间（学时）					
工作态度（课堂、课后任务完成情况）					
合作意识及协调能力					
正确表达及沟通能力					
自律能力（缺勤/旷课/迟到/违纪次数）					

任务4.3　专用汽车底盘选型的要求

一、知识准备

汽车底盘的性能决定了专用汽车的基本性能，并对专用功能的发挥有较大的影响。专用汽车的汽车底盘可分为四种结构形式：常用的两种是二类和三类汽车底盘，另外两种是专门为某一类专用汽车设计、制造的专用底盘和选用定型总成组合设计制造的专用底盘。专用汽车底盘选型的好坏对专用汽车性能影响很大。通常根据专用汽车的类型、用途、装载质量、使用条件、性能指标、专用设备或装置的外形尺寸和动力匹配等因素决定选择汽车底盘或设计专用底盘。

目前我国对于常规的厢式车、罐式车和自卸车等，通常采用二类汽车底盘改装设计，这是目前专用汽车设计中选用底盘型式最多的一种。所谓二类汽车底盘，是指在基本型整车的基础上去掉货厢，当进行改装设计的总布置时，在没有货厢的汽车底盘上，加装所需的工作装置或特种车身。采用二类汽车底盘进行改装设计工作的重点是整车总体布置和工作装置设计。设计时，如果严格控制了整车总质量、轴荷分配和质心高度位置等，则基本上能保持原车型的主要性能。但是，还要对改装后的整车重新做出性能分析和计算。

对客车、客货两用车及厢式货车等则通常采用三类汽车底盘改装设计。所谓三类汽车底盘，是指在基本型整车的基础上去掉货厢和驾驶室。近年来，我国乘用车发展很快，对乘用车使用性能的要求也在不断提高，再用原来的三类汽车底盘改装的客车已不再适用。因此，各类专用客车底盘应运而生。这些专用客车底盘的基本特点是：利用基本型总成，按客车性能要求进行整车布置，并更新设计悬架系统。这种底盘不仅在质心位置、整车性能及平顺性方面有很大的变化，而且在传动系统、动力匹配及制动系统等总成方面也有较大的改装设计。

目前对在用普通汽车底盘进行改装设计时，通常把更换了发动机的底盘（如将汽油发动机改换成柴油发动机）也当作三类底盘处理。无论是选用二类还是三类汽车底盘，均很难完全满足某些专用汽车的性能要求。例如用普通汽车底盘改装厢式货车，存在质心过高、轴荷分配不合理的问题；改装消防车，则底盘车速达不到要求；改装客厢式专用车，则存在平顺性差的问题。因此，若要使我国的专用汽车在质量和档次方面进一步提升，一定要开发出一些具有特点的专用汽车底盘。在专用汽车底盘或总成选型方面，一般应满足以下要求。

（一）适用性

货运车用的总成要适应货运要求，保证货运安全无损；乘用车用的总成要适于乘客的需要，乘坐安全舒适；各种专用改装车的总成应适于专用汽车特殊功能的要求，并以此为主要目标进行改装选型设计，例如各种取力器的输出接口等。

（二）可靠性

所选用的各总成工作应可靠，出现故障的概率小，零部件要有足够的强度和寿命，同一车型各总成零部件的寿命应趋于均衡。

（三）先进性

所选用的底盘或总成应使整车在动力性、经济性、制动性、操纵平顺性以及通过性等基本性能指标和功能方面达到同类车型的先进水平，而且在专用性能上要满足国家或行业标准的要求。

（四）方便性

所选用的各总成要便于安装、检查、保养和维修，并处理好结构紧凑与装配调试空间合理之间的矛盾。

在选用专用汽车底盘时，除了上述因素外，还有以下两个很重要的方面：一是汽车底盘价格，它在专用汽车购置成本中占很大部分，一定要考虑到用户是否可以接受，这也涉及专用汽车产品能否很快地占有市场、企业能否增加效益等问题；二是汽车底盘供货要有可靠来源，要同生产汽车底盘的主机厂有明确的协议或合同，要求其无论汽车底盘滞销或紧俏，一定要按时供货。

二、任务实施

在专用汽车底盘或总成选型方面，一般应满足以下要求：
1. 适用性
（　　）的总成要适应货运要求，保证货运安全无损；（　　）的总成要适于乘客的需要，乘坐安全舒适；各种专用改装车的总成应适于专用汽车特殊功能的要求，并以此为主要目标进行改装选型设计，例如各种取力器的输出接口等。
2. 可靠性
所选用的各总成工作应可靠，出现故障的概率小，零部件要有足够的（　　），同一车型各总成零部件的寿命应（　　）。
3. 先进性
所选用的底盘或总成应使整车在（　　）、（　　）、（　　）、（　　）以及（　　）等基本性能指标和功能方面达到同类车型的先进水平，而且在专用性能上要满足国家或行业标准的要求。
4. 方便性
所选用的各总成要便于（　　）、（　　）、（　　）和（　　），并处理好结构紧凑与装配调试空间合理之间的矛盾。

三、任务评价

专业班级：		姓名：		学号：	
专业（知识/技能）收获			（非专业）能力素质收获		

评价考核项目	自我评价	小组评价	教师评价
已掌握专用汽车底盘选型的要求			
课外学习时间（学时）			
工作态度（课堂、课后任务完成情况）			
合作意识及协调能力			
正确表达及沟通能力			
自律能力（缺勤/旷课/迟到/违纪次数）			

任务4.4 专用汽车底盘造型的要求

一、知识准备

（一）总体布置的原则

专用汽车总体布置的任务是正确选取整车主要参数，合理布置工作装置和附件，达到设计任务书所提出的整车基本性能和专用性能的要求。在进行总体布置时应按照以下原则。

1. 尽量避免变动汽车底盘各总成位置

总成部件位置的变动不仅会增加成本，而且也会影响到整车性能。但有时为了满足专用工作装置的特殊性能要求，也需要做一些改动，如截短原汽车底盘的后悬，对燃油箱和备胎架的位置做适当调整等。但改变的原则是不影响整车性能。

2. 尽量满足专用工作装置性能的要求，充分发挥专用功能

以气卸散装水泥罐为例，它是利用压缩空气使水泥流态化后，通过管道将水泥输送到具有一定高度和水平距离的水泥库中。气卸水泥的主要性能指标是水泥剩余率或剩灰率。为了降低这一指标，可将罐体布置成与水平线成一定角度，如图4-3所示。但这样布置会使整车质心提高，减小侧倾稳定角，因此也可以水平布置，如图4-4所示。所以在进行总布置时，要从多方面综合考虑。

3. 必须对装载质量、轴荷分配等参数进行估算和校核

为适应汽车底盘或总成件的承载能力和整车性能要求，在总布置初步完成后，应对某些

参数进行必要的估算和校核，其中最主要的是装载质量的确定和轴荷分配。这些参数对整车性能有很大影响，如果不满足要求，则应修改总体布置方案。

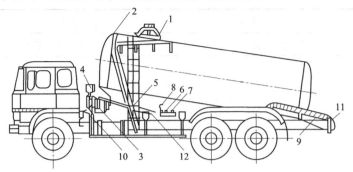

图 4-3　斜卧式粉罐汽车总体布置

1—装料口；2—排气阀；3—空气压缩机；4—滤气器；5—安全阀；6—进气阀；7—二次喷嘴阀；
8—压力表；9—卸料口；10—调速器操纵杆；11—卸料软管；12—进气管道

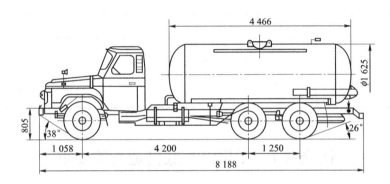

图 4-4　平卧式粉罐汽车总体布置

4. 应避免工作装置的布置对车架造成集中载荷

例如在如图 4-5 所示混凝土搅拌运输车的布置方案中，如图 4-5（a）所示的布置形成了明显的集中载荷，而在如图 4-5（b）所示的布置中，由于采用了具有足够刚性的副车架，因此可以将这种集中载荷转化成均布载荷，以改善主车架纵梁的强度和寿命。

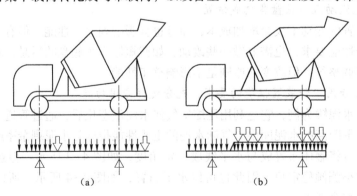

图 4-5　主车架纵梁载荷状态比较

5. 应尽量减小专用汽车的整车整备质量，提高装载质量

专用汽车工作装置的增加，使得其整备质量比同类底盘的普通货车有所增加，影响了装载质量。据统计，一般自卸车要增加耗材 5%~10%，罐式车要增加耗材 15%~25%。因此，若减小了整备质量，则可以充分利用底盘的装载质量，增大质量利用系数，这是专用汽车改装设计过程中要追求的主要指标之一。

6. 应符合有关法规的要求

例如，整车的外廓、前后悬等尺寸以及轴荷限值在相关法规中都有明确的规定，设计时一定要符合标准的要求，不能超出。

（二）改装部件的布置

进行改装时，主要涉及发动机布置、传动轴布置、制动系统布置、电器装置布置和其他附件的布置。在图纸进行底盘改装部件布置之前，要确定基准线，一般以底盘车架的上平面线为高度基准，以前轮中心线为纵向基准，以汽车中心线（纵向对称平面）作为横向基准。

1. 发动机的布置

以三类汽车底盘改装专用汽车时，有时需要更换发动机，这时要对发动机进行重新布置，布置原则如下：

（1）应使整车质心在横向尽量落在纵向对称垂直平面内，即汽车中心线上。

（2）在保证适当的离地间隙和转向拉杆等杆件间的运动间隙的条件下，应尽量降低发动机的位置高度，以便于布置传动系和降低整车的质心高度。

（3）发动机曲轴中心线可以与车架上平面有一定的倾角，以减小万向节传动夹角。

（4）要保证维修保养方便。

2. 传动轴的布置

对于需要变动轴距的车辆，要对传动轴做重新布置。布置时要注意以下两点：

（1）满载静止时，两传动轴的夹角不大于 3°。传动轴夹角过大，会使传动效率下降，导致磨损加剧。

（2）传动轴加长后，要重新计算传动轴的临界转速 n_{cr}（r/min）。临界转速是指当传动轴的工作转速接近于其弯曲固有振动频率时，即出现共振现象，引起振幅急剧增加而导致传动轴折断时的转速。它可按下式计算：

$$n_{cr} = 1.2 \times 10^8 \frac{\sqrt{D^2 + d^2}}{L^2} \quad (\text{r/min})$$

式中，L——两个万向节的中心距（mm）；

D，d——传动轴的外径和内径（mm）。

传动轴设计的最高安全转速 n_{max} 为

$$n_{max} \leq 0.7 n_{cr}$$

当传动轴过长时，为提高传动轴的临界转速，可以将传动轴分成两根或三根，同时注意在中间传动轴上设置中间支承。

此外，当轴距改变后，专用汽车的转向性能也会受到影响，其理论转向梯形特性曲线（理论的内、外轮转角关系）与实际转向梯形特性曲线（实际的内、外轮转角关系）会产生较大偏差，因此，也应进行校核，必要时应对转向梯形的结构参数做相应调整。

3. 制动系统的布置

制动系统直接影响专用汽车的安全性，因此，在对汽车底盘的行车制动、驻车制动和辅助制动系统进行改装时，应注意以下事项：

1）管路的布置

在增加制动管路时，要采用与底盘相同的制动管或软管、管夹等连接件。制动管与其他运动件之间要留有足够大的自由运动空间，避免因为运动干涉引起制动管路摩擦损坏，影响制动能力，必要时应附加防护装置。

2）储气筒的布置

储气筒的布置要方便检查和排水。当专用工作装置或其操纵控制机构需要气源时，可以从底盘制动系统的储气筒或气路中直接取气，但要对耗气量进行计算。一般允许一次取 1~1.5 L 的压缩空气，如果附加耗气装置是在汽车非行驶状态下使用，则允许耗气量可提高到 2 L。对于耗气量大、工作压力高的耗气装置，则需要附加辅助储气筒，其容量根据需要确定。辅助储气筒与底盘行车制动系统的储气筒相连接，通常用一个单向溢流阀与前桥制动回路连接，以保证辅助储气筒失效产生压降时，可以使行车制动系统储气筒内的压力仍保持尽可能高的数值。

4. 电气系统的布置

1）附加耗电装置的电源

当专用工作装置的驱动系统或控制系统需要电源时，一是可直接接上底盘电路，但此时要校核底盘所装的发电机、蓄电池的功率和容量是否足够，必要时应相应地增大功率和容量；二是附加专用蓄电池。例如，当栏板起重运输车采用电动起重栏板时，需选用功率较大的发电机和容量较大的蓄电池或者附加专用蓄电池。

2）电器装置负极布置

专用汽车所用电器均是负极搭铁。对于加油或运油的油罐车，必须采取措施对静电进行疏导。一般加油或供油的专用工作装置如油罐、管路和附件等与车架及地面管道之间都要由导线或导体相连，并通过金属链条或专用导电橡胶板条接地。

3）导线的布置

延长或加装的导线应尽量与底盘上导线的型号和颜色相同，并通过插接件或接线柱相连。当导线需要穿过车架纵横梁时，应有保护装置，以防止刮破甚至刮断导线。导线固定管夹的间距应为 200~800 mm。

5. 其他附件的布置

1）消声器

专用汽车消声器进行重新布置时要考虑其安全性。例如，对于油罐车，禁止将消声器及排气口安放到车厢下部，必须将它们安放在前保险杠的下面，且排气口不得指向右侧。同时还要注意消声器对车辆接近角的影响。

2）燃油箱

在专用汽车改装中，燃油箱是汽车底盘改装中经常被移动位置或改装的部件之一，甚至有时还需要加装副油箱。在改装过程中需要加装副油箱时，应尽量使用车架上已有的安装孔位。布置时应使主、副油箱的底部处于同一水平面，并且安装位置应尽可能靠近主油箱，同时还要注意避免偏载。燃油箱和燃油管的布置应尽可能避开排气管，距排气管的距离应在

300 mm 以上；如果布置有困难，则必须在燃油箱和排气管之间加装隔热板。

3）备胎架

备胎架也是底盘中经常改装的部件，在布置时要注意以下事项：

（1）若只设置单个备胎架，则将备胎架布置在车辆前进方向的右侧。

（2）汽车列车一般应设两个备胎架。

4）后保险杠

对某些专用车，如油罐车、液化气罐车等，必须设置后保险杠。设置时要满足以下要求：

（1）后保险杠与车辆中心的对称平面对称安装，其长度略小于车辆总宽，但不能小于罐体的外径，一般取后保险杠的长度（在车辆的宽度方向）b（mm）为

$$b \geq (0.80 \sim 0.85)B$$

式中，B——车辆总宽（mm）。

（2）后保险杠伸出罐体后端的水平距离应不小于 100 mm。

（3）在车辆空载状态下，后保险杠下缘的离地高度应不大于 700 mm。

（4）保险杠布置不能影响灯光及牌照显示，同时应尽量保证车辆的最大离去角。

5）防护装置

专用汽车防护装置又称为护栏，有侧防护栏和后防护栏两种，是一种人身安全防护装置。其作用是有效保护无防御行人，避免其跌于车侧而被卷入车轮下面，以及防止小型车辆从后部嵌入大车的下方。我国从 1989 年开始制定汽车防护要求标准，1994 年和 2001 年又进行了两次修订，GB 11567.1—2001《汽车和挂车侧面防护要求》和 GB 11567.2—2001《汽车和挂车后下部防护要求》分别对侧面防护的技术要求与后下部防护装置的技术要求和试验方法进行了强制规定。

护栏一般用圆形管材制作，防护装置的设计和安装尺寸要符合上述标准规定要求，同时在安装时，要注意排气管口不要对准侧护栏管口。

6）阀门箱及泵箱

在一些专用汽车上用到的阀门箱及泵箱一般设置在车辆前、后轴之间，布置时，要考虑对车辆最小离地间隙及纵向通过角的影响。

 二、任务实施

一、对专用汽车进行总体布置时应遵循的原则
1. 尽量避免变动汽车底盘各总成位置。
2.
3.
4.
5.
6.

续表

二、以三类汽车底盘改装专用汽车时重新布置发动机的原则
1. 应使整车质心在横向尽量落在纵向对称垂直平面内，即汽车中心线上。
2.
3.
4.
三、对传动轴的布置
当传动轴过长时，为提高传动轴的临界转速，可以将传动轴分成（　　　），同时注意在中间传动轴上设置中间支承
四、制动系统改装时的注意事项
1.
2.
五、电气系统布置
当专用工作装置的驱动系统或控制系统需要电源时，一是可（　　　），但此时要校核底盘所装的发电机、蓄电池的功率和容量是否足够，必要时应相应地增大功率和容量；二是（　　　）。例如，当栏板起重运输车采用电动起重栏板时，需选用功率较大的发电机和容量较大的蓄电池或者附加专用蓄电池。

三、任务评价

专业班级：		姓名：		学号：	
专业（知识/技能）收获			（非专业）能力素质收获		
评价考核项目		自我评价		小组评价	教师评价
已掌握专用汽车总体布置的原则					
已掌握对发动机进行重新布置的原则					
已掌握对传动轴进行布置的原则					
已掌握制动系统布置的注意事项					

续表

评价考核项目	自我评价	小组评价	教师评价
已掌握对电气系统布置的原则			
课外学习时间（学时）			
工作态度（课堂、课后任务完成情况）			
合作意识及协调能力			
正确表达及沟通能力			
自律能力（缺勤/旷课/迟到/违纪次数）			

任务4.5 专用汽车整车总体参数的确定

一、知识准备

整体总体参数包括尺寸参数和质量参数两大部分。

（一）尺寸参数

1. 外廓尺寸

外廓尺寸即指整车的长、宽、高，由所选的汽车底盘及工作装置确定，但最大尺寸要满足法定要求。例如在我国 GB/T 1589—2004《道路车辆外廓尺寸、轴荷及质量限值》中明确规定：普通车辆车高不超过 4 m，车宽（不包括后视镜）不超过 2.5 m，外开窗、后视镜等凸出部分距车身不超过 250 mm；货车车长不超过 12 m；半挂汽车列车车长不超过 16.5 m；全挂汽车列车车长不超过 20 m。对于货厢整体密闭式厢式货车，车长限值增加 1 m，车宽最大限制为 2.55 m。对于专用作业车辆，车长限值不适用。对于不在公路上行驶的汽车，外廓尺寸不受上述规定的限制。但有的国家已放宽某些限制，如英国、德国已有 4.2 m 高的厢式车，如图 4-6 所示。

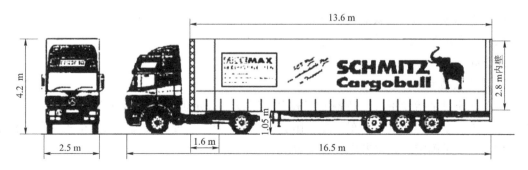

图 4-6 奔驰 1838/4×2 牵引车带厢式半挂车外廓尺寸

2. 轴距

轴距影响到专用汽车总长、最小转向直径、纵向通过半径或纵向通过角、装备质量和质量转移系数，也影响到轴距对轴荷的分配、车辆的操纵稳定性和行驶平顺性。同普通货车相比，自卸汽车要求轴距变短，而轻泡货物运输车则要求轴距加长。

3. 轮距

轮距影响到车辆总宽、横向通过半径、转向时的通道宽度以及车轴的横向稳定性。受汽车总宽限制，轮距要与车宽相适应。对汽车列车，要求挂车轮距和牵引车轮距一致。

4. 前、后悬

汽车的前、后悬直接限制汽车的接近角和离去角，影响其通过性能。前悬应满足车辆接近角和轴荷分配的要求；前悬与驾驶室、发动机、转向器和前保险杠等总成布置有关。后悬应满足车辆离去角和轴荷分配的要求，同时还要满足有关标准的规定，即对于客车和全封闭厢式车辆，后悬不得超出轴距的0.65倍；对于其他车辆，后悬不得超出轴距的0.55倍，绝对值不大于3.5 m。

在实际改装过程中，后悬变动比较多。例如对于自卸车，一般要将普通汽车底盘的后悬变短，而对于有些罐式和厢式汽车，则要将后悬加长。

(二) 质量参数

1. 整车整备质量 m_0

整车整备质量是指专用汽车带有全部工作装置及底盘所有的附属设备，加满燃料和水，但未载人和载货时的整车质量。整备质量是一个重要设计指标，对运输型专用汽车的动力性和经济性有很大影响。整备质量减小，可以增加装载量，节约燃料。据估计，载货汽车整备质量减少10%，可使经济性提高8.5%。由此可见，减少整车整备质量是汽车设计工作中必须遵守的一项重要原则。减少整车整备质量的措施包括采用强度足够的轻质金属材料和非金属材料及合理优化车型结构等。

2. 装载质量 m_e

汽车的装载质量是指在硬质良好路面上行驶时所允许的额定装载量。对装载质量的确定，要考虑以下两个方面：

（1）考虑车辆的用途和使用条件，原则上对于货流大、运距长的运输，宜采用大吨位车辆，以便于提高生产率、降低运输成本；而对于货流多变、运距短的运输，则采用中、小吨位车辆比较经济。

（2）装载质量的确定要和行业产品规划的系列相符合，做到在装载吨位级别上分布合理，以利于专用车产品的系列化、通用化和标准化。

对于同一底盘，在设计时应尽量提高装载质量。

3. 汽车总质量 m_a

汽车总质量是指专用汽车装备完好齐全、满载（规定值）货物及乘员时的质量。对于作业型专用汽车，如起重举升车、高空作业车等，总质量主要由改装后的汽车底盘质量和专用工作装置质量确定，无须考虑装载质量。

4. 轴荷分配

汽车的轴荷分配是指汽车在空载或满载状态下，各车轴对支承平面的垂直载荷，可以用载荷的绝对数值表示（单位：kg），也可以用占空载或满载总质量的百分比表示。

轴荷分配直接影响轮胎寿命和汽车的使用性能，而汽车的发动机布置位置和驱动形式对轴荷分配有显著影响。影响和决定轴荷分配的因素主要包括以下几个方面：

（1）设计轴荷必须符合国家标准规定的车辆最大允许轴荷限值。

（2）从轮胎磨损均匀和使用寿命相近考虑，每个车轮的载荷应相差不大。

（3）为了保证汽车有良好的动力性和通过性，要求驱动桥应有足够大的载荷，而从动轴载荷可以适当减小。

（4）为了保证汽车的操纵稳定性，要求改装后的专用汽车在各种工况下应具有一定的不足转向。

图 4-7 所示为总质量为 38 t 厢式半挂汽车列车的轴荷分配结果。

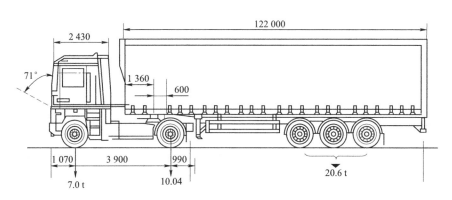

图 4-7　总质量为 38 t 厢式半挂汽车列车的轴荷分配

二、任务实施

一、尺寸参数的确定
1. 外廓尺寸即指整车的（　　），由所选的汽车底盘及工作装置确定，但（　　）要满足法规要求。 2. 轴距影响到专用汽车（　　）、（　　）、（　　）或（　　）、（　　）和（　　），也影响到轴距对轴荷的分配、车辆的操纵稳定性和行驶平顺性。 3. 轮距影响到（　　）、（　　）、转向时的（　　）以及车轴的（　　）。受汽车总宽限制，轮距要与车宽相适应。对汽车列车，要求挂车轮距和牵引车轮距一致。 4. 汽车的前、后悬直接限制汽车的（　　）和（　　），影响其通过性能。
二、质量参数
1. 整车整备质量： 2. 装载质量： 3. 汽车总质量： 4. 轴荷分配：

三、任务评价

专业班级：		姓名：		学号：	
专业（知识/技能）收获			（非专业）能力素质收获		
评价考核项目			自我评价	小组评价	教师评价
掌握尺寸参数的程度					
掌握质量参数的程度					
课外学习时间（学时）					
工作态度（课堂、课后任务完成情况）					
合作意识及协调能力					
正确表达及沟通能力					
自律能力（缺勤/旷课/迟到/违纪次数）					

模块 5

整车调试

学习目标

通过本模块的学习应了解汽车装配完成后对整车下线检查、检测的全过程；掌握外观装配质量的检查项目及检查方法；掌握操纵机构的检查与调试方法；掌握有关性能指标的检测方法等。

任务5.1 静态装配质量检查

一、知识准备

（一）整车下线调试工艺流程

汽车整车下线调试的主要内容有：整车装配调整和外观质量检查、操纵机构行程间隙检查与调整、安全环保装置的检查与调整及基本性能检测和可靠性行驶检测等。汽车整车装配下线后的调试工艺流程如图 5-1 所示。

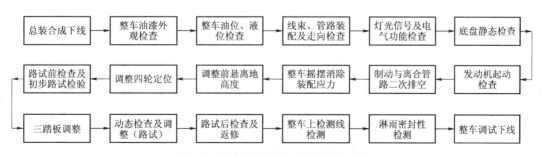

图 5-1 整车下线调试工艺流程示意图

（二）静态装配质量检查

汽车总装完成下线后，对整车要进行静态装配质量检查及各种操纵机构调试等工作，为之后的道路试验做准备。整车静态装配质量检查的主要内容有：检查外观；检查车门锁、玻璃升降器、座椅及内饰；检查管道及线束；检查灯光；检查紧固螺纹力矩；检查原始记录等。

1. 检查外观

检查外观主要包括整体车身、前后组合灯、前后保险杆、一级踏步高度装配、发动机舱等装配质量，整车外观检查内容及质量要求如表5-1所示。

表5-1 整车外观检查内容及质量要求

检验内容		主要质量要求	检验器具	检验方案		检验方法
				抽检	全检	
车外前区	车身前部、前挡、前组合灯、前保险杆、前乘客门、整体车身、一级踏步高装配质量	1. 外表不允许有掉漆、开裂和划伤等现象，装配部位面差不超过2 mm，车门开、关可靠，防夹性能好。 2. 车体应周正，检查整体车身，不许出现明显歪斜，左、右侧高度差不大于20 mm；前乘客门一级踏步高应符合GB/T 13094—2007标准，车长大于6 m的城市客车乘客门的一级踏步高不应大于400 mm；若采用钢板悬架，则后乘客门的一级踏步高不允许大于430 mm。车长大于6 m的旅游客车乘客门的一级踏步高不应大于430 mm	3 m卷尺、钢直尺		√	目测、体感
车外中后区	侧窗、中乘客门、空调顶盖、两侧流水槽、行李箱、侧舱门、车身后部、后挡、发动机舱、后组合灯、后保险杆等装配质量	1. 检查各部位的外表、填缝胶平整，侧窗锁扣开关可靠，面差不超过2 mm。 2. 车门开关可靠，防夹性能好。 3. 各侧舱门开启角度符合技术要求且开关可靠。 4. 后舱门开启角度符合技术要求且开关可靠，后组合灯不允许进水、破裂	钢直尺		√	目测、体感
各部位油位水位检验	发动机的机油油位、转向器助力油壶油位、检查散热器的水位、风扇皮带轮润滑嘴、空调皮带轮润滑嘴应完好无损	1. 目测发动机的机油油位应处于机油尺上刻度线与下刻度线之间；检查转向器助力油壶油位，观察转向器助力油壶上油位应不高于助力油壶上刻度线；风扇皮带轮润滑嘴、空调皮带轮润滑嘴应完好无损。 2. 检查散热器的水位，观察其水位应处于散热器上刻度线与下刻度线之间	钢直尺		√	目测

续表

检验内容		主要质量要求	检验器具	检验方案		检验方法
				抽检	全检	
涂层检查	检查车身外侧如乘客门；门框立柱、后视镜、前围蒙皮；前灯座灯框、前保险杠、左侧面蒙皮、舱门板；轮翼板、后围蒙皮；后舱门、后保险杠、右侧面蒙皮；舱门板；轮翼板、行李箱内封板等部位	外表不允许有掉漆、开裂、划伤等现象，用钢直尺检查上述部位面差不超过2 mm	钢直尺		√	目测

2. 检查车门锁、玻璃升降器、座椅及内饰

（1）各车门应锁止可靠，开启灵活，无干涉；玻璃升降器应轻便灵活，玻璃无松晃、脱槽现象；车门密封条装卡牢固、平直，无破损、歪斜现象；门内板、地板胶皮、顶篷、座椅应清洁无污迹，无划伤、破损；座椅薄膜应完好齐全。

（2）司机座椅的调整。调整标准：根据驾驶员的身体对座椅进行调整，其高、低、前、后位置以驾驶员有利操作为标准。

调整方法：前后调整机构为滚珠滑轨式，调整量为向前 40 mm、向后 20 mm，调整时扳动前后手柄至所需位置，然后松开手柄，使限位片落入卡槽。上下调整机构为四联杆式，调整量为向上 28 mm、向下 18 mm，调整时抬起调整手柄，限位杆借助于二个拉紧弹簧的拉力斜向升起，当限位杆脱离滑槽后，应将其放入所需的滑槽内，从而改变座椅的高度。

3. 检查管道及线束

底盘线束、管道应排列整齐，走向合理，装卡可靠，无干涉，各管道接头不得有渗漏油、水、气现象，过孔胶圈齐全，安装牢固。

（1）线束不能与制动管路和燃油管路捆扎在一起，以防止线束短路产生火花造成气管路漏气和燃油管路漏油，造成制动失效和火灾。一般规定：油管居下，气管居中，线束居上。

（2）对于线径 d 小于等于 $\phi 35$ mm 的线束，线束内圆角半径 r 应大于 d；当线径 d 大于 $\phi 35$ mm 时，线束内圆角半径 r 应大于 $1.2 d$。线束捆扎既不可松旷，也不可过紧，相邻两捆扎距离一般不大于 200 mm。

（3）两个固定点的距离不大于 300 mm，拐角处加固定点。线束由静止状态向发动机等运动件过渡时，需将线束保留约 20 mm 的自由长度，以防止发动机等运动件运动时将线束拉断。

（4）对于开关及插接件端的线束，建议预留 80~100 mm 设置固定点，以减少插接件内的端子承受振动和线束重量，并在主线束的分支处增加固定点。

（5）负极线应接在车架上，接触面上的油漆应刮去，露出光亮金属，接触面与车架接触面间应加锯齿垫片。

4. 检查灯光

全车灯光应齐全，左右亮度应一致，各用电器应工作正常、可靠，无接触不良现象。

5. 检查紧固螺纹力矩

（1）对车轮螺母、前后桥及传动轴、转向系、制动盘锁紧螺母，必须以扭紧法对每台车逐颗进行检查，不得抽检、漏检，其扭紧力矩必须完全符合技术要求。

（2）穿有开口销的锁紧螺母，如发现明显松动，应拆卸开口销复查力矩，一般紧固件的检查，用抽检或感觉判定扭紧程度。

（3）对整车装配工艺卡中所提出的关键项及保安项的锁紧螺母、螺栓，必须有自检标记。

6. 检查原始记录

整车无错装、漏装现象，检查出的质量故障，每台车都必须有准确的文字记录，以作为对车间当月整车装配质量的考核依据。

二、任务实施

一、整车下线调试的工艺流程
总装合成下线→整车油漆外观检查→（　　　　　）→线束、管路装配及走向检查→（　　　　　）→底盘静态检查→（　　　　　）→制动与离合管路二次排空→（　　　　　）→调整前悬离地高度→调整四轮定位→路试前检查及初步路试检验→（　　　　　）→动态检查及调整（路试）→（　　　　　）→整车上检测线检测→（　　　　　）→整车调试下线→（　　　　　）。

二、整车外观检查	
检查内容	主要质量要求
外表不允许有掉漆、开裂、划伤等现象，装配部位面差	
车长大于 6 m 的城市客车乘客门的一级踏步高	
涂层外表不允许有掉漆、开裂、划伤等现象，用钢直尺检查上述部位面差	
各侧舱门开启角度	
目测发动机的机油油位	

三、检查管道及线束	
检查内容	主要质量要求
对于线径 d 小于等于 $\phi 35$ mm 的线束，检查线束内圆角半径 r	
线束不能与制动管路、燃油管路捆扎在一起	
线束的相邻两捆扎距离	
线束两个固定点的距离	
对于开关及插接件端的线束，建议预留	
负极线应接在车架上	

三、任务评价

专业班级：		姓名：		学号：
专业（知识/技能）收获		（非专业）能力素质收获		
评价考核项目	自我评价	小组评价		教师评价
拧紧螺母操作的熟练程度				
课外学习时间（学时）				
工作态度（课堂、课后任务完成情况）				
合作意识及协调能力				
正确表达及沟通能力				
自律能力（缺勤/旷课/迟到/违纪次数）				

任务5.2 离合器踏板高度及自由行程的检查与调整

一、知识准备

对离合器的要求：接合平稳，分离彻底，工作中不得有异响、抖动和不正常现象，踏板行程及操纵踏板力应符合整车技术条件。

（一）离合器操纵系统的主要参数

（1）离合器踏板主要参数如图5-2和表5-2所示。

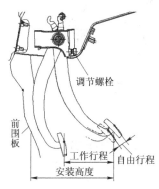

图5-2 离合器踏板安装参数

表5-2 离合器踏板主要参数

调整项目	安装高度	工作行程	自由行程
安装参数/mm	180~186	134~142	10~30

（2）离合器操纵力：踩下踏板力应不大于300 N；手握力应不大于200 N。

（二）调整离合器操纵装置

1. 检查和调整离合器踏板高度

如果离合器踏板安装高度不正确，应通过调节螺栓来调整，如图 5-2 所示。抬起离合器踏板，使踏板安装高度保持在 180~186 mm 的位置，调整调节螺栓，使其刚好与踏板摇臂接触，拧紧防松螺母。

2. 检查和调整离合器踏板自由行程

1）拉杆式离合器踏板自由行程的调整

如果离合器踏板自由行程不符合要求，对于拉杆式操纵机构，通过分离叉拉杆调整螺母调整拉杆或钢索长度。若离合器踏板自由行程大于 30 mm，则用扳手将分离拉杆端上的锁紧螺母松开，把球形调整螺母旋入或旋出，使分离拉杆的有效长度缩短或伸长，边调整边检查，直到符合标准为止，然后将锁紧螺母拧紧，如图 5-3 所示。

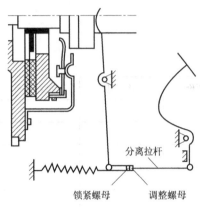

图 5-3 拉杆式离合器自由行程调节示意图

2）拉索式离合器踏板自由行程的调整

对于拉索式操纵机构应通过调整离合器拉索上的调节螺母来调整，如图 5-4 所示。必要时，应重新调整离合器踏板高度。

3. 液压离合器操纵机构的调整

若液压操纵式离合器踏板高度与自由行程不符合标准要求，则应进行调整，如图 5-5 所示。

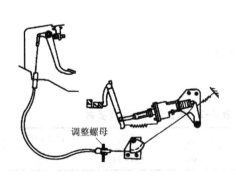

图 5-4 拉索式离合器自由行程调节示意图

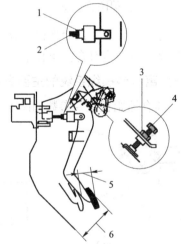

图 5-5 液压离合器调整

1，3—锁紧螺母；2—推杆；4—调整螺栓；
5—自由行程；6—踏板高度

1）踏板高度调整

松开调整螺栓的锁紧螺母，转动调整螺栓，使踏板高度达到规定标准，拧紧锁紧螺母。

2) 自由行程调整

松开推杆锁紧螺母，转动踏板推杆，使踏板高度达到规定标准，拧紧锁紧螺母。调整好踏板自由行程后，再检查踏板高度。

二、任务实施

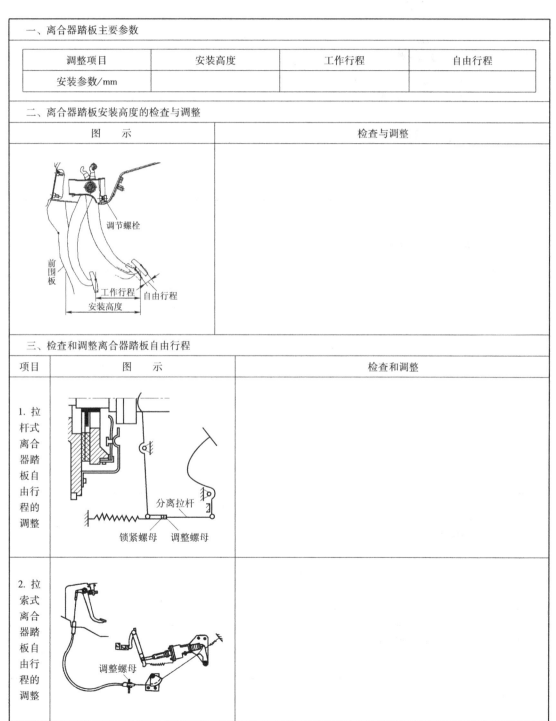

一、离合器踏板主要参数			
调整项目	安装高度	工作行程	自由行程
安装参数/mm			

二、离合器踏板安装高度的检查与调整	
图 示	检查与调整
（调节螺栓、前围板、工作行程、自由行程、安装高度）	

三、检查和调整离合器踏板自由行程		
项目	图 示	检查和调整
1. 拉杆式离合器踏板自由行程的调整	（分离拉杆、锁紧螺母、调整螺母）	
2. 拉索式离合器踏板自由行程的调整	（调整螺母）	

续表

项目	图　　示	检查和调整
3.液压离合器操纵机构调整	锁紧螺母　推杆　锁紧螺母　调整螺栓　自由行程　踏板高度	（1）踏板高度调整 （2）自由行程调整

三、任务评价

专业班级：		姓名：		学号：	
专业（知识/技能）收获			（非专业）能力素质收获		
评价考核项目			自我评价	小组评价	教师评价
已掌握离合器踏板安装高度的调整					
已掌握工作行程的调整					
已掌握自由行程的调整					
课外学习时间（学时）					
工作态度（课堂、课后任务完成情况）					
合作意识及协调能力					
正确表达及沟通能力					
自律能力（缺勤/旷课/迟到/违纪次数）					

任务5.3 转向盘自由转动量的检查与调整

一、知识准备

汽车的转向盘应转动灵活,操纵方便、稳定,无阻滞现象;应设置转向限位装置,使车轮转向过程中,不得与其他部件有干涉现象;转向轮转向后应能自动回正,以使汽车具有稳定的直线行驶能力。

(一) 转向盘自由转动量调整标准

机动车转向盘最大自由转动量,从中间位置向左或向右转角均不得大于:最大设计车速大于或等于 100 km 的机动车为 10°;最大设计车速小于 100 km 的机动车为 15°。

(二) 转向盘自由转动量的检查与调整

1. 自由转动量的检查

首先将车停在平坦地面上,前轮处于直线行驶位置,将检查器刻度盘和指针分别夹持在转向盘轴盖和转向盘上,如图 5-6 所示。将转向盘向左转动至有阻力为止(此时前轮不应转动),以此为基点,再向右转动转向盘至有阻力时为止,这时指针在刻度盘上划过的角度就是转向盘最大转动量。

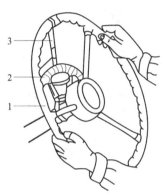

图 5-6 测量转向盘自由转动
1—转向盘;2—刻度盘;3—指针

2. 自由转动量的调整

若自由转动量不符合规定值,则用转向器盖上的调整螺钉进行调整,如图 5-7 所示。当调整螺钉拧进时,转向齿轮与转向齿条啮合间隙变小,自由转动量随之也变小;反之,当调整螺钉拧出时,转向齿轮与转向齿条啮合间隙变大,自由转动量也随之变大,最后紧固锁紧螺母。

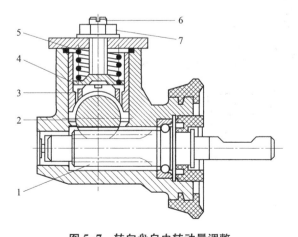

图 5-7 转向盘自由转动量调整
1—转向齿轮;2—转向齿条;3—压块;4—弹簧座;
5—弹簧;6—调整螺钉;7—锁紧螺母

二、任务实施

一、转向盘自由转动量调整标准
1.   2.

二、自由转动量的检查	
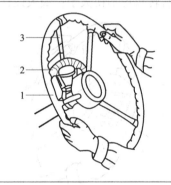	1—转向盘； 2—刻度盘； 3—指针
检查方法：	

三、自由转动量的调整	
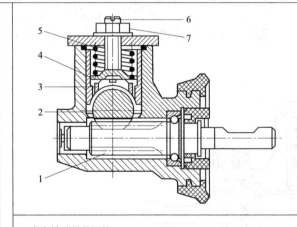	1— 2— 3— 4— 5— 6— 7—
自由转动量的调整：	

三、任务评价

专业班级：		姓名：		学号：	
专业（知识/技能）收获			（非专业）能力素质收获		
评价考核项目		自我评价		小组评价	教师评价
已掌握转向盘自由转动量的调整标准					
已掌握转向盘自由转动量的检查方法					
已掌握转向盘自由转动量的调整					
课外学习时间（学时）					
工作态度（课堂、课后任务完成情况）					
合作意识及协调能力					
正确表达及沟通能力					
自律能力（缺勤/旷课/迟到/违纪次数）					

任务5.4　制动操纵装置的调整

一、知识准备

汽车制动器的制动踏板应运用自如，不磕碰，不干涉，踏下踏板时制动阀应能完全打开，解除制动后又能迅速回位，无拖滞现象。驻车制动应能自由转动，无卡滞、摩擦，松开制动手柄后能顺利解除制动，在行驶中不得有异响、过热或抱死等事故发生。

（一）制动器操纵系统的主要参数

1. 制动踏板安装参数（见表5-3）

表5-3　制动踏板安装参数　　　　　　　　　　　　　　　　　　　　mm

项　目	制动踏板至地板的高度	液压制动踏板自由行程
参　数	176~181	3~8

2. 制动结构操纵力（见表5-4）

表5-4 制动操纵力 N

项目	车型	座位数小于或等于9的客车	其他车辆
制动踏板		≤500	≤700
驻车制动	手操纵	≤400	≤600
驻车制动	脚操纵	≤500	≤700

（二）调整制动操纵装置

1. 调整制动踏板高度

如果制动踏板高度不符合标准值，应进行以下操作，如图5-8所示。

（1）拔掉停车灯开关插头并松开停车灯开关锁紧螺母，按逆时针方向旋转，拧出停车灯开关。

（2）拧松锁紧螺母，通过拧动推杆将制动踏板调整到规定高度，之后再拧紧锁紧螺母。

（3）旋进停车灯开关，使其接触到踏板臂上的止动器，连接插头和停车灯开关。

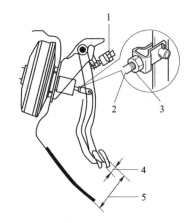

图5-8 制动踏板高度调整

1—停车灯开关；2—推杆；3—锁紧螺母；
4—自由行程；5—踏板高度

2. 调整制动踏板自由行程

当调整制动踏板的高度时，制动踏板的自由行程会自动调整。

3. 驻车制动杆行程调整

驻车制动杆拉动时，可听到"咔嗒"声5~9响，如果不符合标准，应调整驻车杆的行程。驻车制动操纵装置有手柄式、拉杆式及踏板式三种，无论哪一种形式，调整其行程都可按下列步骤进行，如图5-9~图5-11所示。

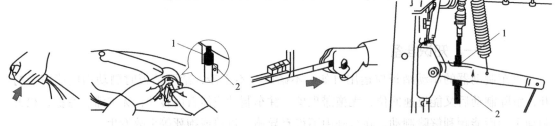

图5-9 手柄式驻车制动行程调整
1—锁紧螺母；2—调整螺母

图5-10 拉杆式驻车制动行程调整
1—调整螺母；2—锁紧螺母

（1）松开锁紧螺母。

（2）转动调整螺母或调整螺栓，使行程达到规定标准。

（3）拧紧锁紧螺母。

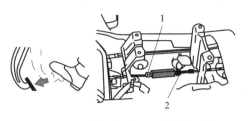

图 5-11 踏板式驻车制动行程调整
1—调整螺母；2—锁紧螺母

二、任务实施

一、制动踏板安装参数		
		mm
项目	制动踏板至地板的高度	液压制动踏板自由行程
参数		

二、调整制动踏板高度	
	1. 2. 3.

续表

三、驻车制动杆行程调整	
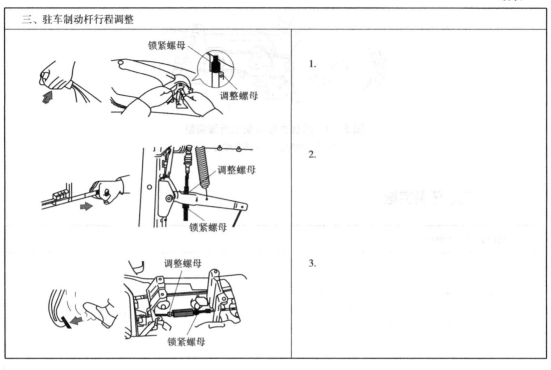	1. 2. 3.

三、任务评价

专业班级：		姓名：		学号：	
专业（知识/技能）收获			（非专业）能力素质收获		
评价考核项目		自我评价		小组评价	教师评价
已掌握制动踏板的安装参数					
已掌握调整制动踏板的高度					
已掌握驻车制动杆行程的调整					
课外学习时间（学时）					
工作态度（课堂、课后任务完成情况）					
合作意识及协调能力					
正确表达及沟通能力					
自律能力（缺勤/旷课/迟到/违纪次数）					

任务5.5 加速踏板的调整

一、知识准备

(一) 对加速踏板的要求

汽车加速装置有机械式和电子式两种,其中电子式加速装置使用的越来越多。电子式加速踏板的技术要求如表 5-5 所示。

表 5-5 电子式加速踏板技术要求

项 目	工作行程/mm	操纵力/N
参 数	30~70	20~60

(二) 加速踏板的调整

加速踏板的结构不同,其调整方法也不一样。

1. 电子式加速踏板调整

电子式加速踏板的限位器安装在地板上,因此,当行程不符合要求时,应调整加速踏板下面地板上的限位器(如图 5-12 所示),以使其达到规定要求。

注意:调整踏板时,不要拆下踏板位置传感器。

2. 机械式加速装置调整

机械式加速装置主要是调整节气门拉线,调整时先松开螺母 1,再拧螺母 2,以调节拉线的松紧度,如图 5-13 所示。如果节气门拉线绷得太紧,则可能引起节气门关闭不严,因此,调整时拉线应有适量的松弛度。

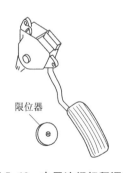

图 5-12 电子油门行程调整

图 5-13 拉线式油门行程调整
1,2—螺母

二、任务实施

一、电子踏板参数		
项 目	工作行程/mm	操纵力/N
参 数		

续表

二、调整加速踏板

项目	图 示	调整方法
1. 电子式加速踏板调整	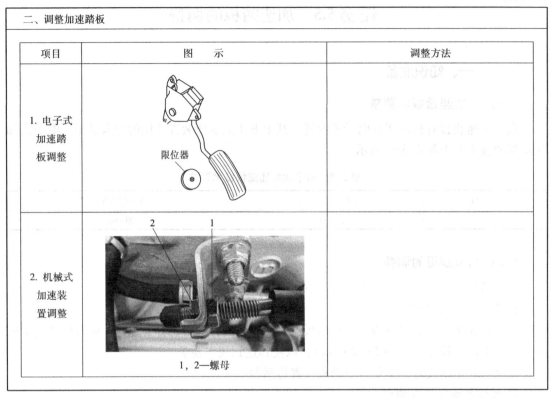 限位器	
2. 机械式加速装置调整	1,2—螺母	

三、任务评价

专业班级：		姓名：		学号：	
专业（知识/技能）收获			（非专业）能力素质收获		
评价考核项目			自我评价	小组评价	教师评价
掌握加速踏板参数的程度					
掌握调整加速踏板方法的程度					
课外学习时间（学时）					
工作态度（课堂、课后任务完成情况）					
合作意识及协调能力					
正确表达及沟通能力					
自律能力（缺勤/旷课/迟到/违纪次数）					

任务5.6　汽车前照灯灯光调整

一、知识准备

（一）汽车前照灯的要求

由于前照灯的照明效果直接影响夜间的行车安全，因此，世界各国都已规定了前照灯的照明标准，以确保夜间行车的交通安全。

1. 发光强度

发光强度是表示光源强度的物理量，计量单位是坎德拉，简称"坎"，单位符号用 cd 表示。按照国际标准规定，发光强度的定义是：一个发出频率为 $540×10^{12}$ Hz 的单色辐射光源，若在一定方向上的辐射强度为 1/683W／sr（即 1/683 W 每球面度），即此光源在该方向上的发光强度为 1 cd。前照灯远光光束发光强度要求如表 5-6 所示。

表 5-6　前照灯远光光束发光强度要求　　　　　　　　　　　　　　　　　cd

车辆类型	新注册机动车		在用机动车	
	两灯制	四灯制	两灯制	四灯制
汽车、无轨电车	15 000	12 000	12 000	10 000
四轮农用运输车	10 000	10 000	8 000	6 000

2. 配光性能

配光性能（光束分布）是指受照物体上部分的照度大小。前照灯光束分布一般是水平方向宽、垂直方向窄、车前 100 m 以内的路面有良好而均匀的照明。

非对称型配光要求，即联合国欧洲经济委员会制定的 ECE 配光标准。配光性能应在前照灯基准中心前 25 m 过 H 点的垂直配光屏幕上测定，其具体位置如图 5-14 所示，H 点是指过灯的配光镜有效透光表面中心（即基准中心）的水平线至灯前配光屏幕的垂足；V-V 线是指在配光屏幕上过 H 点的垂直线；h-h 线是指在配光屏幕上过 H 点的水平线，即前照灯基准中心高度。

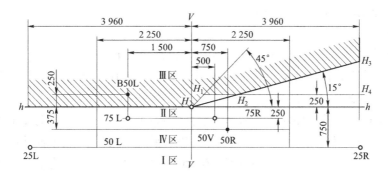

图 5-14　在配光屏幕上测定配光性能

（1）近光应产生明显的明暗截止线，即上方Ⅲ区是一个明显的暗区。该区 B50L 表示相距 50 m 处，迎面驾驶员的眼睛的位置。下方区域 Ⅰ、Ⅱ、Ⅳ 及右上方 15°或向上呈 45°斜线至水平线垂直距 250 mm 转向水平的折线是一个亮区，可将车前面和右方人行道照亮。

(2) 双光束卤钨前照灯的远光最大照度应不大于近光在 75R 点测试照度的 16 倍。

(3) 配光屏幕上照度测试的有效面积应包含在面积为 65 m² 的正方体内。

(二) 前照灯的相关标准及调整方法

1. 国家标准的有关规定

GB/T 7258—2012《机动车运行安全技术条件》对前照灯的光束位置、发光强度和配光性能的规定如下：

(1) 前照灯的近、远光光束照射位置如表 5-7 所示。

表 5-7 前照灯光束位置要求

前灯类型	屏幕距离/m	光束中心高度	灯	位	偏差/mm
近光灯	10	$(0.70 \sim 0.90) H$	左灯	左侧	≤±100
				右侧	≤±100
			右灯	左侧	≤±100
				右侧	≤±100
远光灯	10	$(0.85 \sim 0.95) H$	左灯	左侧	≤±100
				右侧	≤±170
			右灯	左侧	≤±170
				右侧	≤±170

注：H 为前照灯安装高度。

(2) 机动车装用远光和近光双光束灯时以调整近光光束为主。对于只能调整远光单光束的灯，则调整远光单光束。

(3) 机动车每只前照灯的远光光束发光强度应达到表 5-6 所示的要求。测试时，其电源系统应处于充电状态。

2. 前照灯的调整

前照灯调整时，检测光束照射位置与发光强度的常用方法有两种：屏幕法和前照灯检测仪法。下面介绍用屏幕检测前照灯光束照射位置的方法。

(1) 检测屏幕。

汽车空载停放在水平坚硬的场地上，轮胎气压符合汽车制造厂的规定，允许乘 1 名驾驶员或将 60 kg 的重物放在驾驶员位置上，在距汽车前照灯 10 m 处设置一个屏幕，屏幕与地面垂直，并屏幕上画三条垂直线和三条水平线，如图 5-15 所示。三条垂直线的中间垂直线 V-V 与车辆的纵向中心垂直面对齐。两侧的垂直线 V_L-V_L 和 V_R-V_R 分别为车辆左右前照灯中心的垂直线，即 D 为左右前照灯的中心距；三条水平线中的 A-A 线车辆前照灯的中心高度 H；B-B 线为前照灯远光光束的中心高度 $(0.85 \sim 0.95) H$；C-C 线为前照灯近光光束的中心高度 $(0.70 \sim 0.90) H$。

(2) 当调整前照灯光束时，根据 GB 7258—2012 规定，当机动车装用远光和近光双光束灯时，以调整近光光束为主。对于只能调整远光单光束的灯，则调整远光单光束。

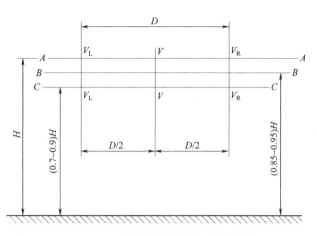

图 5-15 用屏幕检测前照灯光束位置

当调整近光灯时,应先遮盖住一边的前照灯,然后打开前照灯的近光开关。未被遮盖的前照灯的近光明暗截止线转角或光束中心应落在如图 5-15 所示中 C-C 线与 V_L-V_L 线或 V_R-V_R 线的交点位置上。如果光束偏离规定位置,则首先打开机舱盖,按如图 5-16 所示确认前照灯调整部位,再用十字螺丝刀调整光束,使光圈椭圆中心与 C-C 线与 V_L-V_L 线或 V_R-V_R 线的交点重合,如图 5-17 所示。用同样方法调整另一边前照灯近光光束照射位置。

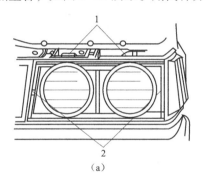
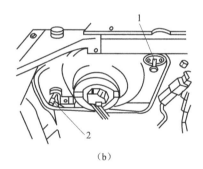

(a)　　　　　　　　　　　　　　(b)

图 5-16 前照灯的调整部位

(a) 外侧调整式 (b) 内侧调整式

1—上下调整螺钉；2—左右调整螺钉

能单独调整远光光束的前照灯还要调整远光光束的照射位置,其光束中心应落在 B-B 线与 V_L-V_L 或 V_R-V_R 线的交点位置上。如果光束不符合要求,则按上述方法调整。

注：大部分的灯光调节钮都是工程塑料制品,调节动作应轻柔一些。

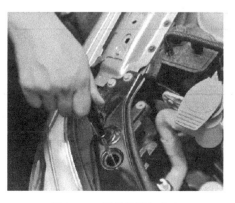

图 5-17 调整前照灯光束

二、任务实施

一、制动踏板安装参数

车辆类型	前照灯远光光束发光强度要求			
	新注册机动车		在用机动车	
	两灯制	四灯制	两灯制	四灯制
汽车、无轨电车/cd				
四轮农用运输车/cd				

前照灯光束位置要求				
前灯类型	屏幕距离/m	光束中心高度	灯位		偏差/mm
近光灯		$(0.70\sim0.90)H$	左灯	左侧	≤100
				右侧	
			右灯	左侧	
				右侧	≤100
远光灯	10		左灯	左侧	≤100
				右侧	
			右灯	左侧	
				右侧	

二、用屏幕检测和调整前照灯光束照射位置

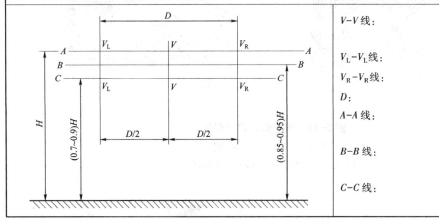

$V-V$ 线：

V_L-V_L 线：

V_R-V_R 线：

D：

$A-A$ 线：

$B-B$ 线：

$C-C$ 线：

三、任务评价

专业班级：		姓名：	学号：
专业（知识/技能）收获		（非专业）能力素质收获	

续表

评价考核项目	自我评价	小组评价	教师评价
已掌握前照灯远光光束发光强度的要求			
已掌握前照灯光束位置的要求			
已掌握用屏幕调整前照灯光束照射的位置			
课外学习时间（学时）			
工作态度（课堂、课后任务完成情况）			
合作意识及协调能力			
正确表达及沟通能力			
自律能力（缺勤/旷课/迟到/违纪次数）			

任务5.7　熟练掌握车门调整方法

一、知识准备

车门是结构复杂、制造精度要求高、装配难度大、相对车身独立的活动部件，其灵活性、坚固性、密封性等直接关系到整车的质量。因此，对车门的装配质量应认真检查和调整。

（一）车门装配质量标准

1. 前车门装配要求

轿车前车门装配间隙左、右侧相同，如图5-18及表5-8所示。

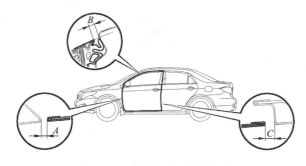

图5-18　前车门装配检查部位

表5-8　前门装配标准间隙　　　　　　　　　　　　　　　　mm

检查部位	A	B	C
标准间隙	2.8~5.8	4.0~7.0	3.3~6.3

2. 后车门装配要求

轿车后车门装配间隙左、右侧相同，如图5-19及表5-9所示。

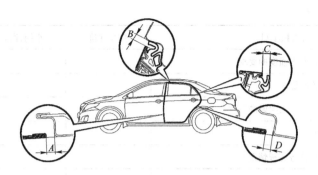

图 5-19　后车门装配检查部位

表 5-9　后门装配标准间隙　　　　　　　　　　　　　　　　　　　　mm

检查部位	A	B	C	D
标准间隙	3.3~6.3	4.0~7.0	5.0~8.0	2.8~5.8

（二）调整车门

1. 调整前车门

（1）松开车身上的铰链螺栓并调整车门位置，调整完毕后，紧固车身上的铰链螺栓，拧紧扭矩为 26 N·m，如图 5-20（a）所示。

（2）松开车门上的铰链螺栓并调整车门位置，调整完毕后，紧固车门上的铰链螺栓，拧紧扭矩为 26 N·m，如图 5-20（b）所示。

（3）稍微松开锁扣安装螺钉并用塑料锤敲击锁扣，以调整锁扣位置，调整完毕后，紧固锁扣安装螺钉，拧紧扭矩为 23 N·m，如图 5-20（c）所示。

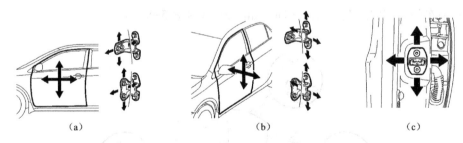

图 5-20　调整前车门

(a) 调整车身铰链螺栓；(b) 调整车门铰链螺栓；(c) 调整门锁

2. 调整后车门

（1）松开车身上的铰链螺栓并调整车门位置，调整完毕后，紧固车身上的铰链螺栓，拧紧扭矩为 26 N·m，如图 5-21（a）所示。

（2）松开车门上的铰链螺栓并调整车门位置，调整完毕后，紧固车门上的铰链螺栓，拧紧扭矩为 26 N·m，如图 5-21（b）所示。

（3）稍微松开锁扣安装螺钉并用塑料锤敲击锁扣，以调整锁扣位置，调整完毕后，紧固锁扣安装螺钉，拧紧扭矩为 23 N·m，如图 5-21（c）所示。

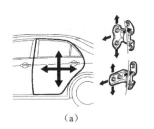 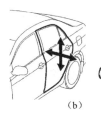  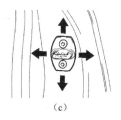

图 5-21 调整后车门

(a) 调整车身铰链螺栓；(b) 调整车门铰链螺栓；(c) 调整门锁

二、任务实施

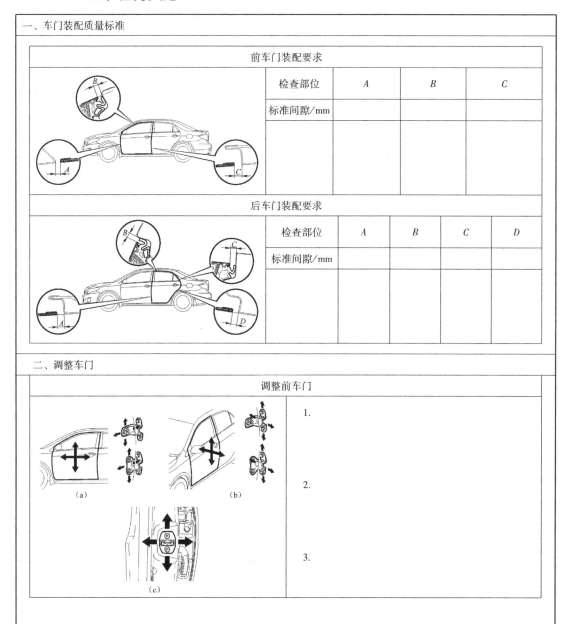

续表

调整后车门	
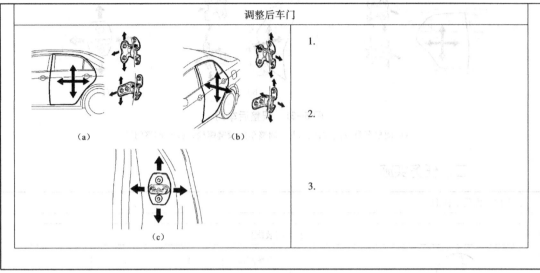 (a) (b) (c)	1. 2. 3.

三、任务评价

专业班级：		姓名：		学号：	
专业（知识/技能）收获			（非专业）能力素质收获		
评价考核项目		自我评价		小组评价	教师评价
已掌握车门装配的质量标准					
已掌握前车门的调整方法					
已掌握后车门的调整方法					
课外学习时间（学时）					
工作态度（课堂、课后任务完成情况）					
合作意识及协调能力					
正确表达及沟通能力					
自律能力（缺勤/旷课/迟到/违纪次数）					

模块 6

汽车装配线物流系统

学习目标

通过本模块的学习应了解汽车装配线物流的概念、组成及对生产线作业的意义；掌握装配线物流管理的基本方法。

任务6.1 掌握汽车装配线物流流程

一、知识准备

物流是指将物质资料从供应地向接收地的实体流动过程，是根据需要将流通加工、包装、储存、装卸、运输、配送、搬运和信息处理等基本活动的有机结合。

物流可分以下几种类型：

（1）按照空间范围分：国际物流，地区物流，国内物流。

（2）按照性质分：社会物流，行业物流，企业物流。

（3）按照作用分：供应物流，生产物流，销售物流，回收物流，废弃物流等。

（一）生产物流

生产物流在物流术语国家标准中的定义：在生产过程中，原材料、在制品、半成品和产成品等物质资料在企业内部的流动。

1. 汽车装配线物流系统

根据有关资料统计分析，产品的订货到交付过程中，生产时间占20%，物流时间占约80%，在产品的成本中30%~50%用于物料搬运。因此，现代管理理论都十分重视物料搬运系统。物料搬运系统设计就是对物料搬运路线、运量、搬运方法和设备、储存场地等做出合理安排。

汽车装配线物流系统包括运送汽车零件、部件、总成和信息等的设备、动力以及这些物料在供应库与车间、车间与装配线、工序与工序之间流转的活动。

汽车装配线物流的特征是只面对特定对象，并且在一定时间内其规模固定不变，即已制成的零件、部件及总成在装配线及各工位之间流动。因此，可以运用资源管理系统等有效手段，使生产过程中各工位间的物流无缝衔接，实现物流的精益化。

2. 对装配线物流的基本要求

若想实现装配线的人流、物流、信息流得到最合理、最经济、最有效的流转，则其应具有以下性能：

1) 物流过程的连续性

为了不耽误整个装配线的作业，物流过程必须有序而连续地进行，以使各种零部件能顺畅、快捷地运送到各个工序。

2) 物流过程的平行性

在汽车总装过程中，总装线与分装线的作业是同步、平行进行的。因此，零部件、总成等在供应点与装配线、总装线与分装线之间应平行流动，以保证各工位装配作业同步、正常进行。

3) 物流过程的节奏性

从零部件出库到总装完成下线，物流应保证按计划有节奏地均衡进行，使装配过程中各工序的工艺平衡，避免出现忙、闲不均现象。

4) 物流过程的比例性

考虑各工序内的质量合格率以及装卸搬运过程中的可能损失，零部件数量在各工序间有一定的比例，形成了物流过程的比例性。

5) 物流过程的适应性

汽车生产组织逐步向多品种发展，要求生产过程具有较强的应变能力。因此，物流系统应具有对于计划调整的适应性，即物流过程也应具备相应的应变能力。

总之，装配线物流系统应为提高人、设备、空间和能源的有效利用，为员工提供方便、安全以及舒适的条件。

（二）装配线物流系统流程

装配线物流系统流程主要包括物料流动和信息流动。

1. 装配线物料流动过程

对于单一车型的汽车装配线，整个装配工序基本确定。因此，将装配过程分解成数个标准化的作业工序，各工位由专用的装配设备和人员来完成规定的装配任务，各工位之间采用固定路径运送零部件。汽车装配线的物流包括总装线、分装线和各工位零部件配送，如图 6-1 所示。

1) 总装线物流

总装线的物流要求严格按生产节拍运送，轿车总装线的物流路径一般为：车身上线→一次内饰线→底盘线→二次内饰线→下线→检查。

2) 零部件配送

根据装配工艺流程，将适量的零部件和总成分批、及时地运送到总装线和分装线的具体装配工位。要求物流距离应尽量短，流动要顺畅，减少二次搬运和重复搬运量，避免逆向、

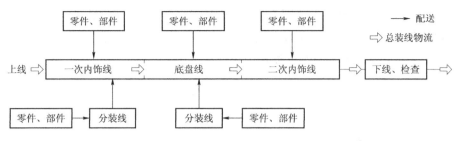

图 6-1 装配车间的主要物流示意图

交错流动,以提高物流效率。

装配线零部件配送方式主要有以下三种:

(1)单件供给。在装配线边设定固定料位,专职物流人员通过牵引车将零件批量供给到线边,如图 6-2 所示。单件供给能做到零部件先进先出和空料箱切换的问题,供给范围广,空间利用率高,但存在取料距离远、取料动作幅度大等问题,对于作业人员的体力和零件识别要求较高。

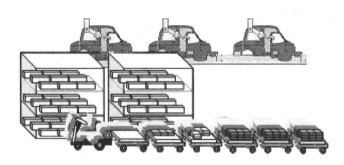

图 6-2 单件供给

(2)单件同步供给。对部分大件、涂颜色件,以件为单位,在零部件存储区将零件按照车辆生产顺序进行排列,在适当的时间供给到线边,如图 6-3 所示。单件同步供给解决了部分大零件和零件模块的料位面积问题,改善了取料动作,减少了零件辨识作业。但其还存在取料距离远,且需要零部件存储区的问题,增加了配送人员数量。

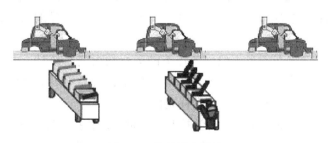

图 6-3 单件同步供给

(3)台套料箱同步供给。对整车生产用的零件,以一段生产线需求的所有零件为单位,在集中的零部件存储区将零件按照车辆生产计划排列放置在台套料箱中,在适当的时间供给到线边,如图 6-4 所示。台套料箱同步供给削减了取料步行和辨识作业,减轻了取料作业负荷,为模块化作业编程提供了条件,同时将线上取料作业损失集中转移到了零部件存储区,为实施第三方物流或物流自动化创造了条件。

图 6-4　台套料箱供给

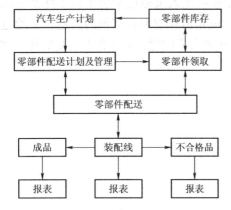

图 6-5　装配线信息流程

2. 装配线物流系统主要信息流程

物流信息是指与物流活动有关的信息,如保管、运输、流通、加工、包装和装卸,等等。

汽车装配线物流信息主要有:汽车生产计划、零部件库存、零部件配送计划及管理、零部件领取、零部件配送、装配线作业过程、成品、不合格品以及各种报表,如图 6-5 所示。

(1) 汽车生产计划:主要包括生产批量、生产周期、装配工艺和生产节拍等信息。

(2) 零部件库存:主要是指现有零部件的库存量信息。

(3) 零部件配送计划及管理:主要是根据生产计划做装配线各工位的具体配送计划,提供零部件流动数据的实时查询。

(4) 零部件领取:主要是指零部件领取及配送信息。

(5) 零部件配送:将物料进行具体的工位分批配送的信息。

(6) 装配线作业过程:主要是指各工位作业情况、零部件的供应情况及准确的生产进度信息。

(7) 成品:完工下线的产品,经质检合格后转入成品区,即完成生产计划的信息。

(8) 不合格品:在装配过程或装配完工后,经质检不合格品的信息,由质检部门开出质量检测单。

(9) 各种报表:主要是对各工位、各环节的运行情况进行统计,并传递相关部门,以及时处理出现的问题,使生产按计划有序进行。例如,成品报表提供已完成生产计划的信息;不合格品报表为零部件配送计划提供补充数据等。

装配线运行状态信息的准确性是科学控制生产进度的依据。装配线没有信息跟踪,故会造成线旁零部件存储量不合理。线旁零部件存储量过多,则会造成零部件积压、成本浪费大;线旁零部件存储量不足,则会造成装配线各工位生产节拍混乱,严重影响生产的连续性及生产率。

二、任务实施

一、汽车装配线物流系统
1. 汽车装配线物流系统
2. 装配线物流的特征
二、装配线物流系统流程
1. 轿车总装线的物流路径
2. 零部件配送
3. 对零部件配送的要求
4. 物流信息

三、任务评价

专业班级：		姓名：		学号：	
专业（知识/技能）收获			（非专业）能力素质收获		
评价考核项目			自我评价	小组评价	教师评价
已掌握汽车装配线的物流系统					
已掌握装配线物流的系统流程					
课外学习时间（学时）					
工作态度（课堂、课后任务完成情况）					
合作意识及协调能力					
正确表达及沟通能力					
自律能力（缺勤/旷课/迟到/违纪次数）					

任务6.2　了解汽车装配线物流常用输送设备

一、知识准备

汽车装配线物流设施主要有零部件、总成的输送设备、升降设备；零部件装载、运送、装卸设备；专用设备；作业场地及零部件存放货架等。

（一）汽车装配线设备

汽车装配线实际上是带有随行夹具与在线专用机具的物料输送系统和检测设备有机组合的流水生产线。汽车装配线常用的设备以轿车装配线为例主要包括：发动机和前后桥等各大总成上线设备，装配线输送设备，汽车装配线专用设备，各种油液加注设备及出厂检测设备等。

1. 输送设备

输送设备主要用于总装配线、各总成分装线以及大总成的输送，根据轿车装配工艺特点，其既有车身内外装饰，也有车下底盘部件装配。因此，轿车总装配线常用高架空中悬挂式输送机和地面输送机两种输送设备。

1）空中悬挂输送机

汽车装配线常用的空中悬挂输送机是积放式悬挂输送机。

积放式悬挂输送机既能担负简单的物料搬运功能，同时又能解决复杂的物料储存问题。积放式悬挂输送机的运行速度一般为 0.5~15 m/min，如图 6-6 所示。其特点是根据工艺需要借助升降机构实现输送机中某一段承载轨道的上升或下降；载货小车之间具有自动积放功能，可根据工艺需要利用停止器控制载货小车定点停止。该输送机集精良的工艺操作、储存为一体，便于实现自动化、柔性化，在汽车生产线上主要用于运送发动机、变速器和车桥等大总成。其缺点是造价较高。

图 6-6　积放式悬挂输送机

某汽车制造厂总装车间车身输送线采用 4″ 积放式悬挂输送机，主要负责涂装好的车身分类储存和转运。整条输送线采用 3 个驱动单元，链条速度为 12 m/min，出库频率为 3.4 min/次。在涂装车间设有升降机，用于转挂涂装的车身至车身储存线。总装车间内饰线的起始点设有升降机，以将生产所需的车身转挂到内饰线上。在涂装车间升降机处每一个进入总装车间的车身都打号，车身进入总装线后，积放链的控制系统控制不同的道岔将车身自动分配至不同的储存区域。车身存储线共有两道分类储存线,线体在通过操作工人活动的区域均设置安全网,以确保安全。该车身输送线的主要技术参数如表6-1所示。

表6-1 积放式悬挂输送机的主要技术参数

序号	项 目	参 数	单 位
1	输送机型号	4″积放式悬挂输送机	
2	生产节拍	3.4	min/辆
3	吊具数量	70	个
4	积放长度	5 105	mm
5	链条型号	X-458	
6	链条节距	102.4	mm
7	驱动单元数量	3	个
8	驱动电机功率	5.5	kW
9	运行速度	12	m/min
10	推杆间距	1 433.6	mm
11	张紧形式	气动张紧	
12	张紧行程	R50 S750	mm

2)地面输送机

在汽车装配中常用的有地面板式输送机和滑橇式输送机。

(1)地面板式输送机属于刚性输送机,有单板输送机和双板输送机两种,其运行速度一般为0.6~18 m/min,如图6-7所示。地面板式输送机的特点是结构简单,故障率低,便于维修。单板输送机一般适用于前段车身内饰线;双板输送机适用于后段车身内饰线。地面板式输送机的缺点是造价较高,其主要参数如表6-2所示。

图6-7 地面板式输送机

表6-2 地面板式输送机主要技术参数

序号	项 目	参 数	单 位
1	站距	6 300	mm
2	工位数	按工艺要求设定	
3	输送线宽度	3 200	mm
4	两轴中心距	13 1040	mm
5	链条节距	315	mm
6	电动机功率	11	kW
7	运送速度	1~2.5	m/min

（2）滑橇式输送机具有自动储存、运输等功能，是机械化程度较高的综合性地面输送系统，其主要功能是输送工件经过电泳烘干、电泳后储存、钣金修整、PVC 喷胶、焊缝密封、胶烘干、底漆打磨、中涂喷漆、中涂晾干、中涂烘干、强冷、中涂储存、中涂打磨、面漆喷漆、面漆烘干、强冷、检查、点修、成品存放、成品输送以及空橇返回等。滑橇式输送机常用在车身涂装线，其运行速度一般为 1.5~60 m/min，如图 6-8 所示。

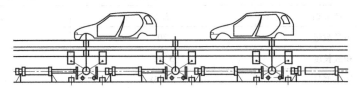

图 6-8 滑橇式输送机

滑橇式输送机的主要特点是灵活性大，工艺性好，柔性好，容易与其他运送装置连接，适用于多品种大批量生产，其缺点是占地面积大、造价高，其主要技术参数如表 6-3 所示。

表 6-3 滑橇式输送机主要技术参数

序号	项　目	参　数	单位
1	生产节拍	6.88	min/件
2	工件最大外形尺寸	5 100×1 810×1 960	mm
3	工件最大质量	500	kg
4	橇体中心距	1 000	mm

2. 大总成上线设备

轿车装配车间所用的起重设备用于发动机、车桥等大型总成上线，主要有电动单梁悬挂起重机、单轨电动葫芦、气动葫芦和立柱式悬臂吊等，如图 6-9 所示。

图 6-9 轿车装配车间常用的起重设备
(a) 单梁悬挂起重机；(b) 单轨电动葫芦；(c) 气动葫芦；(d) 立柱式悬臂吊

3. 专用汽车装配线设备

专用汽车装配线设备主要有车号打号机（见图 6-10）、螺纹紧固设备、车轮装配专用设备、自动涂胶机（见图 6-11）和液压桥小车等。

4. 各种油液加注设备

汽车装配线油液加注设备包括燃油、润滑油、清洁剂、冷却液、制动液及制冷剂等油液加注机，如图 6-12 所示。各种油液加注设备和加注方法如表 6-4 所示。

 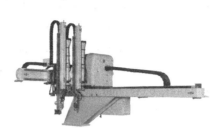 

图 6-10　车号打号机　　　　图 6-11　自动涂胶机　　　　图 6-12　油液加注机

表 6-4　各种油液加注设备和加注方法

序号	油液名称	加液设备	加注方法
1	冷却液	冷却液真空加注机	抽真空后定量加注
2	制动液	制动液真空加注机	
3	空调制冷剂	制冷剂真空加注机	
4	动力转向液压油	动力转向真空加注机	
5	发动机机油	发动机机油定量加注机	定量加注
6	变速器齿轮油	变速器齿轮油定量加注机	
7	挡风玻璃洗涤液	洗涤液定量加注机	
8	后桥齿轮油	后桥齿轮油定量加注机	
9	燃油	电动计量加油机	

5. 出厂检测设备

出厂检测设备主要有前束试验台、侧滑试验台、转向试验台、前照灯检测仪、制动试验台、车速表试验台和排气分析仪等。

(二) 装配线作业场地

汽车装配线物流设施应合理安排零部件的搬运路线、运量、搬运方法和设备、储存场地等，使人流、物流、信息流得到最合理、最经济、最有效的配置，为员工提供方便、安全以及舒适的工作条件，以达到提高生产交流及降低产品成本的目的。

1. 线旁物料存储区

汽车装配线旁一般留有便于装配工线旁获取零部件，并保证物流人员有一定的时间周转零部件的存储区域。

物流存储区的面积根据生产节拍、工位长度、零部件尺寸和外形、零部件配送周期及零部件不允许跨工位摆放的原则来确定。线旁物流存储区的宽度从装配车身在车门打开的情况下距离车门 100 mm，到摆放 3~5 个该工位零部件线旁料架为准。物流存储区的长度一般是工位长度。

2. 车间物流通道

通道的正确安排和宽度设计将直接影响物流效率。一般在规划布置厂房时应首先设计通道的位置和宽度。

影响通道位置和宽度的因素有：通道形式，搬运设备的型号、尺寸、旋转半径，存储零部件尺寸，到进出口和装卸区的距离，存储零部件的批量，行列空间，服务区和设备的位置，地板承载能力，电梯和斜道位置以及出入方便性等。

总装车间物流通道及其宽度一般以物流路线保持直线、物流畅通、移动距离最短为原则，主要根据料架大小、车辆转弯半径、车辆卸货时留有其他车辆通过的空间来确定。总装车间物流通道宽度一般为 4 000~6 000 mm。

另外，考虑互不影响、安全生产等因素，总装车间的通道最好是人车分流，人行通道的宽度一般为 700~800 mm。

3. 总装车间物料地址

总装车间物料地址是为了准确无误地配送零部件，同时便于管理而在物料存储位置编写的地址编码。物流操作人员根据地址编码可以方便、快捷地找到物料和配送地点，减少因经验不足带来的错送、漏送或因寻找物料而浪费大量时间。

4. 线旁物料信息系统

线旁物料信息系统是物流配送的重要部分，用来传达物料需求，线旁物料存储状态的管理系统，其准确性直接影响到配送、计划、采购和结算。目前线旁物料信息系统常用的有物料看板拉动系统和 ANDON（物料请求呼叫按钮）系统。

（1）物料看板拉动系统成本低，操作简单，只需在料架旁设置看板信息卡收集盒，且每个料箱在送料前应配备物料看板信息卡。看板信息卡上标注有零件名称、零件号、线旁装配地址、库房存放地址、包装状态与容量、看板编号以及信息录入用的条形码。

线旁装配人员在用料时应取出看板信息卡放入看板信息卡收集盒。看板管理人员应定时收集看板信息卡和扫描看板信息卡，在同一种零件有几个供应商时，看板管理人员需更换并重新放入物料看板信息卡。配送人员将物料送入线旁并回收空箱。物料看板拉动系统适合小件管理，并且看板信息卡使用管理要求比较严格，进料和出料时必须严格按照先进先出的原则。

（2）ANDON（物料请求呼叫按钮）系统是比较先进的线旁物料管理系统，其成本高，但线旁操作简单，只需在线旁设置物料需求按钮。当线旁装配人员观察到线旁物料存储不够时，需提前按物料需求按钮，配送人员接到信息后应立刻补充物料。

二、任务实施

一、汽车装配线常用的设备
汽车装配线常用的设备有：
1. 输送设备 输送设备主要用于总装配线、各总成分装线以及大总成的输送。总装配线常用＿＿＿＿＿＿＿＿＿＿输送设备。 （1） （2）

2. 大总成上线设备 大型总成上线设备主要有： 3. 专用汽车装配线设备 专用汽车装配线设备有：
二、装配线作业场地
1. 线旁物料存储区 　　物流存储区的面积，根据生产节拍、工位长度、零部件尺寸和外形、零部件配送周期及零部件不允许跨工位摆放的原则来确定。线旁物流存储区的宽度从装配车身在车门打开的情况下距离车门_____mm，到摆放_____个该工位零部件线旁料架为准。物流存储区的长度一般是工位长度。 2. 车间物流通道 　　总装车间物流通道及其宽度一般以物流路线尽量保持直线、_____及_____最短为原则，主要根据料架大小、车辆转弯半径及车辆卸货时留有其他车辆通过的空间来确定。总装车间物流通道宽度一般为_____mm。

三、任务评价

专业班级：		姓名：		学号：	
专业（知识/技能）收获			（非专业）能力素质收获		

评价考核项目	自我评价	小组评价	教师评价
已掌握汽车装配线的常用设备			
已掌握装配线的作业场地			
课外学习时间（学时）			
工作态度（课堂、课后任务完成情况）			
合作意识及协调能力			
正确表达及沟通能力			
自律能力（缺勤/旷课/迟到/违纪次数）			

任务6.3 认识生产物流管理

一、知识准备

物流管理是指通过采购、仓储、运输、销售和配送等活动,解决物资供需之间存在的时间、空间、数量和品种价格等方面的矛盾,以此衔接社会生产的各环节,从而确保企业生产和购销等功能顺利进行。物流管理已成为企业管理中不可缺少的一部分,并在许多国家得到了广泛的研究与应用。

(一) 物流管理在企业生产中的作用

物流管理水平的高低直接影响企业的生产率和经济效益。

(1) 物流管理是保证企业生产经营持续进行的必要条件。任何企业的生产经营活动都表现为物质资料的流入、转化和流出等活动,如果物流管理不当,致使某一环节不能及时获取所需物资,则企业的生产经营活动将被中断。比如汽车总装线的某一工位等待零部件,将导致整个总装线都要停滞。

(2) 物流管理水平影响企业生产成本的高低。物理管理水平,一方面决定着企业原材料采购成本、生产产品成本的高低;另一方面直接影响着企业的运营费用,如运输、仓储和装卸等过程。

(3) 企业的物流管理水平决定着企业的销售情况与市场份额。企业加强物流管理可以更好地以适当的价格,在适当的时间和地点,以适当的方式向适当的顾客提供适当品种和数量的物质产品,增加了企业满足消费者需要的能力。这一能力正是决定企业销售数量和市场占有率的关键所在。

(二) 生产物流管理的内容

生产物流管理是指对生产过程中物质资料的流动和相应信息的流动进行科学的规划、组织和控制。对轿车总装线而言,车身上线→各种所需的零部件按装配工艺要求配送到各工位→各工位将零部件安装到车身上,即将所有零部件安装完毕就完成了一辆轿车的生产。可见,各种零部件、车身(包括已装上的零部件)始终以实物的形态流转,这样就构成了汽车装配线物流活动的全过程。

生产物流过程需要物流信息服务,即物流信息要支持生产物流的各项业务活动。通过物流信息的传递,可以把运输、储存、装配、装卸和搬运等业务活动联系起来,并进行协调,以提高生产物流整体作业效率。

汽车制造企业的物流管理主要包括以下几个方面:

(1) 原材料、零部件制造、采购物流管理:主要是指采购用来制造车身的钢板、发动机、变速器和轮胎等零部件以及焊装车身过程中的物流管理。

(2) 汽车制造过程中的生产物流管理:主要是指在汽车总装过程中各种零部件在各工位、装配线之间的运送管理。

(3) 将所生产的商品运送给分销商或直接运送给最终用户的销售物流管理,即出厂的汽车运送到各销售点的物流管理。

(4) 废弃物处理物流管理：主要是指处理汽车总装过程中出现的不合格品的物流管理。

另外，生产物流进度管理是对物料从投入到成品入库为止的全过程进行的管理，是生产作业控制的关键。它包括物料投入进度管理、物料出产进度管理和工序物料管理等内容。

（三）生产物流管理的基本要求

生产物流的关键在于，配合企业的生产计划和生产工作的流程安排，使得物流的运作效率能与生产的效率配合。要达到生产物流合理运转，必须尽可能使企业的生产物料能在需要的时间到达合适的地点，以避免物料停转和怠工等料等现象发生。

(1) 改善企业生产流程，减少无效的生产环节。
(2) 按企业的生产流程来安排生产物流作业。
(3) 根据企业的生产计划与安排，做好所需的物料预测，并按生产路线制订配给计划，落实执行时间、数量、品种和规格的安排。
(4) 做好场内装卸搬运的规划。
(5) 做好其他资源的统一规划和配置。
(6) 规范物料管理，严格控制库存管理。

（四）生产物流管理方式

生产物流管理是指在生产作业计划执行过程中，对有关产品或零部件的数量和生产进度的管理。在实际的生产物流系统中，由于受系统内部和外部各种因素的影响，计划与实际之间会产生偏差，为了保证计划的完成，必须对物流活动进行有效管理。目前，汽车制造业对生产物流的管理大致分为"推动式"物流管理（德系汽车生产方式）和"拉动式"物流管理（丰田生产方式）两种方式。

1) MRP 的"推动式"物流管理方式

在生产物流组织管理上，根据 ERP（Material Requirement Planning，物料需求计划）的运作原理，通过预测或计算物料的需求量和各个生产阶段对应的提前期，确定原材料、零部件和产品的投入产出计划，向相关车间或工序以及供应商发出生产和订货指令。各个生产车间或工序以及供应商，按计划安排进行生产，把加工完的零部件送到后续车间和工序，并将实际完成情况反馈到计划部门，通过"送料制"，最终使产品逐渐形成。计划信息流同向推动物流。

对于"推动式"生产物流系统，进行生产控制的目的就是保证各个生产环节的物流输入和输出都按计划要求按时完成。但是由于各类因素的干扰，外部需求经常波动，内部运行时有异常事件发生，且各种提前期的预测也不尽准确，故常造成"计划滞后变化"的情况，各车间、工序之间的数量和品种都难以衔接，导致交货期难以如期实现。为了解决这些矛盾，通常采用调整修改计划、设置安全库存、加班加点、加强调度控制力度及增加计算机辅助管理系统等措施。与此对应，则将会发生相关的库存费用、人工费用、管理费用和投资。但尽管这样，还是不能完全挽回由于不确定性因素带来的损失。

2) JIT"拉动式"物流管理方式

从最终产品装配出发，由下游工序反向启动上游的生产和运输。每个车间和工序都是"顾客"，按当时的需要提出需求指令；前序车间和工序成为"供应商"，按顾客的需求指令进行生产和供应，没有需求就不进行生产，实行"领料制"需求信息流逆向拉动物流。

JIT（Just-in-Time 准时制生产）"拉动式"物流管理的最大特点是市场供需关系的工序化。它以外部市场独立需求为源点，拉动相关物料需求的生产和供应。生产系统中的上下游、前后工序之间形成"供应商"与"顾客"关系，下游和后工序"顾客"需要什么，上游和前工序"供应商"就"准时化"提供什么，物流过程精益化，市场需求导向的理念在拉动式物流中得到充分体现。JIT 的最终目标是消灭库存或至少是把库存降到最小值。但是，JIT 的"拉动式"物流管理方式的实施需要一定的企业管理基础、高效均衡生产的生产系统以及高素质、有良好团队协作精神的员工队伍。

二、任务实施

1. 物流管理在企业生产中的作用
其作用主要有：
(1)

(2)

(3)

2. 汽车制造企业的物流管理的内容
主要包括以下几个方面：
(1)

(2)

(3)

(4)

3. 生产物流管理的基本要求
主要有：
(1)

(2)

(3)

(4)

(5)

(6)

4. 汽车制造业生产物流管理方式
汽车制造业对生产物流的管理大致分为：

三、任务评价

专业班级：		姓名：		学号：	
专业（知识/技能）收获			（非专业）能力素质收获		
评价考核项目		自我评价	小组评价		教师评价
已掌握汽车制造业的物流管理内容					
已掌握生产物流管理的基本要求					
课外学习时间（学时）					
工作态度（课堂、课后任务完成情况）					
合作意识及协调能力					
正确表达及沟通能力					
自律能力（缺勤/旷课/迟到/违纪次数）					

任务6.4 了解 MRP 系统

一、知识准备

物料需求计划 MRP（Material Requiring Planning）是美国生产管理和计算机应用专家 Oliver W. Wight 和 George W. Plosh 提出的一种计算物料需求量和需求时间的系统，是一种工业制造企业内的物料计划管理模式，IBM 公司首先在计算机上实现了 MRP 处理。

MRP 的核心是以物料为中心，以控制生产物流的基本需求为出发点，体现按需定产的库存管理方法。MRP 系统从基本 MRP 发展为闭环 MRP、MRP Ⅱ 等。

（一）基本 MRP

1. MRP 的基本原理

制造企业根据市场需求制定营销计划后，会产生主生产进度计划 MPS，再根据产品结构各层次中物料的从属和数量关系，以每个物料为计划对象，以完工日期为时间基准倒排计划，按提前期长短区别各个物料下达计划时间的先后顺序。

总之，MRP 涉及的原则是适时物流的原则，即在需要的时间里生产或采购需要的数量。

MRP 根据主生产进度计划（MPS）、产品结构文件（BOM）和库存记录，对每一种物料进行计算，指出何时将会发生物料短缺，并给出建议，如果是自己加工，就形成了加工任务单；如果是向外采购，就形成了采购任务单。以最小的库存量满足需求并避免物料短缺，如图 6-13 所示。

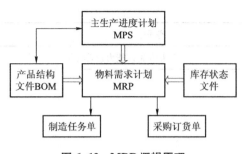

图 6-13　MRP 逻辑原理

（1）主生产进度计划 MPS（Master Production Schedule）。MPS 是根据营销计划、产品结构文件 BOM 和工艺规程决定产品的品种、型号及成品出厂时间和各种零部件的制造进度，确定每一种最终产品在每一个具体时间段（通常是以周为单位，有些情况下可以是日、旬、月）内生产数量的计划，并导出相关物料的需求量和需求时间。

主生产进度计划详细规定生产什么、什么时段应该产出，它是独立需求计划。主生产计划根据客户合同和市场预测，把经营计划或生产大纲中的产品系列具体化，使之成为展开物料需求计划的主要依据，起到了从综合计划向具体计划过渡的作用。

（2）产品结构文件 BOM（Bill of Material）。BOM 是用规范的数据格式来描述的物料清单，是制造企业的核心文件。产品结构的文件列出了从原材料到零件、部件，直到最终产品的层次隶属关系和数量关系，即构成成品或装配件的所有部件、组件、零件等的组成、装配关系和数量要求，如图 6-14 所示。机械产品都是由各种零部件组成的，如图 6-14 所示 0 层中 A(1) 表示产品 1 件；1 层中 B(3) 表示零件 3 件，C(2) 表示部件 2 件；2 层中 D(3)、E(2) 分别表示零件 3 件和 2 件。也就是说，产品 A 由 B 种零件 3 件和 C 种部件 2 件组成，而 C 种部件由 D 种零件 3 件和 E 种零件 2 件组成。如图 6-14 所示 LT（Lead Time）为零部件提前期，例如，$LT=3$ 表示提前 3 周。

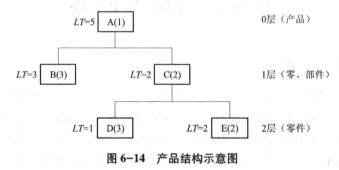

图 6-14　产品结构示意图

（3）库存文件。库存文件是保存企业所有产品、零部件、在制品和原材料等存在状态的数据库，记录有现有库存量、计划收到量、已分配量、订购或生产批量及安全库存量等。

2. MRP 系统的运行条件及适用范围

（1）MRP 系统的运行条件。MRP 系统正常运行需要企业具备均衡的生产能力及相应信息系统的支持。

（2）MRP 系统适用范围。

① 多品种小批量生产。

② 节奏经常变动的生产。

③ 需求波动较大的产品。

④ 计划提前期比较长的产品。

3. MRP 系统的优缺点

优点：有利于按计划限额发料；线边零件控制得较少；有利于运用信息系统实现物料计划自动生成和需求早期滚动预测。

缺点：当计划预测条件发生变化时，易产生物流的中断或堆积，导致生产线缺件或零件过多。另外，供应者不了解用户消耗的数量和期限，容易多供或少供。

4. MRP 运用实例

如图 6-14 所示，假设在第 10 周要生产出 300 件 A 产品，设当前库存和计划入库量均为 0，试确定每一个零部件的需求量及制造或采购单下达的时间。

解：已知 A(1)，$LT=5$；B(3)，$LT=3$；C(2)，$LT=2$；D(3)，$LT=1$；E(2)，$LT=2$。

（1）计算各零部件的需求量，可依据产品结构算出：

产品 A：300（件）；

零件 B：3×产品 A 的需求量=3×300=900（件）；

部件 C：2×产品 A 的需求量=2×300=600（件）；

零件 D：3×部件 C 的需求量=3×600=1 800（件）；

零件 E：2×部件 C 的需求量=2×600=1 200（件）。

（2）确定订单下达时间，可依据产品结构确定：

产品 A：应在第 10 周产出，$LT=5$，因此，提前 5 周，即第 5 周下达制造任务单；

零件 B：$LT=3$ 是总装前 3 周，因此，第 2 周下达制造任务单；

部件 C：$LT=2$ 是总装前 2 周，因此，第 3 周下达制造任务单。

因为准备好零件 B、部件 C 才能总装产品 A。

零件 D：$LT=1$ 是部件 C 装配前 1 周，因此，第 2 周下达制造任务单；

零件 E：$LT=2$ 是部件 C 装配前 2 周，因此，第 1 周下达制造任务单。

因为准备好零件 D 和零件 E 才能装配部件 C。

以上零部件需求量及制造或采购单下达的时间如表 6-5 所示。

表 6-5 零部件需求量及制造或采购单下达的时间

产品、零部件	提前期/周	项目	周次									
			1	2	3	4	5	6	7	8	9	10
A	5	总需求量										300 件
A	5	下达制造任务量					300 件					
B	2			900 件								
C	3				600 件							
D	2			1 800 件								
E	1		1 200 件									

MRP 的缺陷：没有解决保证企业生产计划成功实施的问题，即没有考虑企业内部资源是否有能力实现上述计划；缺乏对完成计划所需的各种资源进行计划与保证的功能；缺乏根据计划实施实际情况的反馈信息对计划进行调整的功能。

为使系统对生产物流的控制更有效，人们把有关的能力需求、车间生产作业计划和采购等方面的情况考虑进去，形成了有反馈功能的闭环 MRP（Closed MRP），并采用计划—执行—反馈的管理逻辑，有效地对生产各项资源进行规划和控制。

（二）闭环 MRP 系统

闭环 MRP 系统是除了物料需求计划外，还将生产能力需求计划纳入 MRP，并进行作业信息反馈的封闭系统。

1. 闭环 MRP 系统原理

闭环 MRP 系统中物料需求计划是根据主生产进度计划、生产成本、生产能力以及库存等因素确定的，如图 6-15 所示。物料需求计划与生产能力需求计划确定后下达车间作业计划和采购计划，并投入生产。

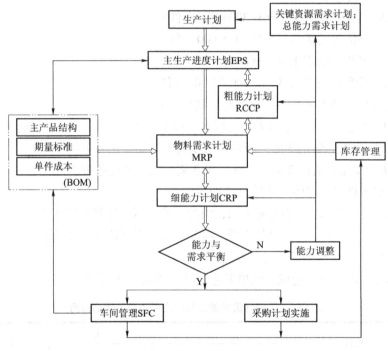

图 6-15 闭环 MRP 系统原理

2. 能力需求计划 CRP（Capacity Requirement Planning）

能力需求计划是反映制造某项"物料"加工方法及加工次序的文件。它说明加工和装配的工作顺序、每道工序的各项时间定额及外协工序的时间和费用等。

3. 零部件作业计划的工作内容

（1）车间订单下达。

（2）作业排序。

（3）投入产出控制。

（4）作业信息反馈。

（三）制造资源计划 MRP Ⅱ

为克服 MRP 及闭环 MRP 仅用实物量指标反映系统的投入而不反映系统产出的缺点，人们把与 MRP 各过程有关的财务状况反映进来，拓展了闭环 MRP 的功能，并将其称为制造资源计划 MRP Ⅱ（Manufacturing Resources Planning）。MRP Ⅱ 是在 20 世纪 80 年代初开始发展起来的一种资源协调系统，代表了一种新的生产管理思想。

1. MRP Ⅱ 系统的基本原理

MRP Ⅱ 系统是在闭环 MRP 系统的基础上进一步扩展，将市场预测、生产计划、物料需求、能力需求、库存控制、车间管理、产品销售以及财务管理有机结合的完整的经营生产管理计划体系，其系统原理如图 6-16 所示。MRP Ⅱ 不仅提供了产品所需的原材料和零部件，还提供了生产时间、机器运转时间和财务状况等信息。

2. MRP Ⅱ 系统的优缺点

（1）优点：可在周密的计划下有效地利用各种制造资源，控制资金占用，缩短生产周期，降低成本，提高生产率，实现企业制造资源的整体优化。

（2）缺点：缺乏与外部的整合，仅适于传统的制造业。

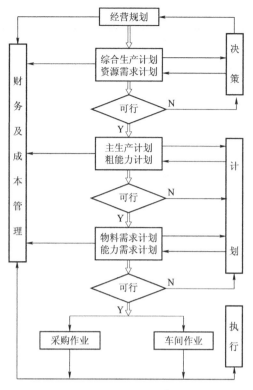

图 6-16　MRP Ⅱ 系统原理

二、任务实施

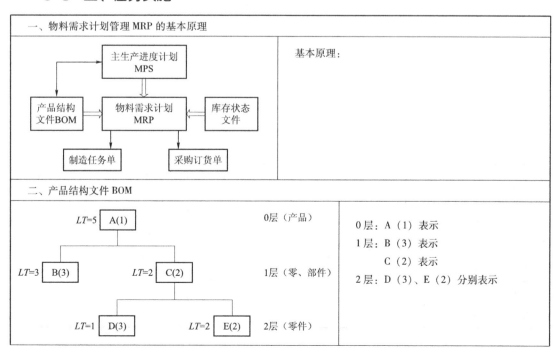

续表

三、MRP 系统适用范围
该系统适用于：   (1)　　　　　　　　　　　　　　(2)   (3)　　　　　　　　　　　　　　(4)
四、闭环 MRP 系统的特点
其特点是：
五、制造资源计划 MRP Ⅱ 的特点
其特点是：

三、任务评价

专业班级：	姓名：	学号：	
专业（知识/技能）收获		（非专业）能力素质收获	
评价考核项目	自我评价	小组评价	教师评价
已掌握物料需求计划管理 MRP			
课外学习时间（学时）			
工作态度（课堂、课后任务完成情况）			
合作意识及协调能力			
正确表达及沟通能力			
自律能力（缺勤/旷课/迟到/违纪次数）			

任务6.5 认识目视管理

一、知识准备

看板是表示企业生产进度、物流、产品质量和成本等信息的卡片,是一种精简的、传递生产状况信息的板块,是一种管理工具。

看板管理是通过各类板块显示出希望管理的项目,使管理状况众人皆知,以此来营造企业内部竞争氛围的透明管理方法。

(一)认识看板管理

看板管理,常称作"Kanban 管理"(来自日语罗马拼写:Kanban;原名:传票卡),是丰田生产模式中的重要概念,是为了达到准时生产方式(JIT)控制现场生产流程的工具。

看板的含义:看就是用目视、观看来获得信息;板就是平面、板状物,用来显示信息。

1. 看板的分类

(1)按形状分:即看板的外观形态,通常有方形、圆形、三角形、椭圆形、菱形、多边形和其他不规则形状(包括像物形)。

(2)按材质分:即构成看板的材料成分,通常有板材(包括木质、塑料、硬纸和金属等各种板状物)、显示设备、电光、布料和软纸等。

(3)按用途分:根据用途看板可分为工作类看板、后勤类看板等,如图 6-17 所示。

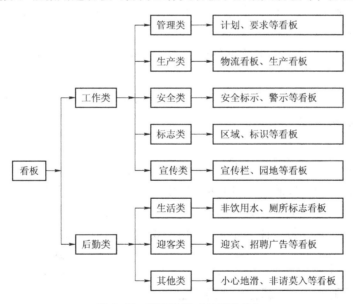

图 6-17 看板分类(按用途分)

(4)按状态分:即指看板在安装完成后所处的可以观看的形态,通常有动态、发光、不发光等几种。

(5)按习惯分:即人们使用和冠名看板的习性,随人文地理的差异而不同,通常有白板、黑板、专栏、屏幕、条幅、匾、牌、盘、卡、票、表单、贴纸、标签、影子和反射板等。

2. 看板的特点

(1) 直接。看板会把相关的信息内容直接展示出来。

(2) 方便。大家都可以不受时间限制去处理问题，自行安排制作和阅读。

(3) 实用。看板管理是一种投资最少、效果最好、最实用和最实惠的管理方法。

(4) 不易保存。这是看板的弱点。

3. 看板的作用

(1) 信息资源共享。看板是一种公开化的管理，所有管理信息被透明化了，成为人们共享的资源。

(2) 促成统一意识。企业运营的各种信息通过看板传递，既准确又迅速，还能避免以话传话或传达遗漏等问题。另外，每个人都有自己的见解和看法，企业可以通过看板引导大家统一认识，朝共同目标前进。

(3) 宣传、鞭策，帮助管理。看板上的数据、计划揭示便于管理者判定、决策和指挥生产，已经揭示公布出来的信息，起自觉宣传和潜意识地督促作用，当进度跟不上时也会形成压力，从而强化管理人员的责任心。

(4) 强势宣传，形成改善意识。展示改进的过程，激发人员的奋斗意识和进取心，让大家都能学到好的方法和技巧；展示改善业绩，让参与者有成就感和自豪感。

(5) 保优贬劣，营造竞争氛围。

① 明确管理状况，营造有形和无形的压力，有利于工作的推进。

② 工作成绩通过看板一目了然地揭示出差的、一般的和优秀的班组等，起到激励先进和促进后进的作用。

③ 以业绩为尺度，使业绩考核更公正、公开、透明化，促进公平竞争，防止绩效考核中人为的偏差。

④ 让员工了解公司绩效考核的公正性，积极参与正当的公平竞争，使现场活力化。

(二) 生产看板管理

1. 生产看板管理的概念

生产看板管理是从结果入手，从最后一道生产工序开始往前推进，每一道工序都把后一道工序看成自己的用户，按照用户的需要进行生产，而用户把自己的需要详细地写在一块醒目的板上，这样就可以用看板来控制整个生产过程，如图 6-18 所示。看板是 JIT 生产方式中独具特色的管理工具，是一种投资少、实用、效果好的管理方法。

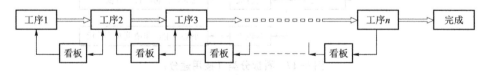

图 6-18 看板管理示意图

(1) 生产看板管理的作用。

① 生产以及运送工作指令。生产企业根据市场预测及订货而制定的生产指令下达到总装配线，而各道前工序的生产都根据看板来进行。看板中记载着生产和运送产品的数量、时

间、目的地、放置场所和搬运工具等信息，从装配工序逐次向前工序追溯。

在装配线将所使用的零部件上所带的看板取下，以此再去前一道工序领取。前工序则只生产被这些看板所领走的量，即"后工序领取"及"适时适量生产"就是通过这些看板来实现的。生产及运送工作指令是看板最基本的功能。

② 防止过量生产和过量运送。看板必须按照既定的运用规则来使用，其中的规则之一是："没有看板不能生产，也不能运送"。根据这一规则，各工序如果没有看板，就既不进行生产，也不进行运送；看板数量减少，则生产量也相应减少。由于看板所标示的只是必要的量，因此运用看板能够做到防止过量生产和过量运送。

③ 进行"目视管理"的工具。看板的另一条运用规则是"看板必须附在实物上存放""前工序按照看板取下的顺序进行生产"。根据这一规则，作业现场的管理人员对生产的优先顺序能够一目了然，很容易管理。只要通过看板所表示的信息，就可知道后工序的作业进展情况、本工序的生产能力利用情况、库存情况以及人员的配置情况等。

④ 改进生产的工具。看板的改善功能主要通过减少看板的数量来实现。看板数量的减少意味着工序间在制品库存量的减少。在JIT生产方式中，通常通过不断减少数量来减少在制品库存，有问题的工序必然会有大量看板堆积，从而很容易使问题暴露出来。只有暴露出问题，才能真正解决问题，这就解决了由于过量生产造成隐藏问题的弊病。然后随着库存的压缩，不断减少看板发放量，再暴露问题，再解决问题，从而进入一个良性循环状态。

（2）生产看板管理的分类。

生产看板的本质是在需要的时间，按需要的量对所需零部件发出生产指令的一种信息卡片，而实现这一功能的形式是多种多样的。生产类看板总体上分为三大类：物流看板、生产看板和临时看板，如图6-19所示。

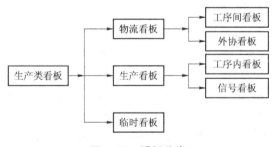

图6-19 看板分类

① 工序间看板。工序间看板是指当工厂内部后工序到前工序领取所需的零部件时所使用的看板。

② 外协看板。外协看板是针对外部的协作厂家所使用的看板。对外订货看板上必须记载进货单位的名称和进货时间及每次进货的数量等信息。外协看板与工序间看板类似，只是前工序不是内部的工序而是供应商，通过外协看板的方式，可从最后一道工序慢慢往前拉动，直至供应商。

③ 工序内看板。工序内看板是指某工序进行加工时所用的看板。这种看板用于装配线以及即使生产多种产品也不需要实质性作业更换时间（作业更换时间接近于零）的工序，例如机械加工工序等。

④ 信号看板。信号看板是在不得不进行成批生产的工序之间所使用的看板。例如树脂成形工序、模锻工序等。信号看板挂在成批制作出的产品上，当该批产品的数量减少到基准数时摘下看板，送回生产工序，然后生产工序按该看板的指示开始生产。另外，从零部件出库到生产工序，也可利用信号看板来进行指示配送。

⑤ 临时看板。临时看板是在进行设备保全、设备修理、临时任务或需要加班生产时所使用的看板。与其他种类的看板不同的是，临时看板主要是为了完成非计划内的生产或设备维护等任务，因而灵活性比较大。

（3）物流看板管理运行的要求。

① 零件上线必须定人、定车、定容器（定包装容量）和定路线。

② 直接看板的零件要求免检。

（4）看板的优缺点。

看板的优点：

① 自动循环，控制简单，不易产生缺件。

② 对信息系统依赖性低，可实行手工管理。

③ 减少库存。

④ 按需生产有利于优化库存，快速应变。供应者能了解用户的实际消耗数量和速度，有利于优化生产，建立供应者和用户的默契合作关系，不易缺件和多供。

看板的缺点：

① 不能实行按计划限量发料。

② 生产线旁边摆放的零件多，多品种、多颜色零件的装配工位易造成拥挤。

③ 不能区别各种零件 A、B 点供应商。

2. 生产看板管理应遵守的操作规则

生产看板管理必须严格遵守操作规则，否则就起不到应有的效果。

（1）后工序向前工序取用物品。后工序领取物品时应注意：不允许没有看板领取物品；不允许领取看板所示之外的数量，即仅取走其生产所需的零件数量。如果后工序违反这项规定而任意取零件，就会造成前工序生产不稳定，看板生产方式也就失去了意义。

（2）前工序只生产后工序所需的物品。前工序应依看板所示的顺序和数量生产，凡是生产出后工序不需要的任何物品，都将使库存增加，导致产品成本提高。

（3）没有看板绝不生产，也绝不搬运。如果后工序能严格遵守没有看板时不领取物品的看板规则或不超量领取，那么相对地，生产过剩的现象将不会发生。

（4）看板应附在实物上一起流动。看见没有看板的实物流动，可以立刻发现非常规的动作，并及时地去制止与改正。

（5）不良品不要流向后续工程。随看板流动的零部件或产品应保证其质量。所谓不良品就是不合格的产品，不良品的产生是对财力、物力、设备和劳力的浪费。若有不良品随看板流向后工序，导致其后续的质量受到影响，则质检和返修等方面都将增加成本。因此，发现了不良品，应及时检讨，提出对策，以防止进一步浪费。

（6）定期地进行修正看板的发行数量。生产随着市场的拉动而变化，为维持生产的均衡化，定期进行看板数量的维护，以保证最优的节拍，这也是需要注意的。

看板只有在工序一体化、生产均衡化和生产同步化的前提下，遵循上述操作规则，才能发挥应有的作用。

3. 生产看板的使用方法

生产看板有若干种类，因而看板的使用方法也不尽相同。如果制定看板的使用方法不周密，生产就无法正常进行。在使用物流看板时，每一个物流看板只对应一种零部件，每种零部件总是存放在规定的、相应的容器内。因此，每个传送看板对应的容器也是一定的。

（1）工序内看板的使用方法。

工序内看板的使用方法中最重要的一点是看板必须随实物，即与产品一起移动。后工序来领取中间品时摘下挂在产品上的工序内看板，然后挂上领取用的工序间看板。该工序按照看板被摘下的顺序以及这些看板所表示的数量进行生产，如果摘下的看板数量变为零，则停止生产，这样既不会延误也不会产生过量的存储。

（2）信号看板的使用方法。

信号看板一般挂在成批制作出的产品上面。如果该批产品的数量减少到基准数，就摘下看板，送回到生产工序，然后生产工序按照该看板的指示开始生产。若没有摘下看板，则说明数量足够，不需要再生产。

（3）工序间看板的使用方法。

工序间看板挂在从前工序领来的零部件的箱子上，当该零部件被使用后，取下看板，放到设置在作业场地的看板回收箱内。看板回收箱中的工序间看板所表示的意思是"该零件已被使用，请补充"。现场管理人员定时回收看板，集中起来后再分送到各个相应的前工序，以便领取需要补充的零部件。

（4）外协看板的使用方法。

外协看板的摘下与回收和工序间看板基本相同。看板回收以后，按各协作厂家分开，等各协作厂家人员来送货时由他们带回去，成为该厂下次生产的生产指示。在这种情况下，该批产品的进货至少将会延迟一次以上。

4. 生产看板运用中常犯的错误及注意事项

在运用生产看板时容易犯的错误及注意事项如表6-6和表6-7所示。

表6-6 看板运用中常犯的错误

序号	常出现的错误	责任人
1	没有在拿取第一个部件之前摘掉看板	生产作业人员
2	摘掉的看板没有放在看板回收袋中，造成看板丢失	生产作业人员
3	忘记摘看板，造成看板和空箱一起被返回厂家	生产作业人员
4	看板回收不及时，造成看板晚发出	看板回收人员
5	大体积部件（无看板袋）被运送上线时看板跌落，造成看板丢失	看板回收人员

表6-7 看板运用中注意事项

序号	注意事项	责任人
1	将零件运送上线时，应小心，不要把看板弄丢	物流人员
2	一定要在拿取整箱部件的第一个部件之前摘看板	生产作业人员
3	摘掉的看板要及时放到看板回收箱内	生产作业人员

续表

序号	注意事项	责任人
4	发现零件箱上没有插看板或看板与部件不符，要及时通知班长	生产作业人员
5	一旦发生未按时摘看板情况，不要自行处理，要及时通知班长或物流人员	生产作业人员

5. 适时改进看板

为了充分发挥看板的效能，应及时更新看板内容，以确保符合工艺、技术和管理标准，同时还要创新格式，以保持新颖性和新潮性。在下列情况应适时更新看板内容：

（1）产品更新换代时，要根据新产品的工艺要求更新。

（2）推行新的管理体系时，要按标准要求改进。

（3）优化组合业务流程时，要按新流程改进。

（三）目视管理

1. 目视管理概念

目视管理是一种利用形象直观、色彩适宜的各种视觉感知信息来组织生产活动，以达到提高劳动生产率的管理方法。它是以视觉信息为基本手段，以公开化为基本原则，尽可能地将管理者的要求和意图让大家都看得见，以推动自主管理和自我控制。所以目视管理是一种以公开化和视觉显示为特征的管理方式，也可称为"看得见的管理"。

（1）目视管理的特点。目视管理是"一目了然的管理"，它包括对管理对象正常和异常的明确表示，具有以下特点。

① 信息公开。目视管理是公开化的管理，所传递的信息是公开的信息。因此，可以减少或杜绝信息"失真"，使每个人都能做到心中有数。

② 自主管理。实施目视管理，即使部门之间、全员之间并不相互了解，但通过眼睛观察就能正确地把握企业的运行状况，判断工作的正常与异常，即能够实现"自主管理"的目的，省却了许多无谓的请示、命令、询问，使得管理系统能高效率地运作。

③ 管理面宽。凡是用眼睛可以看得到的地方都可以实施目视管理。例如，在空调的出风口系一根飘带，以判断是否有风；在转轮上刷一点醒目的油漆做标记，以判断是否转动；在玻璃门上贴一些彩画，以防止碰人，等等。

④ 不宜用于保密性管理。目视管理是透明化的管理方式，不宜用于管理那些具有机密特性的事项。

（2）目视管理与看板管理的关系。在企业经营管理中，目视管理和看板管理是缺一不可的管理措施。目视是管理方法，看板是管理工具，目视管理依靠看板来实现，如图6-20所示。

2. 目视管理的要求

（1）看板外观要求。

① 大小适宜：根据不同场合，选择合适的标识尺寸。

② 在形状美观的基础上标新立异，易于吸引员工的注意力。

③ 主体物、标示字符的颜色要分明、协调，并选择适宜的字体和字号。

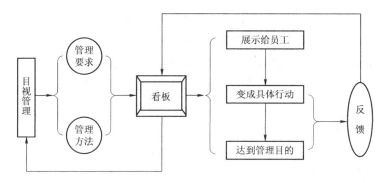

图 6-20 目视管理与看板管理的关系

④ 兼顾总体环境的协调性和标示性的一致性，并迎合大多数人的习惯和喜好。
⑤ 最好能单独标识，减少兼顾的机会，以便提高目视率。
（2）标示内容应具备的特点。
① 全部内容要显得简洁，措辞高雅、大方。
② 注重人文精神的影响，确保与企业文化及其底蕴相融合。
③ 词语必须通俗、易懂，能点准要害。
④ 必要时应适当搭配形象的图案。
⑤ 多用普通话，少用方言或古文。
（3）看板的设置应确保在预设范围内能看清楚。
① 对于宽大的现场（如车间），应选择显眼的位置进行标示。
② 设置高度：标示中心点的高度应以与普通人的眼睛对齐为宜。
③ 设置距离：根据现场的实际空间，设定能有效目睹的距离。
（4）物流看板的设定位置。
① 优先把标示设置在被标示的物品上。
② 对于很小的物品（如散装螺丝），应设法用容器进行标示。

3. 目视管理的应用

在目视管理中，各种看板应充分利用人们对颜色的敏感性，提高视觉效果及防呆和防错效应，调和工作气氛，减少人员单调感。几种常用颜色的特点如下：

红色：穿透性好，醒目，易于被人们发现；

黄色：对比性最好；

蓝色：显得庄重、谨慎，尤其当与白色对比配合时。

绿色：显得平和、悦目，具有舒适、恬静、安全等心理效应，常用作提示安全的信息。

（1）红牌战术。红牌用来警戒人员不符合要求的行为。
① 指出需要整理的物品、机器、设备和工具等。
② 对改善不力的事项发出警告，要求期限改善。
③ 对改善失效行为做出处罚，要求期限整改。
④ 指出需要严格管理的范围。
（2）黄线警戒。黄色的警戒线通常用来表示某种特定区域或提示该处有异常、有危险，

要求工作人员要提高警惕性，并谨慎作业。警戒线的类别有：

① 生产运作警戒区：表示该区域不能擅自进入。

② 物料放置区域界限：提醒工作人员摆放物品时不要越界。

③ 安全警戒线：提示进入该区域的工作人员要特别注意安全。

（3）红线截止。红色表示禁止。

① 不符合要求的任何物品或状态。

② 最大极限标志，如高度、重量、长度等的极限量。

③ 封锁或禁止使用的区域、物品。

④ 被隔离的区域和存在危险的区域。

（4）警示灯。警示灯通常用不同颜色的灯光表示特定的意思：

① 红灯表示情况危急或停止状态。

② 绿灯表示情况允许或正常稳态。

③ 黄灯表示有异常情况，需要引起注意或尽快采取措施。

④ 白灯一般表示检验状态，较少用，除非专用。

⑤ 蓝灯表示特殊控制状态，一般专门使用。

⑥ 灯灭表示警示系统停止工作或故障。

（5）宣传与告示栏。宣传栏起学习与宣传的作用，目的是给工作人员提供一个开放式的信息交流平台，以便领悟新知识，加强沟通。

告示栏起通知、通报和传达信息的作用，通常用来告知工作人员那些不具有严重影响性的信息，起到公开、公平和快捷的作用。

（6）生产指令板。显示生产计划任务与实际完成状况信息或反映所发生的生产问题点与改善状况的看板。

① 生产计划看板：用来显示当前或近期的生产计划。

② 生产管理板：显示生产线的生产状况。

③ 品质现况板：显示当前车间里各班组或生产线的品质状态。

④ 物品转移板：显示物料或产品的移动状态。

⑤ 曝光板：暴露生产现场那些具有严重影响的事件。

（7）作业标准书。作业标准书也叫工艺看板，即用看板的形式把相关制造标准展示出来。

① 生产流程指示图、布局图。

② 作业指导书或工艺标准书及其样板。

③ 关键环节控制示意图。

4. 常用生产线看板的制作方法

（1）看板制作材料。一般采用白板、黑板或玻璃板。

（2）制作方式。制成黑白两色的表格形式；把格式和表头用油性笔画出来，并确保其较为显眼且不易擦掉。

（3）安装位置。安装在生产线的头部或尾部，也可以独立放置于车间的适当位置。

(4) 主要类别和内容。生产进行现况，主要事项说明，通告；内容可以包括生产计划与实绩，本日重点事项说明或是否加班的通告。

(5) 风格特点。美观、大方、清楚、易看。

(6) 管理责任。

由担当人员或生产线线长负责管理。

管理事项：及时填写新内容，清洁，维护。

(7) 报废措施。

报废过程：由担当人员或生产线线长除去旧内容。

报废方法：用擦子或棉球擦掉。

(8) 用途与意义。把生产现况公开化；让生产关联人员感觉到生产动态，并产生某种压力。

(9) 注意事项。注意所公布的制度内容要符合实际，如情况严重时要及时向上级报告。

(10) 格式要求。生产线看板的格式如图 6-21 所示。

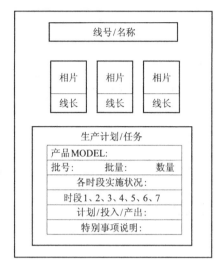

图 6-21 生产线看板的格式

二、任务实施

一、目视管理
目视管理是一种利用形象直观、色彩适宜的各种视觉感知信息来组织生产活动，以达到提高劳动生产率的管理方法。

二、目视管理与看板管理的关系	
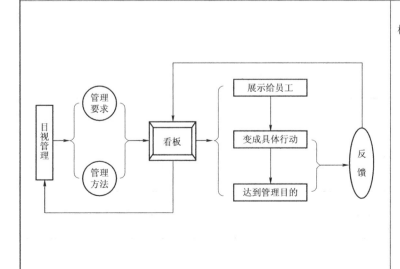	在企业经营管理中目视管理和看板管理是：

续表

三、看板外观要求
(1)
(2)
(3)
(4)
(5)
四、标示内容应具备的特点
(1)
(2)
(3)
(4)
(5)
五、作业标准书
作业标准书也叫工艺看板，就是用看板的形式把相关制造标准展示出来：
(1)
(2)
(3)

三、任务评价

专业班级：　　　　　　姓名：　　　　　　学号：

专业（知识/技能）收获		（非专业）能力素质收获		
评价考核项目		自我评价	小组评价	教师评价
掌握目视管理的程度				
课外学习时间（学时）				
工作态度（课堂、课后任务完成情况）				
合作意识及协调能力				
正确表达及沟通能力				
自律能力（缺勤/旷课/迟到/违纪次数）				

模块 7

汽车性能试验

学习目标

通过本模块的学习应了解汽车整车试验的作用、分类及试验项目；掌握试验条件、试验设备及其使用方法；掌握各种试验的评价指标及数据处理方法；熟练掌握汽车动力性能试验、燃料经济性试验、制动性能试验和操纵稳定性试验等各种试验的试验方法及试验注意事项。

任务7.1 认识汽车试验的分类、试验项目及一般试验条件

一、知识准备

试验是在理论的指导下，有目的地寻求发现和验证的实践活动。理论为设计提供方法，试验为设计提供依据并对设计出的产品进行验证。在工程技术中，任何一个成功的产品都是设计和实验密切结合的产物。

（一）汽车试验的作用

汽车是结构复杂、品种多、产量大、使用条件复杂，对产品的性能、寿命等方面要求高的机械产品，任何设计制造缺陷都可能造成严重的后果。因此，必须通过试验检验产品设计思想的正确性、设计结构的先进性、制造工艺的合理性、使用与维修的方便性及各总成、部件的工作可靠性。汽车技术的发展与试验研究工作密切相关，试验研究工作已成为汽车产业相互竞争的重要手段。

（二）汽车试验的分类

汽车试验按试验目的可分为质量检查试验、新产品定型试验、研究性试验和整车性能试验；按试验对象可分为整车性能试验、总成试验和零部件试验；按试验场所可分为室内台架

试验、汽车试验场试验和室外道路试验等。

1. 室内台架试验

室内台架试验不受环境的影响，并可 24 小时连续进行试验，因此，它特别适合于汽车性能的对比试验和可靠性、耐久性试验。室内台架试验的突出特点是试验效率高。室内台架试验不仅适用于汽车的总成部件，也适用于汽车整车。

2. 汽车试验场试验

汽车试验场上可以设置各种不同的路面，如扭曲路面、比利时砌石路面、高速环道及汽车性能试验专用跑道等。在汽车试验场上可在不受道路交通影响的情况下完成汽车各项性能试验，尤其是汽车的可靠性、耐久性及环境适应性试验。由于在汽车试验场上可以进行高强化水平的试验，因此可以大大地缩短试验周期。目前国内汽车试验场基本情况如表 7-1 所示。

表 7-1 国内汽车试验场基本情况

项　　目	一汽海南	一汽农安	二汽襄阳	总装定远	交通运输部	上海大众
地理位置	海南省琼海市	吉林省农安县	湖北省襄阳市	安徽省定远县	北京通州区	上海安亭镇
归属	一汽技术中心	一汽技术中心	襄阳汽车检测中心	中国人民解放军总装备部①	交通运输部	上海大众
建成日期	1987 年	2000 年	1992 年	1990 年	1998 年	2002 年
占地面积/km²	0.7	0.96	1.67	7.0	2.42	1.44
高速环道形状	电话听筒形	长椭圆形	长椭圆形	长椭圆形	长椭圆形	长椭圆形
环道数	2	3	3	3	3	3
设计平均时速/(km·h^{-1})	120	160	160	140	190	200

3. 室外道路试验

汽车产品最终都要在用户手中到不同气候、不同交通状况、不同道路条件的各种路面上去行驶。欲使汽车的各项性能全面满足实际使用要求，就必须到实际的道路上进行考核。因此，任何一种新开发出来的汽车产品都必须经历室内的台架试验、汽车试验场试验及室外道路试验这一复杂的试验过程。

（三）汽车整车试验项目

检测汽车技术状况的主要项目有汽车运行中的动力性、经济性、制动性、操纵稳定性、行驶平顺性和安全性等内容。

（四）一般试验条件

汽车试验种类很多，各项试验中所要求的试验条件也不尽相同，但各项试验中的大多数试验条件是通用的，这些共性的试验条件归纳起来就称为一般试验条件。

1. 装载质量

除了特殊规定外，试验车在试验时都应处在该车的厂定最大装载质量状态或最大总质量

---

① 2016 年 1 月，中国人民解放军总装备部重新分开并组建为中央军委装备发展部。

状态，应符合 GB/T 5910—1998 轿车质量分布的规定：人均质量 68 kg，人均行李质量 7 kg。人和行李质量可用重物代替。

2. 车辆装备及试验仪器

试验车的各总成及零部件必须齐全有效，特别是备胎和随车工具等附属装置必须放在规定的位置上。试验仪器、设备须经计量检定，即使用前应调整、标定，使之符合精度要求。对于在车上使用的仪器，应选择合适的位置，并固定牢靠。仪器质量应作为乘员质量的一部分。

3. 轮胎及气压

轮胎规格型号应符合技术条件规定，轮胎花纹应为原始花纹深度的 90%~50%。轮胎气压对试验数据的准确性影响很大，在进行试验之前，应使轮胎充气压力在冷态时符合该车技术条件规定，误差不超过+10 kPa。

4. 燃料、润滑油和制动液

试验车应使用符合该车技术条件中所规定的燃料、润滑油和制动液。除可靠性行驶试验、耐久性道路试验及使用试验等无法控制的情况外，同一次试验的各项性能测定必须使用同一批生产的燃料、润滑油和制动液。使用不同的燃料、润滑油和制动液将影响动力性、燃料经济性的试验数据。

5. 试验车调整、保养和修理工作的要求

在整个试验期间，应根据汽车的技术条件或使用说明书进行技术保养，不允许任意调整、更换、保养及修理，且必须对调整、保修工作进行详细记录。

6. 预热行驶

在进行性能试验之前，必须进行预热行驶，以使汽车各总成的热状态在试验时符合汽车技术条件的规定，并保持稳定。其目的是使燃料雾化良好，燃烧完全；降低发动机和底盘的内摩擦损失；使轮胎达到热状态。如果技术条件无规定，则试验车也应符合下列条件：

（1）发动机出水温度为 80 ℃~90 ℃。

（2）发动机润滑油温度为 50 ℃~95 ℃。

（3）变速器及主减速器润滑油温度不低于 50 ℃。

当大气温度较低时，如果预热行驶仍不能达到要求的热状态，则应采取保温措施。

7. 气象条件

气象条件对整车性能试验的试验结果影响较大，所以应严格控制。除了对气象有特殊要求的试验项目（如防雨、密封性试验等）外，都要求试验在无雨、无雾的晴天或阴天进行；风速不超过 3 m/s；气温为 0 ℃~40 ℃；相对湿度小于 95%。

8. 试验道路

除了特殊规定外，各项性能试验都应在专用试车场或飞机场跑道上进行。试验路面应平坦、坚硬、干燥、清洁，且为沥青或混凝土铺装路面；道路直线段长 2~3 km，宽不小于 8 m，纵向坡度在 0.1%以内。

9. 温控水箱风扇、空调

温控水箱风扇应按其在车辆上的正常状况工作。乘客舱的空调应关闭，而压缩机应正常工作。

10. 磨合行驶

原则上所有试验都应在磨合行驶后进行，磨合行驶规范如表7-2所示。在汽车进行正式性能试验之前，要做一系列的准备工作，即检查各参数及配置是否符合设计要求、静态装配调整质量及缺陷、动态装配调整质量及缺陷等，以保证试验的顺利进行以及试验结果的正确性。

表7-2 磨合行驶规范

序号	行驶里程/km	行驶速度/(km·h^{-1})	载荷	行驶路面	备注
1	0~1 000	50% V_{max}	空载	一般公路	行驶1 000 km更换发动机润滑油
2	1 000~2 000	75% V_{max}	半载	一般公路	—
3	2 000~3 000	—	满载	一般公路	行驶3 000 km更换发动机、传动系统润滑油及机油滤芯和空气滤芯

二、任务实施

一、汽车试验的分类	
按试验目的可分为	
按试验对象可分为	
按试验场所可分为	
二、汽车整车试验项目	
检测汽车技术状况的主要项目有：	
三、一般试验条件	
装载质量	
车辆装备及试验仪器	
轮胎及气压	
燃料、润滑油和制动液	
试验车调整、保养和修理工作的要求	
预热行驶（如果技术条件无规定）	

续表

三、一般试验条件	
气象条件	
试验道路	
温控水箱风扇、空调	

<table>
<tr><td colspan="6" align="center">磨合行驶规范</td></tr>
<tr><td>序号</td><td>行驶里程
/km</td><td>行驶速度
/(km·h^{-1})</td><td>载荷</td><td>行驶路面</td><td>备 注</td></tr>
<tr><td>1</td><td>0~1 000</td><td></td><td>空载</td><td>一般公路</td><td></td></tr>
<tr><td>2</td><td>1 000~2 000</td><td></td><td>半载</td><td>一般公路</td><td>—</td></tr>
<tr><td>3</td><td>2 000~3 000</td><td>—</td><td>满载</td><td>一般公路</td><td></td></tr>
</table>

三、任务评价

专业班级：	姓名：	学号：
专业（知识/技能）收获		（非专业）能力素质收获

评价考核项目	自我评价	小组评价	教师评价
已掌握汽车试验的分类			
已掌握汽车整车试验项目			
已掌握汽车试验的一般试验条件			
课外学习时间（学时）			
工作态度（课堂、课后任务完成情况）			
合作意识及协调能力			
正确表达及沟通能力			
自律能力（缺勤/旷课/迟到/违纪次数）			

任务7.2　了解常用汽车试验设备

在汽车整车试验中常用的设备有速度测量仪、燃油消耗量测量仪、陀螺仪、底盘测功试验机、制动试验机和整车道路模拟试验机等。下面简要介绍底盘测功试验机、制动试验机、油耗仪和五轮仪等设备的结构及工作原理。

任务7.2.1　底盘测功机的结构及使用方法

一、知识准备

汽车底盘测功机按照工作原理不同，可分为测力式、惯性式和综合式三类。测力式底盘测功机可通过模拟道路阻力直接测量汽车驱动轮输出功率或驱动力；惯性式底盘测功机可通过模拟汽车行驶惯性来测量汽车的加速能力；综合式底盘测功机兼备测力式和惯性式测功机的功能。现代汽车底盘测功机大多为综合式底盘测功机。

（一）DCG-10C 型汽车底盘测功机的结构与工作原理

底盘测功机由滚筒装置、测量装置、飞轮组件、举升器、锁定器装置、压力传感器和速度传感器等装置及控制系统组成，国产 DCG-10C 型汽车底盘测功机机械部分结构如图 7-1 所示。

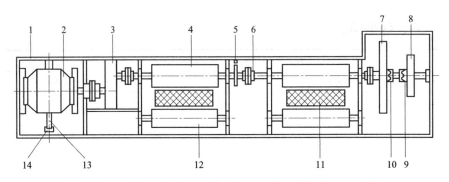

图 7-1　国产 DCG-10C 型汽车底盘测功机机械部分结构示意图

1—框架；2—电涡流测功器；3—变速器；4—主动滚筒；5—速度传感器；6—联轴器；7，8—飞轮；9，10—电磁离合器；11—举升器；12—从动滚筒；13—测力杠杆；14—压力传感器

1. 电涡流测功机的结构特点及工作原理

在滚筒式底盘测功机中，测功装置是关键设备。常用的测功机有水力测功机、电力测功机和电涡流测功机三种。三种测功机都是由转子和定子两大部分组成的，并且定子是浮动的，可以围绕中心摆动，而转子则与主滚筒相连在一起转动。在这三种测功机之中，水力测功机目前应用的较少；电力测功机的功能最强，但成本较高，更适合于科研部门和高等院校作科研使用；电涡流测功机应用最为广泛，其特点是体积小、运转平稳及测量精度较高。

电涡流测功机是用来测量旋转动力机械各种特性的试验仪器，具有结构简单、精度高、寿命长、动能反应快、稳定性好、低速扭矩大、额定转速高、可双向旋转及转子的转动惯量小等特点，适用于中小型功率电机、汽车、内燃机、燃气轮机、水轮机及工程机械、林业、矿山、石油钻采等机械设备的性能试验，是目前国内外普遍采用的新型测功机设备。电涡流测功机结构如图 7-2 所示，这种测功机主要由定子和转子两部分组成，定子四周装有励磁线圈，可以摆动；转子与试验台主动滚筒相连，在励磁线圈之间转动。励磁线圈通电，励磁绕组产生一个闭合磁通，当转子盘被拖动旋转时，转子盘切割磁力线会感应很强的涡流。涡流与励磁线圈磁场间的相互作用，将使转子盘的转动受到一定的阻力或制动转矩，而汽车驱动轮要带动涡流测功机的转子转动，就必然要消耗能量克服这种涡流阻力。通过调节励磁线圈的电流可改变磁场和涡流的强度，即可很容易地改变驱动轮的负载。

2. 测力装置工作原理

当转子转动受到电涡流的阻力矩时，定子也会受到大小相等、方向相反的力矩，所以只要测得定子所受的反力矩，就可以知道转子受到的涡流力矩。常用的测力装置如图 7-3 所示，电涡流测功机的定子是浮动安装的（可绕中心摆动），在定子表面装有一个测力杆，该测力杆压在一个压力传感器上面，当定子受到转子转动而产生的反作用力矩时，将通过测力杆对传感器施加一个压力。测力杆的长度 L 是一定的，从而可以通过传感器受的力 F 计算出汽车在各种不同工况下的驱动力。试验台的速度传感器可检测车速，通过车速与检测到的驱动力可以计算出驱动轮的输出功率。

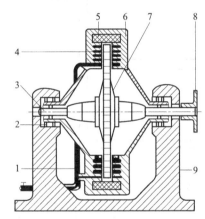

图 7-2 电涡流测功机结构示意图

1—冷却水管；2—轴承；3—主轴；4—冷却水槽；
5—励磁线圈；6—定子；7—转子；
8—联轴器；9—底座

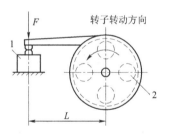

图 7-3 驱动力测试原理

1—传感器；2—定子铁芯线圈

3. 测速装置工作原理

测速装置通常为电测式，一般由速度传感器、中间处理装置和指示装置组成。速度传感器的常见形式有磁电式、光电式和测速发电机等，这些传感器安装在滚筒一端，随滚筒一起转动，从而能把滚筒的转动转变为电信号。

4. 指示装置

底盘测功机的控制装置和指示装置通常制成一体，形成柜式结构，安置在底盘测功机前方易于操作和观察的地方。国产 DCG-10C 型底盘测功机控制指示柜面板如图 7-4 所示，其上方设置了五个功能指示灯，按下功能选择键后，可以使功能指示灯从左至右依次循环发亮。当选定测试项目后，放开功能选择键，某个功能指示灯亮，表明系统处于该灯所指示的测试状态下。系统初始开机即按下复位键,系统均处于"速度校验"的测试状态(即"速度"灯亮)。

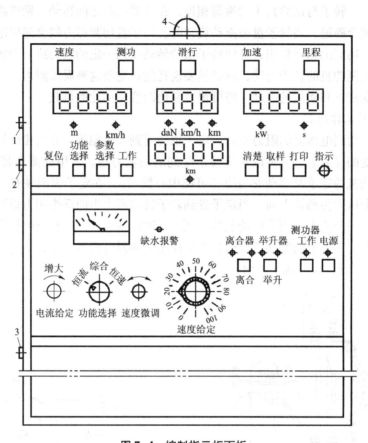

图 7-4 控制指示柜面板
1—取样盒插座;2—打印机数据线插座;3—打印机电源线插座;4—报警灯

面板中部有四个显示窗及八个计量灯,当测试项目选定后,放开功能选择键,则与测试项目对应的指示灯发亮,表明系统已进入测量状态,且测量数据及参数将出现在发亮单位灯下方的显示窗中。

指示装置仅能指示驱动车轮的驱动力,此时,驱动车轮的输出功率应根据测得的驱动力和对应的试验车速按下式计算:

$$P_k = \frac{F \cdot V}{3\,600} \tag{7-1}$$

式中,P_k——驱动轮的输出功率(kW);
F——驱动轮的驱动力(N);
V——试验速度(km/h)。

(二)底盘测功试验台的测功方法

1. 测功前的准备

(1)被检汽车的准备:汽车进行底盘测功试验之前,必须使其冷却液升至正常工作温度;将发动机供油系统和点火系统调整至最佳工作状态;检查、调整、紧固和润滑传动系统，并检查车轮的紧固情况；清洁轮胎，并检查轮胎气压是否符合规定。

（2）底盘测功试验台的准备：使用试验台之前，应按厂家规定的项目对试验台进行检查、调整、润滑；在使用过程中，要注意冷却水道畅通、仪表指针回位及举升器工作导线的接触情况，发现故障应及时排除。

2. 检测项目的选择

底盘测功试验时，应选择几个有代表性的工况测试汽车驱动轮的输出功率或驱动力。一般有下列四项（或者根据交通管理部门的要求选择要检测的项目）：

（1）发动机标定功率下驱动车轮的输出功率或驱动力。

（2）发动机最大扭矩转速下驱动轮的输出功率或驱动力。

（3）发动机部分负荷选定车速下驱动轮的输出功率或驱动力。

（4）发动机全负荷选定车速下驱动轮的输出功率或驱动力。

目前，驱动轮输出功率检测工况采用汽车发动机额定转矩和额定功率时的工况，即发动机全负荷与额定转矩转速和额定功率转速所对应的直接挡（无直接挡时，选传动比最接近于该挡位）的工况。

3. 测功方法

以双滚筒式底盘测功机为例。

（1）接通试验台电源，并根据被检车辆驱动轮输出功率的大小，将功率指示表的转换开关置于相应挡位。

（2）升起举升器的托板，使被检汽车的驱动轮尽可能与滚筒成垂直状态地停放在试验台滚筒间的举升器托板上。降下举升器托板，直到轮胎与举升器托板完全脱离为止。

（3）用三脚架抵住位于试验台滚筒之外的一对车轮的前方，以防止汽车在检测时从试验台滑出去，将冷却风扇置于被检汽车正前方，并接通电源。

（4）起动发动机，松开手制动，由低挡逐渐换入选定挡位，踩下加速踏板，同时调节测功机功率吸收装置的负荷，使发动机在全负荷情况下以额定功率相应的转速运转，待发动机转速稳定后，读取并打印驱动车轮的输出功率（或驱动力）值和车速值。

（5）保持发动机全负荷运转，调节电涡流测功机的负荷，测出额定转矩点下的驱动轮输出功率（或驱动力）值、车速值。重复检测三次，取平均值。

（6）测量驱动轮在发动机部分负荷选定车速下的输出功率或驱动力，与前述方法类似，不同点仅在于发动机选定的是在部分负荷下工作；测量不同挡位下驱动轮的输出功率或驱动力，即依次挂入每一挡位并按上述方法检测。

必须指出，挂直接挡，发动机发出额定功率时，可测得驱动轮的最大输出功率；挂1挡时，可测得驱动轮的最大驱动力。

（7）全部检测结束，待驱动轮停止转动后，移开风扇，去掉车轮前的三脚架，举起举升器的托板，将被检汽车驶离试验台。

（8）切断测功机电源，收检仪器、工具、量具等，并清洁工作现场。

（三）底盘测功机使用注意事项及维护

（1）对于国产DCG-10C型底盘测功机，不允许轴载质量大于10 t的车辆通过或进行检测；车辆或人均不允许进入试验台盖板；被测汽车的胎压应达到规定值。

(2) 车辆上台前应将车轮及底盘下部的杂物清除干净。

(3) 当前后桥驱动的汽车进行测试时，应将非测试桥的动力断开，否则不允许上台测试。

(4) 当高速测试时（80～100 km/h），应特别注意安全，高速检测的时间应小于1 min/次，测试时，一定要用挡块将非测试轮抵住或用钢丝绳将汽车拉住，并且汽车前、后严禁站人或通行。测试过程中，严禁举升器升起。

(5) 在测功过程中，发动机出现加速不良或其他事故，应立即将电流给定旋钮调到"0"位。在使用"恒电流"测功时，禁止采用低速挡测功，测功完毕后，应首先将电流给定旋钮调回"0"位。

(6) 定期检查齿轮箱油量，不足应补充。主副滚筒轴承及飞轮轴承均采用2号锂基润滑脂润滑，若发现轴承有异响应予以更换。

(7) 测功机的冷却水应干净无杂质，传感器不允许受潮。

滚筒式底盘测功试验台，除能检测驱动车轮的输出功率或驱动力外，还能校验车速表指示误差及模拟道路等速行驶、上坡行驶的油耗量。如果试验台属于惯性式，则飞轮的转动惯量能够等效（通过更换不同质量的飞轮实现）试验汽车加速时的惯性力（即加速阻力），并且还可模拟加速行驶、减速行驶、测试滑行距离和多工况试验汽车的油耗量。

还有些惯性式底盘测功试验台，在测得驱动车轮输出功率后应立即踩下离合器踏板，利用试验台对汽车的反拖，可测得传动系统消耗功率。对于这种试验台，如果将测得的同一转速下的驱动车轮输出功率与传动系消耗功率相加，即可求得这一转速下的发动机有效功率。

除上述测试项目外，凡需要汽车在运行中进行的检测与诊断项目，只要配备所需的仪器，均可在滚筒式底盘测功试验台上进行。

二、任务实施

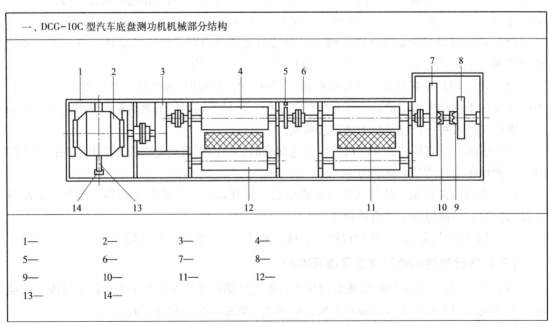

一、DCG-10C型汽车底盘测功机机械部分结构

1—　　2—　　3—　　4—
5—　　6—　　7—　　8—
9—　　10—　　11—　　12—
13—　　14—

续表

二、底盘测功机的测功方法
1. 测功前的准备 （1）被检汽车的准备： （2）底盘测功机的准备： 2. 检测项目的选择 （1） （2） （3） （4） 3. 测功方法 （1） （2） （3） （4） （5） （6） （7） （8）
三、底盘测功机使用注意事项及维护
（1） （2） （3） （4） （5） （6） （7）

三、任务评价

专业班级：　　　　　　　　姓名：　　　　　　　　学号：

专业（知识/技能）收获	（非专业）能力素质收获		
评价考核项目	自我评价	小组评价	教师评价
已掌握底盘测功机机械部分的结构			
已掌握底盘测功机的测功方法			
已掌握底盘测功机的使用注意事项及维护			
课外学习时间（学时）			
工作态度（课堂、课后任务完成情况）			
合作意识及协调能力			
正确表达及沟通能力			
自律能力（缺勤/旷课/迟到/违纪次数）			

任务7.2.2　制动试验机的结构及使用方法

一、知识准备

汽车制动试验机有多种类型，按试验机测试原理不同，分为反力式和惯性式两类；按试验机支撑车轮形式不同，可分为滚筒式和平板式两类。目前，单轴反力式滚筒制动试验台（测力式）在国内应用最为普遍。

（一）反力式滚筒制动试验机的结构

单轴反力式滚筒制动试验台的结构如图7-5所示。它由结构完全相同的左、右两套车轮制动力测试单元和一套指示控制装置组成。每一套车轮制动力测试单元由框架（有的试验台将左右测试单元由框架制成一体）、驱动装置、滚筒装置、举升装置和测量装置等组成。

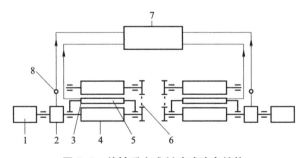

图7-5　单轴反力式制动试验台结构
1—电动机；2—减速器；3—电磁传感器；4—滚筒；
5—第三滚筒；6—链传动；7—测量指示仪表；8—测力传感器

1. 驱动装置

驱动装置由电动机、减速器和链传动组成，如图7-5所示。电动机通过减速器减速后驱动主动滚筒，主动滚筒通过链传动带动从动滚筒旋转。减速器壳与电动机壳连成一体浮动连接，电动机电枢轴与减速器输出轴分别通过滚动轴承及轴承座支承在框架上，减速器壳与电动机壳可绕支承轴线自由摆动。

2. 滚筒装置

每一车轮制动力测试单元设置一对主、从动滚筒。每个滚筒的两端分别用滚动轴承与轴承座支承在框架上，且保持两滚筒轴线平行。汽车轮胎与滚筒间的附着系数将直接影响制动试验台所能测得的制动力大小。为了增大滚筒与轮胎间的附着系数，滚筒表面都进行了相应的加工与处理，如矩形槽滚筒、表面粘砂滚筒和表面烧结滚筒等，这些滚筒表面附着系数均能达到 0.7 以上。目前采用较多的滚筒有下列 5 种：

（1）开有纵向浅槽的金属滚筒。在滚筒外圆表面沿轴向开有若干间隔均匀、有一定深度的沟槽。这种滚筒表面附着系数最高可达 0.65；在制动试验车轮抱死时，容易剥伤轮胎；当表面磨损且沾有油、水时，附着系数将急剧下降。

（2）表面沾有熔烧铝矾土砂粒的金属滚筒。这种滚筒表面无论干或湿时，其附着系数均可达到 0.8。

（3）表面具有嵌砂喷焊层的金属滚筒，喷焊层材料选用 NiCrBSi 自熔性合金粉末及钢砂。这种滚筒表面的附着系数可达 0.9 以上，其耐磨性较好。

（4）高硅合金铸铁滚筒。这种滚筒表面带槽，耐磨，附着系数可达 0.7~0.8，价格便宜。

（5）表面带有特殊水泥覆盖层的滚筒。这种滚筒比金属滚筒表面耐磨，表面附着系数可达 0.7~0.8。但其表面黏附油污与橡胶粉粒时，会使附着系数降低。

滚筒制动试验台在主、从动滚筒之间设置一直径较小，且既可自转又可上下摆动的第三滚筒，平时由弹簧使其保持在最高位置，而在设置有第三滚筒的制动试验台上大多取消了举升装置。在第三滚筒上装有转速传感器。在检测时，被检车辆的车轮置于主、从动滚筒上的同时压下第三滚筒，并与其保持可靠接触。控制装置通过转速传感器即可获知被测车轮的转动情况。当被检车轮制动，转速下降至接近抱死时，控制装置根据转速传感器送出的相应电信号使驱动电动机停止转动，以防止滚筒剥伤轮胎和保护驱动电动机。

3. 制动力测量装置

制动力测量装置主要由测力杠杆和传感器组成，如图 7-6 所示。测力杠杆一端与传感器连接，另一端与减速器壳体连接，被测车轮制动时测力杠杆与减速器壳体一起绕主动滚筒轴线摆动，传感器将测力杠杆传来的、与制动力成比例的力转变成电信号输送到指示、控制装置。传感器有应变测力式、自整角电动机式、电位计式和差动变压器式等多种类型。日本式制动试验台多采用自整角电机式传感器，而欧洲式以及近期国产制动试验台多用应变测力式传感器。

4. 指示与控制装置

制动力指示装置有指针式和数字显示式两种。指针式指示仪表有单针式和双针式两种形式。制动试验台控制装

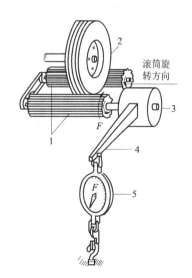

图 7-6 测量制动力示意图

1—滚筒；2—车轮；3—电动机；
4—杠杆；5—测力传感器

置一般采用电子式。为提高自动化与智能化程度，有的控制装置中配置有计算机。带计算机的控制装置多配置数字显示器，但也有配置指针式指示仪表的。带计算机的指示与控制装置主要由计算机、放大器、A/D 转换器、数字显示器和打印机等组成。目前指示装置正在向大型点阵显示屏或大表盘、大刻度方向发展，以使检测人员在较远距离也能准确读取数据。

（二）滚筒制动试验机的技术要求

1. 外观及性能

（1）车速台应有清晰的铭牌标志。

（2）当显示仪板为数显时，显示应正确、清晰，示值保留时间不少于 8 s；配有打印装置时，其打印结果应清除，不应有缺笔短画的现象。

（3）当显示仪表为指针式时，表盘应清晰，指针应运行平稳，不允许有松动和弯曲现象。

（4）机械、电气部分应完整无损，工作安全可靠，无异响、漏气、漏油现象。

（5）滚筒表面完好，转动自如，滚筒表面附着系数不低于 0.65。

（6）齿槽式滚筒表面不允许有损伤及损坏轮胎的锐利部分。

（7）粘结式滚筒，占滚筒全长 80% 的中段圆柱表面不允许有成片的剥落现象。

2. 零值允许误差

指针式不大于 $1/2d$，数显式不大于 $2d$（d 为实际分度值）。

3. 示值允许误差

（1）当制动力大于 $0.007\,5mg$（m——制动台额定承载质量；g——重力加速度）时，误差不应超过各检定给定值的 $\pm5\%$。

（2）当制动力不大于 $0.007\,5mg$ 时，误差不应超过检定给定值的 $\pm0.5\%$。

（3）在同一制动力的作用下，左、右制动示值误差间不应超过 3%。

（三）使用方法

反力式滚筒制动试验台的型号不同，其使用方法也有所不同，在使用前一定要认真阅读试验台的《使用说明书》，按照《使用说明书》的规定进行正确操作。制动试验台的使用方法如下：

1. 试验台的准备

（1）检查试验台滚筒上有无泥、水、油等杂物，如有则应清除干净。

（2）使滚筒在无负荷状态下运转，检查并调整仪表指针零位。

（3）设有举升器时，检查举升器动作是否灵活、能否起升到位，否则应进行检修。

（4）检查各指示灯工作是否正常。

（5）检查各种导线有无损伤或接触不良现象。

2. 被测车辆的准备

（1）核实汽车各轴轴重，确保被测汽车车轴轴重在试验台允许载荷范围内。

（2）检查轮胎是否粘有泥、水、油污等杂物，要特别注意检查轮胎花纹内或后轴双轮胎间有无嵌入的小石子与石块，若有应清除干净。

（3）检查轮胎气压，使其符合出厂规定值。

3. 测试步骤

（1）接通试验台总电源，按说明书要求预热至规定时间。

(2)汽车从其纵向中心线与滚筒轴线垂直的方向驶入试验台。先前轴,再后轴,使车轮处于两滚筒之间的举升平板上。

(3)汽车停稳后,变速器置于空挡位置,脚、手制动处于放松状态,能测制动协调时间的试验台还应将脚踏开关套装在制动踏板上。

(4)降下举升平板,至轮胎与举升平板完全脱离为止。

(5)起动电动机,使滚筒带动车轮旋转,待转速稳定后,从仪表上读取车轮阻滞力数值。

(6)踩下制动踏板,从指示仪表上读取最大制动力值,并打印检测结果,一般试验台在1.5~3.0s后或在第三滚筒发出车轮即将抱死的信号后滚筒自动停转。

(7)升起举升平板,驶出已测车辆,按上述相同方法继续进行其他车轮的检测。

(8)前、后轮的制动力检测完后,拉动手制动拉杆,从指示仪表上读取最大制动力值。

(9)所有车轴的脚制动及驻车制动性能检测完毕后,升起举升平板,汽车驶出试验台,切断试验台总电源。

二、任务实施

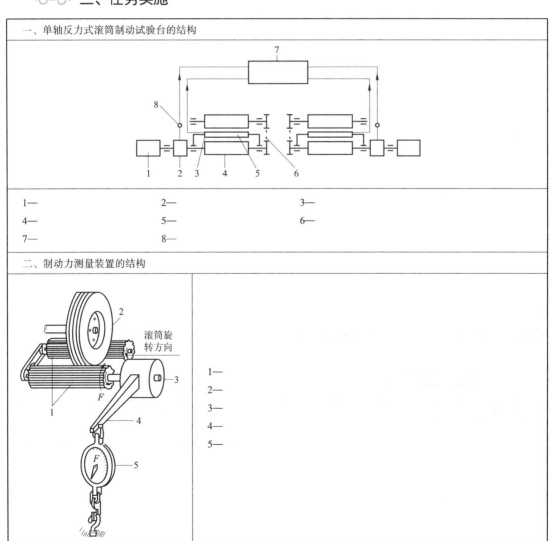

一、单轴反力式滚筒制动试验台的结构
1— 2— 3—   4— 5— 6—   7— 8—

二、制动力测量装置的结构
1—   2—   3—   4—   5—

续表

三、反力式滚筒制动试验台的使用方法
1. 试验台的准备
(1)
(2)
(3)
(4)
(5)
2. 被测车辆的准备
(1)
(2)
(3)
3. 测试步骤
(1)
(2)
(3)
(4)
(5)
(6)
(7)
(8)
(9)

三、任务评价

专业班级：	姓名：	学号：
专业（知识/技能）收获		（非专业）能力素质收获

续表

评价考核项目	自我评价	小组评价	教师评价
已掌握单轴反力式滚筒制动试验台的结构			
已掌握反力式滚筒制动试验台的使用方法			
课外学习时间（学时）			
工作态度（课堂、课后任务完成情况）			
合作意识及协调能力			
正确表达及沟通能力			
自律能力（缺勤/旷课/迟到/违纪次数）			

任务 7.2.3　五轮仪的结构及使用方法

一、知识准备

由于汽车上的检测仪器仪表精度较低，加上受传动系统、车轴载荷、轮胎气压及其磨损程度等因素的影响，故所测得行驶距离和速度误差较大。为了排除这些因素对测量精度的影响，可在车辆旁边或后边附加一个测量用的轮子，即五轮仪。这个轮子是从动轮，行驶中无滑动，故能在平坦的路面上准确地测量行驶距离、时间和速度。

五轮仪可分为非接触式五轮仪和接触式五轮仪两种。

（一）五轮仪结构与工作原理

五轮仪由传感部分和记录部分组成，并附带一个脚踏开关。传感部分与记录部分由导线相连，脚踏开关带有触点的一端套在制动踏板上，另一端插接在记录仪上，如图 7-7 所示。

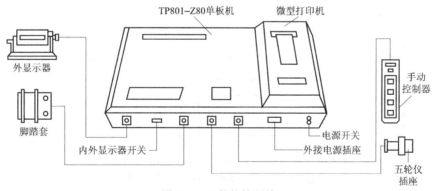

图 7-7　五轮仪控制箱

1. 传感部分

传感部分一般由轮子、传感器、支架、减震器和连接装置等组成，如图 7-8 所示。其作用是把汽车行驶的距离变成电信号。常用的传感器有电磁式和光电式等。

电磁传感器安装在轮子的中心，由磁环、内齿环、外齿盘、圆盘和车轴等组成闭合磁回路。当五轮仪旋转时，内齿环与外齿盘的齿顶相对位置发生变化，即内、外齿的间隙发生变化。这时磁路的磁阻产生变化，即通过线圈的磁通量发生变化，这样就能通过线圈两端输出近似正弦波的信号。国产 WLY-5 型微机五轮仪使用的外齿盘上加工有 176 个齿，即当轮子

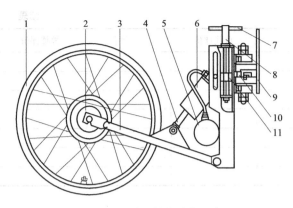

图 7-8 接触式五轮仪结构示意图

1—车轮；2—电磁传感器；3—叉架；4—活塞杆；
5—储气筒；6—气缸；7—手柄；8—丝杆；
9—固定板；10—调节轴；11—螺母

旋转一周时，传感器发出 176 个电信号。轮子周长为 1 760 mm，其随轮胎充气压力的变化而变化。

2. 记录部分

记录部分的作用是把传感部分送来的电信号与内部产生的时间信号进行控制和计数，并计算出车速，然后指示出来。电脑式记录仪，如 WLY-5 型微机五轮仪，是以 Mes-51 系列的 8031 单片机为核心的智能仪器，整机均装在一个金属盒内。从传感部分送来的电信号，经整形电路整形成矩形脉冲后通过控制器，其中一路送入测距电路进行测距计数，由荧光数码管直接显示汽车行驶距离；另一路送入车速计数电路，并通过计算由另一组数码管直接显示汽车车速。测时则是把从石英谐振器经分频电路取出的 1 kHz 频率，通过控制器送入测时计数器进行以毫秒为单位的测时计数，然后由荧光数码管直接显示汽车行驶时间。

该机除能对距离、速度和时间等参数进行测量和数据处理外，还能存储全部数据并打印试验结果，其控制面板如图 7-9 所示。

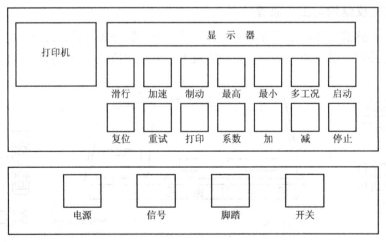

图 7-9 WLY-5 型五轮仪记录仪面板

当驾驶员踩制动踏板时，套在制动踏板上的脚踏开关闭合，并通过导线输入记录仪，以作为开始测量制动距离、制动全过程时间和制动系统反应时间等的信号。

（二）五轮仪使用方法

1. 五轮仪的安装

五轮仪一般固定在汽车后面或侧面，其固定板有 4 个孔，试验时可根据位置适当选其中两个孔，用螺栓将其牢固地紧固在汽车上。若汽车与五轮仪的固定板不便于直接连接，则可另做一块铁板，先将该铁板固定在汽车上，然后再将五轮仪通过固定板连接在该铁板上。

2. 充气

试验前,对五轮仪及储气筒充气,对车轮的充气要以能方便地调整出设计周长为准,充气压力大小凭经验估计,一般为 120 N 左右。

3. 校准五轮仪

五轮仪周长的设计数据为 1 560 mm,因此,每次试验时应将车轮的周长校准为 1 560 mm。校准方法为:开始时,在车轮与地面接触点划上一道线,并在车轮该点处作一记号,然后开动汽车缓慢行走,使五轮仪正好达 10 圈,再在地面划一道线,则这两条线之间的距离正好等于 1 560 mm。如差值大,则可对轮胎储气筒进行充、放气调整;若差值小,则可转动如图 7-8 所示中手柄 7 调整车轮对地面的压力。这样反复进行几次,直到满意为止。

4. 开机使用

五轮仪接通电源后,显示器应显示 00000 或移动显示 801。显示 000000 时,说明该仪器处于正常状态。若不显示,则可按一下"复位"键,然后按铭牌顺序将附件接上,并将信号线连接到传感器上,用手快速转动一次五轮仪轮子,同时按一下"脚踏"开关,待轮子停止后马上按"停止"键,显示初速度,再按一下"距离"键,则显示距离,然后按一下"打印"键,打印出模拟试验结果。在进行路试前,须先按一下"复位"键,然后方可进行试验。

5. 使用时的调整

在五轮仪固定于汽车高度适中位置的情况下,利用手柄 7 调节气缸 6 的位置(见图 7-8),使活塞杆伸出 35 mm 左右,以保证车轮在运转中发生上下颠簸时不致发生上抬和脱空。为了防止试验过程中五轮仪摆动过大,试验时可将调节轴 10(见图 7-8)调到最大位置,此时汽车转弯应缓慢,并且转弯半径要大一些。

6. 制动性能试验

在进行制动性能试验时,将脚踏套套在制动踏板上。如需进行车速 30 km/h 的制动试验,则驾驶员可将车速加到 30 km/h 以上,观察显示器,并将车速慢慢稳定到 30 km/h,然后用行车制动踏板立即制动。制动停止时,应立即按一下"停止"键,使存储器不再储存数据,此时显示器显示制动的初速,按一下"距离"键,则显示出累加的距离值,然后按"打印"键,即可打印出试验全部数据和制动过程曲线。若进行下一步试验,停止现行状态,则只需按一下"复位"键。

二、任务实施

一、接触式五轮仪的结构

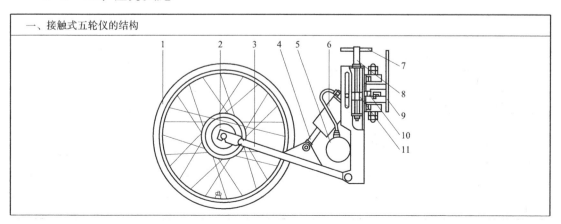

续表

1— 　　　　2— 　　　　3—   4— 　　　　5— 　　　　6—   7— 　　　　8— 　　　　9—   10— 　　　11—
二、五轮仪使用方法
（1）五轮仪的安装
（2）充气
（3）
（4）
（5）开机使用
（6）

三、任务评价

专业班级：		姓名：		学号：	
专业（知识/技能）收获			（非专业）能力素质收获		
评价考核项目		自我评价		小组评价	教师评价
已掌握接触式五轮仪的结构					
已掌握接触式五轮仪的使用方法					
课外学习时间（学时）					
工作态度（课堂、课后任务完成情况）					
合作意识及协调能力					
正确表达及沟通能力					
自律能力（缺勤/旷课/迟到/违纪次数）					

任务7.3 认识汽车动力性能试验

汽车的动力性是指汽车的加速、爬坡和所能达到最高车速的能力。因此，汽车动力性是汽车最基本、最重要的性能之一。汽车动力性通常以汽车的加速性能、最高车速和爬坡性能等作为评价指标。通过对动力性各项评价指标的测定，可以验证其是否符合设计要求及生产质量是否达到技术要求和使用要求等，为改进设计提供依据。

汽车动力性试验分为台架试验和路试检测，其可分别对反映汽车动力性的一些指标进行检测，如驱动轮输出功率、驱动力、滑行距离、最高车速、加速能力、爬坡能力和传动系统传动效率等。

任务 7.3.1 驱动轮输出功率检测

一、知识准备

（一）试验前准备—检查行驶

（1）检查行驶在汽车磨合行驶之后、基本性能试验之前进行，行驶道路为平坦的平原公路，交通流量小，有里程标志，单程不少于 50 km。除规定风速不大于 5 m/s 外，其余行驶条件按本模块任务 7.1 中所述的"一般试验条件"内容执行。行驶里程为往返各 50 km，车速为该车设计最高车速的 55%~65%，不允许空挡滑行，应尽量保持匀速行驶。

（2）行驶中检查汽车各总成的工作状况、噪声及温度，密切注意转向器、制动器等零部件的效能，如发现异常现象，应立即停车检查，找出原因，待故障排除后再重新进行行驶检查。

（3）根据以上试验结果，即可做出评定和判断，确定汽车是否可以进行性能试验。如不符合技术要求，则应排除故障，重新进行行驶检查。

（4）在行驶检查的同时，往往进行里程表校正、平均技术速度的测定以及平均燃料消耗量的测定，这些内容可根据具体要求选做。

（5）一般车用里程表，因加工误差、轮胎磨损等原因，其指示数往往与实际里程数之间存在着误差，并且这种误差随着轮胎磨损而发生变化，为此在试验之前，必须预先校正里程表。具体方法是：记录试验开始及终了时的公路里程碑指示数（精确到 0.05 km），然后用式（7-2）计算里程表修正系数 C。

$$C = \frac{L}{L_b} \tag{7-2}$$

式中，L——实际里程（km）；

L_b——里程表指示值（km）。

平均技术车速为行驶检查时实际的行驶里程除以实际的行驶时间。实际的行驶里程为里程表所指示的里程数或按里程表指示数乘以校正系数 C，实际的行驶时间为起点出发到终点停车之间的时间减去中间停车时间后的净行驶时间。

（二）驱动轮输出功率检测

驱动轮输出功率一般在底盘测功机上检测。底盘测功机采用滚筒替代路面，用加载的方法模拟道路阻力，再用飞轮模拟汽车的惯性，以便用室内试验方法代替道路试验。

1. 常用的底盘测功检测项目

(1) 发动机全负荷额定功率转速驱动轮输出功率的检测。

(2) 发动机全负荷额定转矩转速下驱动轮输出功率的检测。

(3) 发动机全负荷选定车速下驱动轮输出功率的检测。

(4) 发动机部分负荷选定车速下驱动轮输出功率的检测。

当进行汽车技术等级评定、汽车动力性评价时，只需测定发动机全负荷额定功率转速和额定转矩转速下驱动轮的输出功率即可；若需全面考核发动机的动力性、底盘的技术状况及调整质量，还可进行中间转速下驱动轮输出功率的测量；台架检测时，常用发动机在额定转矩和额定功率时的驱动轮输出功率作为在用汽车动力性的评价指标。

2. 试验条件与准备工作

汽车在底盘测功机试验之前，必须通过路试运转至正常工作温度，然后调试发动机供油系统、点火系统至最佳工作状态，检查并紧固传动系统、车轮的连接情况，然后同时检查轮胎气压并使之达到汽车制造厂的规定值。

测功机的准备：

(1) 对于水冷测功机，应将冷却水阀打开。

(2) 接通电源，升起举升器托板，根据被检车的功率，选择测试功率的挡位。

(3) 用两个三角铁抵住停在地面上的车轮的前方，防止汽车在检测中由于误操作而冲出去。

(4) 为防止发动机过热，可将冷却风扇置于被检汽车前方约 0.5 m 处，对发动机吹风。

(5) 使汽车以 5 km/h 的速度运行，观察有无异常，观察冷却水指示灯是否点亮。

3. 测功方法

将准备好的车辆开上底盘测功试验台，若为双滚筒试验台，则将被测汽车驱动轮置于两滚筒之间，放下举升器平板，并根据需要用三角木对车辆从动轮进行纵向约束。

(1) 设定试验车速或转矩。

(2) 起动发动机，由低速挡逐级换入直接挡，同时逐渐踩下加速踏板，使节气门全开。

(3) 待发动机稳定后，读取和记录功率值。

(4) 重复检测三次，取平均值。

4. 驱动轮输出功率或驱动力的检测

(1) 在发动机额定功率下，驱动轮的输出功率或驱动力检测。当在额定功率和额定转速下测试驱动轮的输出功率和驱动力时，将变速器挂入选定挡位，缓慢踩下加速踏板，发动机将逐渐加速。与此同时，逐渐增大测功试验台励磁电流给发动机加载，直至发动机在节气门全开的情况下达到额定转速并以该转速稳定运转，此时即可读取或打印驱动轮的输出功率或驱动力的值。

(2) 在发动机最大转矩转速下，驱动轮的输出功率或驱动力检测。在达到了发动机最大转矩转速的情况下，保持节气门全开，并继续增大励磁电流给发动机加载，发动机转速将会下降，直至使转速降到发动机最大转矩对应的转速为止。当运转稳定后，读取或打印驱动轮的驱动功率或驱动力值。由此可见，如果要测量在变速器不同挡位下的驱动轮输出功率或驱动力，只要依次挂入不同挡位，按上述方法进行检测即可。当发动机发出额定功率时，挂直接挡，可测得驱动轮输出最大功率；当发动机发出最大转矩时，挂 1 挡，则可测量驱动轮的最大驱动力。

（3）在发动机全负荷和选定车速下，驱动轮的输出功率或驱动力检测。按照上面的做法，在节气门全开的情况下调节测功机励磁电流，使发动机以选定的车速所对应的转速运转。运转稳定后，可读取或打印该车速下驱动轮的输出功率或驱动力。

（4）在发动机部分负荷和选定车速下，驱动轮的输出功率或驱动力检测。做法与第（3）项相同，但节气门不是全开，而是部分打开，即在部分负荷下工作，待发动机以选定的车速所对应的转速稳定运转后，即可读取或打印该负荷及选定车速下驱动轮的输出功率或驱动力。

5. 计算校正驱动轮输出功率

实测驱动轮输出功率校正到标准环境状态下的功率，称为校正驱动轮输出功率。校正功率的标准环境状态是指：大气压 100 kPa、相对湿度 30%、环境温度 25 ℃、干空气压 99 kPa（干空气压是基于总气压为 100 kPa、水蒸气分压为 1 kPa 计算得到的）时的状态。校正驱动轮输出功率的表达式为

$$P_0 = \alpha P \tag{7-3}$$

式中，P_0——标准环境状态下的校正功率（kW）；

α——校正系数，通过计算或查表得到；

P——实测驱动轮输出功率（kW）。

二、任务实施

一、试验条件与准备工作
1. 被检车辆的准备
2. 测功机的准备 （1） （2） （3） （4） （5）
二、测功方法
将准备好的车辆开上底盘测功试验台，若为双滚筒试验台，则将被测汽车驱动轮置于两滚筒之间，放下举升器平板，并根据需要用三角木对车辆从动轮进行纵向约束。 （1） （2） （3） （4）

续表

三、驱动轮输出功率或驱动力的检测
（1）
（2）
（3）
（4）
四、计算校正驱动轮输出功率
将实测驱动轮输出功率校正到标准环境状态下的功率，称为校正驱动轮输出功率。校正功率的标准环境状态是指：大气压 100 kPa、相对湿度 30%、环境温度 25 ℃、干空气压 99 kPa（干空气压是基于总气压为 100 kPa、水蒸气分压为 1 kPa 计算得到的）时的状态。校正驱动轮输出功率的表达式为 $$P_0 = \alpha P$$ 式中，P_0—— 　　　α—— 　　　P——

三、任务评价

专业班级：		姓名：		学号：	
专业（知识/技能）收获			（非专业）能力素质收获		
评价考核项目			自我评价	小组评价	教师评价
已掌握的试验条件与准备工作					
已掌握测功的方法					
已掌握驱动轮输出功率或驱动力的检测					
课外学习时间（学时）					
工作态度（课堂、课后任务完成情况）					
合作意识及协调能力					
正确表达及沟通能力					
自律能力（缺勤/旷课/迟到/违纪次数）					

任务 7.3.2　滑行距离及整车道路行驶阻力检测

一、知识准备

汽车的滑行性能是指汽车行驶时利用车辆本身所具有的动能克服行驶阻力的能力。提高汽车的滑行性能不仅可以改善汽车的动力性，而且可提高汽车的燃料经济性。滑行试验主要用于检查汽车底盘的技术状况和调整状况，同时可测出汽车行驶时的滚动阻力系数和空气阻力系数。试验时测出汽车的滑行距离与滑行能力，可为基本性能试验做准备。如果滑行距离达不到设计要求，则后续的动力性试验以及经济性试验都会受到影响。

试验条件应遵守"一般试验条件"的规定，冷态轮胎气压达到其规定值，而且试验应在试验场高速环道的直线段上进行。试验时应关闭所有门窗。

（一）滑行距离测量

滑行试验应选在试验道路中段进行。

1. 测试方法

（1）在长约 1 000 m 的试验路段两端设立标杆作为滑行区段。

（2）汽车在进入滑行区段前，车速应稍高于 50 km/h，然后驾驶员应将变速器挂入空挡，使汽车开始滑行，当车速为 50 km/h 时，汽车应进入滑行区段，直至汽车完全停止。与此同时，用五轮仪或相应的车速、行程、时间记录装置（精度不低于 0.5%）进行记录，测定滑行时间和滑行距离。在滑行过程中，驾驶员不得转动转向盘，也不允许使用制动器，即汽车处于直线行驶状态，自然停止。

（3）试验至少往返各滑行一次，往返区段应尽量重合，以减小道路对试验结果的影响。

2. 试验数据处理

如果滑行初速度没有准确地控制在 50 km/h，为了使试验结果具有可比性，可将实测的滑行距离换算成标准滑行初速度 $v_0 = 50$ km/h 下的滑行距离。其换算公式为

$$s = \frac{-b + \sqrt{b^2 + ac}}{2a} \qquad (7-4)$$

式中，s——初速度为 50 km/h 时的滑行距离（m）；

a——计算系数（$1/s^2$），$a = \dfrac{v'^2 - bs'}{s'^2}$（$v'$——实测滑行初速度；$s'$——实测滑行距离）；

b——常数（m/s^2）（当汽车总重不大于 40 000 N 且滑行距离不大于 600 m 时，$b = 0.3$；其他情况下，$b = 0.2$）；

c——常数（m^2/s^2），$c = 771.6$；

取换算后两个方向滑行距离的平均值作为试验结果。

另外，根据五轮仪的记录纸带及换算后的结果，绘制速度—距离曲线、速度—时间曲线。

（二）整车道路行驶阻力测量

测量整车道路行驶阻力是为了在底盘测功机上模拟这一阻力，以便在底盘测功机上进行整车试验。

1. 测试条件

为了满足不同试验项目的要求，滑行车速和装载质量如表7-3所示。

表7-3 滑行车速和装载质量

序号	试验项目	最高目标车速/（km·h⁻¹）	最低目标车速/（km·h⁻¹）	装载质量/kg
1	排放试验	120	10	基准质量
2	燃料消耗量试验	120	10	半载
3	动力性试验	最高车速-10	10	满载

2. 测试方法

汽车采用逐点滑行确定阻力的方法，每点目标车速为10 km/h的整数倍，比如120 km/h、110 km/h、100 km/h、90 km/h、80 km/h、70 km/h和60 km/h等，相邻两点目标车速间隔为10 km/h，滑行记录区间为目标车速的±5 km/h，比如目标车速是70 km/h，则需要记录车速为65~75 km/h时的滑行时间。

（1）车辆应从最高目标车速开始滑行试验，按照递减顺序进行，直到最低目标车速。

（2）车辆滑行必须在车辆彻底从环道出来完全进入直线段后开始，并且在即将进入下一环道前结束。对于每个目标车速点，相同方向的滑行应尽可能使用同一路段。

（3）每个目标车速点至少往返滑行4次，直到每个车速点在同一方向4次滑行时间的极差（最大值-最小值）小于滑行时间平均值的2%。

3. 试验数据处理

统计精度I计算如下：

$$I = \frac{\kappa \times S}{T_{\text{ave}}} \tag{7-5}$$

式中，κ——按表7-4取值（n为单方向有效试验次数）；

S——单方向有效滑行时间的标准差；

T_{ave}——单方向有效滑行时间的平均值（s）。

表7-4 κ的值

n	4	5	6	7	8	9	10	11	12
κ	1.6	1.25	1.06	0.94	0.85	0.77	0.73	0.66	0.64

根据每个车速点的滑行时间和车辆滑行时的质量，计算每个车速点单方向的道路行驶阻力，并换算成国际标准单位（N）。公式如下：

$$F = M \times a = \frac{2.777\,8 \times M}{T_{\text{ave}}} \tag{7-6}$$

式中，F——单方向道路行驶阻力（N）；

M——滑行时的车辆总重（kg）。

将两个方向的3个道路行驶阻力分别进行平均，其平均值为各目标车速点的道路行驶阻力。道路行驶阻力功率根据道路行驶阻力乘以车速获得，公式如下：

$$P = \frac{F \times v}{3\,600} \tag{7-7}$$

式中，P——道路行驶阻力功率（kW）；
F——道路行驶阻力（N）；
v——目标车速（km/h）。

二、任务实施

一、滑行距离测量
1. 测试方法 滑行试验应选在试验道路中段进行。 （1） （2） （3） 2. 试验数据处理 如果滑行初速度没有准确地控制在 50 km/h，为了使试验结果具有可比性，可将实测的滑行距离换算成标准滑行初速度 $v_0 = 50$ km/h 下的滑行距离。其换算公式为 $$s = \frac{-b + \sqrt{b^2 + ac}}{2a}$$ 式中，s——初速度为 50 km/h 的滑行距离（m）； 　　　b——常数（m/s²）（当汽车总重不大于 40 000 N 且滑行距离不大于 600 m 时，b = 0.3；其他情况下，b = 0.2）； 　　　a——计算系数（1/s²），$a = \frac{v'^2 - bs'}{s'^2}$（v'——实测滑行初速度；s'——实测滑行距离）； 　　　c——常数（m²/s²），c = 771.6。 取换算后两个方向滑行距离的＿＿＿＿＿＿＿＿＿＿＿＿。 另外，根据五轮仪的记录纸带及换算后的结果，绘制速度—距离曲线和速度—时间曲线。
二、整车道路行驶阻力测量
1. 测试条件 在下表中填写为了满足不同试验项目要求的滑行车速和装载质量。

序号	试验项目	最高目标车速/（km·h⁻¹）	最低目标车速/（km·h⁻¹）	装载质量/kg
1	排放试验		10	
2	燃料消耗量试验	120		半载
3	动力性试验	最高车速-10	10	

2. 测试方法
汽车采用逐点滑行确定阻力的方法，每点目标车速为 10 km/h 的整数倍，比如 120 km/h、110 km/h、100 km/h、90 km/h、80 km/h 和 70 km/h、60 km/h 等，相邻两点目标车速间隔为 10 km/h，滑行记录区间为目标车速的 ±5 km/h，比如目标车速是 70 km/h，需要记录车速为 65~75 km/h 时的滑行时间。

（1）

（2）

（3）

续表

3. 试验数据处理

根据每个车速点的滑行时间和车辆滑行时的质量，计算每个车速点单方向的道路行驶阻力，并换算成国际标准单位（N）。公式如下：

$$F = M \times a = \frac{2.777\,8 \times M}{T_{avc}}$$

式中，F——单方向道路行驶阻力（N）；

M——　　　　　　　　；

T_{avc}——　　　　　　　　。

将两个方向的 3 个拟合系数分别进行平均，利用平均后的系数计算各目标车速点的道路行驶阻力。道路行驶阻力功率根据道路行驶阻力乘以车速获得，公式如下：

$$P = \frac{F \times v}{3\,600}$$

式中，P——　　　　　　　　；

F——　　　　　　　　；

v——　　　　　　　　。

三、任务评价

专业班级：		姓名：		学号：	
专业（知识/技能）收获			（非专业）能力素质收获		
评价考核项目			自我评价	小组评价	教师评价
已掌握滑行距离的测量方法					
已掌握整车道路行驶阻力的测量方法					
课外学习时间（学时）					
工作态度（课堂、课后任务完成情况）					
合作意识及协调能力					
正确表达及沟通能力					
自律能力（缺勤/旷课/迟到/违纪次数）					

任务 7.3.3　最低稳定车速试验及最高车速试验

一、知识准备

（一）最低稳定车速试验

最低稳定车速通常指变速器挂直接挡时，汽车能够稳定行驶的最低车速。对于越野车来说，通常需要分别测定汽车以最低挡和直接挡行驶时的最低稳定车速。稳定行驶是指汽车稳定行驶一段距离之后再加速时发动机不应熄火、传动系统不产生抖动的状态，它关系到汽车高挡行驶时的车速范围。这一车速越低，汽车通过交叉路口交通拥挤路段及具有一定阻力的路段时，就可不必换入低挡而正常通过。这样既简化了驾驶员操作，又能保证汽车维持较高的平均技术速度。

1. 试验条件

（1）应符合本模块任务 7.1 中所述的"一般试验条件"的规定。

（2）试验应在试验场高速环道的直线段上进行。

（3）测试仪器为第五轮仪或车速、行程记录装置，钢卷尺和标杆等。

2. 道路试验方法

（1）试验前，应选取 50 m 长，平坦、坚实的直线路段，并在该路段的两端各插上标杆。

（2）试验时，汽车变速器置于所要求的挡位，使汽车保持较低的稳定车速驶入试验路段。

（3）各种汽车的变速器挡位要求如下：对于货车、客车及重型矿用汽车，都挂直接挡；对于越野汽车，除挂直接挡试验外，还要增加挂传动系统最低挡位的最低稳定车速试验。另外，还可以根据试验要求，挂超速挡或其他挡位进行试验；对于未设直接挡的汽车，应挂速比最接近直接挡速比的挡位。

（4）当汽车驶出试验路段时，立即快速踩下加速踏板，此时发动机不应熄火，传动系统不得发生抖动，且汽车能平稳地加速行驶。如果踩下加速踏板后，发动机没有熄火并且传动系统也未发生抖动，应适当降低车速继续进行试验；反之，若发动机熄火或传动系统发生抖动，应适当提高车速再进行试验，直至试验出符合要求的该挡最低稳定车速为止。

（5）试验至少往、返各进行两次。另外，在试验过程中，不允许为保持汽车稳定行驶而切断离合器或使用制动器制动汽车。

3. 试验数据处理

如果使用五轮仪作为试验仪器，因该仪器能直接给出最低稳定车速，故可以取实测车速的算术平均值作为试验结果。

（二）最高车速试验

最高车速是指在最大总质量状态下，变速器挂直接挡或最高挡，在表面坚硬、平整的水平道路上行驶时所能达到的最高车速。最高车速是评价汽车性能的一项重要指标。

1. 试验条件与准备工作

（1）应符合本模块任务 7.1 中所述的"一般试验条件"的规定。

（2）试验应在试验场高速环道的直线段上进行。

（3）试验前应检查汽车是否处于良好的技术状态，尤其是应着重检查节气门是否能全开。道路试验时应关闭所有门窗和空调，但空调压缩机应正常工作。

（4）测试仪器为五轮仪或光电管遮蔽测速装置。

（5）在符合规定的试验道路上，选定中间一段 200 m 为测试路段并用标杆作好标志。

（6）根据汽车加速性能的好坏，选定充足的加速区段，使汽车在驶入测量路段前能够达到最高的稳定行驶车速。

2. 检测方法

（1）试验汽车在加速路段行驶时，节气门全开，以最佳的加速状态行驶。在驶至速度测量路段之前，变速器及分动器挂至最高挡位，使汽车以最高的稳定车速通过速度测量路段，与此同时，启动仪器进行测量。

（2）试验汽车在加速区间以最佳加速状态行驶，使汽车以最高的稳定车速通过测量路段。测定汽车以最高车速通过测速路段的时间。

（3）试验往返各进行一次。

3. 试验数据处理

如果使用五轮仪进行测量，应先分别求出在两个方向试验时纸带上打印出来的瞬时速度的算术平均值，然后再计算出两个方向平均速度的平均值，即作为该车的最高车速。

当使用光电管遮蔽测速装置时，由于能直接读出两个方向试验时通过 200 m 路段的平均速度，故将二者平均后即得最高车速。

二、任务实施

一、最低稳定车速试验
1. 试验条件 （1）应符合本模块任务 7.1 中所述的"一般试验条件"的规定。 （2）   （3）   2. 道路试验方法 （1）试验前，应选取 50 m 长，平坦、坚实的直线路段，并在该路段的两端各插上标杆。 （2）试验时，汽车变速器置于所要求的挡位，使汽车保持较低的稳定车速驶入试验路段。 （3） （4）   （5）   3. 试验数据处理 如果使用五轮仪作为试验仪器，因该仪器能直接给出最低稳定车速，故可以取实测车速的_____。

续表

二、最高车速试验
1. 试验条件与准备工作 （1）应符合本模块任务 7.1 中所述的"一般试验条件"的规定。 （2） （3） （4）测试仪器为五轮仪或光电管遮蔽测速装置。 （5） （6） 2. 检测方法 （1） （2） （3）试验往返各进行一次。 3. 试验数据处理 　　如果使用五轮仪进行测量，应先分别求出在两个方向试验时纸带上打印出来的瞬时速度的算术平均值，然后计算出两个方向平均速度的平均值，即作为该车的_____。 　　当使用光电管遮蔽测速装置时，由于能直接读出两个方向试验时通过 200 m 路段的平均速度，将_____即得最高车速。

三、任务评价

专业班级：		姓名：		学号：	
专业（知识/技能）收获			（非专业）能力素质收获		
评价考核项目			自我评价	小组评价	教师评价
已掌握最低稳定车速试验					
已掌握最高车速试验					
课外学习时间（学时）					
工作态度（课堂、课后任务完成情况）					
合作意识及协调能力					
正确表达及沟通能力					
自律能力（缺勤/旷课/迟到/违纪次数）					

任务7.3.4 加速性能试验

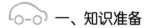

一、知识准备

加速性是指汽车在各种使用条件下迅速增大行驶速度的能力,是汽车最重要、最基本的使用性能之一。加速性的评价指标主要是加速过程中的加速度、加速时间和加速距离。汽车的加速性越好,动力性越好,汽车就可以获得较高的平均行驶速度。

(一)试验条件与准备工作

与最高车速试验的试验条件和准备工作(1)~(5)相同。

(二)加速性能试验

加速性试验通常分为最高挡或次高挡加速试验和起步连续换挡加速试验两种。

1. 最高挡或次高挡加速性能试验

固定挡加速性能表征汽车的超车加速性能,通常进行最高挡或次高挡加速性试验。

(1)选择适当长度的路段作为加速性能试验路段,并在该路段的两端各立一根标杆,以作为加速试验时两个方向的加速起点。

(2)试验时,变速器挂预定挡位,以稍高于该挡位下最低稳定车速的速度作为初速度(现代轿车一般都采用30 km/h)匀速行驶,当驶入试验路段时,立即将加速踏板踩到底,并保持此状态一直到加速结束,使汽车加速行驶至该挡位下最高车速的80%以上,对于轿车,车速应达到100 km/h以上。与此同时,用五轮仪记录加速行驶的全过程。

(3)试验往返各进行1次,并且往返加速性试验路段应尽量重合。

2. 起步连续换挡加速性能试验

起步连续换挡加速性是汽车从起步开始加速到较高行驶车速的能力。

(1)试验应在坚实、平坦的路面上进行。

(2)试验时,将汽车停于加速试验路段的起点,变速器预先置于起步挡位(通常3挡变速器为1挡,4挡以上的变速器为2挡),然后迅速起步,并将加速踏板踩到底,使汽车尽快加速行驶。当发动机达到最大功率转速时,力求迅速无声地换到高一挡位,换挡后立即将加速踏板踩到底,直到车速升至最高挡最高车速的80%以上,对于轿车,应加速到100 km/h以上。与此同时,用五轮仪记录加速行驶的全过程。

(3)试验往返各进行1次,并且往返试验的路段应尽量重合,两次试验的换挡车速也应尽量接近以有利于数据处理时曲线的拟合。

3. 试验数据处理

试验结束后,利用五轮仪打印出的两个方向试验的数据,绘制汽车起步连续换挡加速性曲线(速度—时间和速度—距离),同时整理出加速到各车速时的加速距离和加速时间。在绘制曲线时,换挡点附近应多取几个原始数据,以提高计算机处理原始数据时的曲线拟合效果。

二、任务实施

一、加速性能试验
1. 最高挡或次高挡加速性能试验 固定挡加速性能表征汽车的超车加速性能，通常进行最高挡或次高挡加速性能试验。 （1） （2） （3） 2. 起步连续换挡加速性能试验 起步连续换挡加速性能是汽车从起步开始加速到较高行驶车速的能力。 （1） （2） （3）
二、试验数据处理
试验结束后，利用五轮仪打印出的两个方向试验的数据，绘制 _____ 曲线（速度—时间和速度—距离），同时整理出加速到各车速时的加速距离和加速时间。在绘制曲线时，换挡点附近应多取几个原始数据，以提高计算机处理原始数据时的曲线拟合效果。

三、任务评价

专业班级：		姓名：		学号：	
专业（知识/技能）收获			（非专业）能力素质收获		
评价考核项目			自我评价	小组评价	教师评价
已掌握最高挡或次高挡加速性能试验					
已掌握起步连续换挡加速性能试验					
课外学习时间（学时）					
工作态度（课堂、课后任务完成情况）					
合作意识及协调能力					
正确表达及沟通能力					
自律能力（缺勤/旷课/迟到/违纪次数）					

任务 7.3.5　汽车爬陡坡能力的测定

一、知识准备

汽车的爬坡能力包括汽车最大爬坡能力和爬长坡能力两种。汽车爬长坡能力的测定是用于考核汽车在长坡上行驶时，汽车的动力性能、发动机性能和传动系的热状况、挡位的使用情况以及燃料的消耗量等。

汽车爬坡能力是指汽车满载时在良好的路面上用 1 挡行驶时所能爬上去的最大坡度。通常最大坡度用 θ_{max} 表示。

$$\theta_{max} = \tan\alpha_{max} \times 100\% \tag{7-8}$$

式中，θ_{max}——用百分数表示的最大坡度值（%）；

α_{max}——用角度表示的坡度值（°）。

载货汽车在各种地区的各种路面上行驶，要求有足够的爬坡能力，一般 θ_{max} 在 30% 左右。越野汽车在坏路和无路地带行驶，最大爬坡能力很重要，一般 θ_{max} 为 60% 左右。轿车通常在较好的路面上行驶，一般不强调它的爬坡能力，但由于轿车发动机的功率较大，转矩大，其加速能力强，因此轿车的最大爬坡能力都较好。

（一）试验条件与准备工作

（1）汽车的技术状况和气候条件符合"一般试验条件"的规定。

（2）试验前应检查汽车是否处于良好的技术状态，尤其是应着重检查行车制动器、驻车制动器、发动机及动力传动系的技术状态。

（3）测试仪器有秒表、钢卷尺、标杆、转速表、坡度仪、温度计、燃油流量计、排挡使用次数和行驶里程记录装置等。

（二）汽车最大爬坡能力的测定

1. 检测方法

（1）坡道的坡度应与试验车的最大爬坡度相接近。坡道长度应不小于 25 m，坡前应有 8~10 m 的平直路段，坡度不小于 30% 的路面用水泥铺装，坡度小于 30% 的路面可用水泥或沥青铺装。在坡道中部设置 40% 的测速区段，允许用表面平整、坚实、坡度均匀的自然坡道代替。坡道大于 40% 时，必须设置安全保险装置。

（2）变速器使用最低挡，如有副变速器也置于最低挡，爬坡过程中不准换挡。

（3）汽车经预热行驶后，停在接近坡道的平直路面上。起步后，加速踏板踩到底，全力爬坡，测定汽车通过测速区段的时间和发动机转速，并监视水温表、机油压力表等仪表的工作状况。当汽车爬至坡顶后，停车检查汽车各部位有无异常现象发生。

如中途爬不上坡顶，应测量停车点（后轮接地中心）到坡底的距离，并分析爬不上坡的原因。如第一次爬不上去，可进行第二次，但不得超过两次。

（4）如坡度不合适（过大或过小），可用增减装载质量或是用变速器较高的挡位进行试验，并将试验结果折算为汽车厂定最大总质量下变速器使用最低挡时的最大爬坡度。

（5）对于越野汽车，除按上述规定外，分动器应置于最低挡，全轮驱动；当试验车行至坡道中间时，停住汽车，变速器放入空挡，驻车制动，发动机熄火 2 min，重新启动发动机，再起步爬至坡顶。

2. 实验数据的处理

如果找不到汽车制造厂规定坡度的坡道，也可以在其他坡度的坡道上进行试验。此时可以增减载荷或改变变速器挡位，并按式（7-9）折算成厂定最大总质量状态下，变速器挂最低挡位时的爬坡度。

$$\alpha_{max} = \arcsin\left(\frac{G}{G_\alpha} \cdot \frac{i_1}{i}\sin\alpha\right) \quad (7-9)$$

式中，α_{max}——折算后得到的最大爬坡度（°）；

α——试验用坡道的实际坡度（°）；

G_α——汽车制造厂规定的试验车最大总质量（kg）；

G——试验时试验车的总质量（kg）；

i_1——变速器最低挡总速比；

i——试验时变速器最低挡总速比。

汽车爬坡时的平均车速为

$$v_a = \frac{36}{t}$$

式中，v_a——汽车爬坡时的平均车速（km/h）；

t——汽车通过 10 m 测速区段的时间（s）。

（三）汽车爬长坡能力的测定

1. 检测方法

（1）试验路段为表面平整、坚实、干燥的连续长坡道，坡长为 8~10 km，上坡路段占坡道长度的 90% 以上，最大坡度不小于 8%，坡道长度按里程计算。

（2）试验车装载质量为额定装载质量。可带挂车的汽车增做拖带额定总质量挂车的试验。

（3）在坡道起点和终点记录里程表指示数、时间和燃油流量计读数。

（4）当汽车爬坡时，按行驶动力性能需要，尽可能使用较高的挡位，以保持较高的行驶车速，且每行驶 1 km 记录一次温度值；记录全部试验行驶的挡位使用次数、时间（或里程），并观察发动机和传动系的工作状况以及其他异常现象。

如发生发动机冷却液沸腾、机油温度超过 105 ℃ 及因燃料系产生气阻、发动机强烈爆震、传动系脱挡等问题影响正常行驶时，应停车，记录停车点的里程、行驶时间及各部温度值，并详细记录故障情况。

2. 实验结果处理

（1）根据记录的行驶里程和时间计算出汽车的平均车速。

（2）根据记录的行驶里程和燃油流量计读数计算出平均燃料消耗量。

（3）统计爬长坡过程中的各类故障情况。

二、任务实施

一、基本概念

（1）汽车爬坡能力

（2）最大坡度用 θ_{max} 表示　　　　$\theta_{max} =$

（3）载货汽车在各地区的各种路面上行驶，要求 θ_{max} ＿＿＿＿左右。

（4）越野汽车在坏路和无路地带行驶，最大爬坡能力很重要，要求 θ_{max} ＿＿＿＿左右。

（5）轿车通常在较好的路面上行驶，＿＿＿＿，但由于轿车发动机的功率较大，转矩大，其加速能力强，因此轿车的最大爬坡能力都较好。

二、汽车最大爬坡能力的测定

检测方法。

（1）坡道的坡度应与试验车的最大爬坡度相接近。坡度长度不小于 25 m，＿＿＿＿，坡度不小于 30% 的路面用＿＿＿＿铺装，坡度小于 30% 的路面可用水泥＿＿＿＿铺装。在坡道中部设置 40% 的测速区段，允许用表面平整、坚实、坡度均匀的自然坡道代替。坡道大于 40% 时必须设置＿＿＿＿装置。

（2）＿＿。

（3）汽车经预热行驶后，停在接近坡道的平直路面上。起步后，加速踏板踩到底，全力爬坡，测定汽车通过测速区段的时间和发动机转速，并监视水温表、机油压力表等仪表的工作状况。当汽车爬至坡顶后，停车检查汽车各部位有无异常现象发生。

如中途爬不上坡顶，应测量停车点（后轮接地中心）到坡底的距离，并分析爬不上坡的原因。如第一次爬不上去，可进行第二次，但不得超过两次。

（4）如坡度不合适（过大或过小）可用＿＿。

（5）对于越野汽车，除按上述规定外，分动器应置于最低挡，全轮驱动；当试验车行至坡道中间时，＿＿。

三、汽车爬长坡能力的测定

1. 检测方法

（1）

（2）试验车装载质量为额定装载质量。可带挂车的汽车增做拖带额定总质量挂车的试验。

（3）在坡道起点和终点记录里程表指示数、时间和燃油流量计读数。

（4）

如发生发动机冷却液沸腾或机油温度超过 105 ℃ 或因燃料系产生气阻、发动机强烈爆震、传动系脱挡等问题影响正常行驶时，应停车，记录停车点的里程、行驶时间及各部温度值并详细记录故障情况。

2. 实验结果处理

（1）

（2）

（3）

三、任务评价

专业班级：		姓名：		学号：	
专业（知识/技能）收获			（非专业）能力素质收获		
评价考核项目		自我评价	小组评价		教师评价
已掌握坡度的基本概念					
已掌握最大爬坡能力的测定方法					
已掌握爬长坡能力的测定方法					
课外学习时间（学时）					
工作态度（课堂、课后任务完成情况）					
合作意识及协调能力					
正确表达及沟通能力					
自律能力（缺勤/旷课/迟到/违纪次数）					

任务7.4　汽车燃料经济性检测

汽车燃油经济性是汽车的主要性能指标之一。由于世界汽车工业的迅速发展和汽车保有量日趋增多，石油开采量增加而逐渐贫乏，使得近年来汽车燃油的价格持续增长等，导致汽车运输成本不断升高。据统计，燃油消耗费用占运输成本的 25%～35%。因此，减少汽车的燃油消耗量是汽车制造行业和汽车运输行业的一个重要目标。

任务 7.4.1　等速燃油消耗量试验

一、知识准备

（一）燃油经济性评价指标

汽车燃油经济性的评价指标常用一定运行工况下汽车行驶百公里的燃油消耗量或一定燃油量能使汽车行驶的里程来衡量。燃油经济性评价指标主要有以下几种。

1. 单位行驶里程评价指标

若检测的目的是比较同类型汽车的燃油经济性，一般采用以下评价指标。

1）我国行驶里程的评价指标

我国及欧洲国家以燃油容积和行驶里程为计量单位，用符号 QL 表示，燃油经济性评价指标的单位为 L/100 km，即每行驶 100 km 所消耗的燃油升数。其数值越大，汽车的燃油经济性越差。

2) 国外行驶里程的评价指标

有些国家以重力或质量和行驶里程为计量单位，用符号 QS 表示，其单位分别为 N/100 km 或 kg/100 km，即一定燃油质量能使汽车行驶的里程。如美国用单位 mile/gai（美）表示，即每加仑燃油能使汽车行驶的英里数。这个数值越大，汽车的燃油经济性越好。

2. 单位运输工作量的燃油消耗量

若检测的目的是比较不同类型、不同装载质量汽车的燃油经济性，一般采用以下评价指标。

1) 国内运输工作量的评价指标

燃油使用单位和保管部门多以容量计量燃油，因此，单位运输工作量的燃油消耗量采用 L/(100 t·km) 为单位的较多，用符号 Q_{LG} 表示。

2) 国外运输工作量的评价指标

有些国家燃油以重力或质量计量，单位运输工作量的燃油消耗量采用单位分别为 N/(kN·100 km) 和 kg/(100 t·km)，用符号 Q_{SG} 表示。

3. 汽车燃油耗油量试验方法

汽车燃油经济性的检测有两种方法：一是室内台架试验检测法；二是道路试验检测法。其中，道路试验检测法在 GB/T 12545.1—2001、GB/T 12545.2—2002《乘用车及商用车辆燃料消耗量试验方法》中规定：乘用车燃油消耗量试验方法有等速行驶燃油消耗量试验法和模拟城市工况循环燃油消耗量试验法；商用车燃油消耗量试验方法有等速行驶燃油消耗量试验法和多工况循环燃油消耗量试验法。

1) 等速行驶燃油消耗量试验

该试验有以下三种：

(1) 直接挡全油门加速燃料消耗量试验。试验测试路段长度为 500 m，试验时，汽车挂直接挡（没有直接挡可用最高挡），在进入测试路段前，汽车以 (30±1) km/h 的初速度稳定运行并通过 50 m 的预备路段，到达测试路段的起点油门全开，汽车全力加速通过 500 m 测试路段。测量并记录通过测试路段的加速时间、燃料消耗量及汽车到达测试路段终点时的速度。试验往返各进行两次，以四次加速时间的算术平均值作为测定值。

(2) 等速百公里燃料消耗量试验。试验测试路段长度为 500 m，汽车用常用挡位等速通过 500 m 的测试路段，测量通过该路段的时间及燃料消耗量。根据测得通过 500 m 测试路段的燃料消耗量计算出百公里燃料消耗量。试验车速从 20 km/h（最小稳定车速高于 20 km/h 时，从 30 km/h 开始）开始，以 10 km/h 的整数倍为间隔均匀选取车速点，直至最高车速的 90%，至少需要测定 5 个试验车速点，同一车速往返各进行两次。

以车速为横轴，以百公里燃料消耗量为纵轴，绘制等速百公里燃料消耗量特性曲线。

(3) 限定条件下的平均使用百公里燃料消耗量试验。该试验在正常交通情况下的公路上进行，测试路段长度不小于 50 km，尽可能保持匀速行驶，轿车车速为 (60±2) km/h，铰接式客车车速为 (35±2) km/h，其他车辆车速为 (50±2) km/h。客车应每隔 10 km 停车一次，怠速 1 min 后重新起步，这是为了更符合实际情况。记录制动次数、各挡位使用次数、时间和行程。测定每 50 km 单程的燃料消耗量，往返各试验一次，以两次测量结果的算术平均值算出限定条件下平均使用百公里的燃料消耗量值。

2）循环道路试验

循环道路试验是指汽车在试验中完全按照规定的各种工况进行试验。试验规范中规定了何时换挡、何时制动以及行车速度、加速度和减速度等。这种试验方法也常称为"多工况试验"。各国根据不同车型车辆的常用工况，制定了不同的试验循环。通过测得完成循环试验经过的路程长度和燃料消耗量，可计算出循环道路百公里燃油消耗量值。这种试验适用于轿车、客车、载货汽车和越野汽车等各种车型。

（1）循环道路百公里燃油消耗量试验方法就是让不同车型的车辆严格依据各自的试验循环进行燃料消耗量测定。怠速工况时，变速器挂入空挡而离合器处于接合状态；从怠速工况转换为加速工况时，换挡前 5 s 踩下离合器踏板，然后迅速、平稳地把变速器挡位挂入低速挡；减速工况中，应完全放松油门踏板，减速开始时离合器仍然接合，当车速降至 10 km/h 时，踩下离合器踏板使离合器分离，必要时允许使用车辆的制动器。

（2）汽车在进行循环道路百公里燃油消耗量试验时，加速、匀速及用车辆的制动器减速时，车速偏差为±2 km/h。在工况改变过程中，允许车速的偏差大于规定值，但在任何条件下超过车速偏差的时间不得大于 1 s，即时间偏差为±1 s。

每次循环试验后，应记录各循环试验的燃料消耗量、路程长度和通过的时间。试验在同一路段往返各进行两次，取四次试验结果的算术平均值为多工况燃料消耗量试验的测定值。

（二）基本试验条件及测量仪器的使用方法

1. 基本试验条件

1）试验条件

试验时，试验车辆必须进行预热行驶，使发动机、传动系及其他部分预热到规定的温度状态。装载物应均匀分布且固定牢靠，试验过程中不得晃动和颠离；不应因潮湿、散失等条件变化而改变其质量，以保证装载质量的大小和分布不变。做各项燃油消耗量试验时，汽车发动机不得调整。其他按"一般试验条件"内容执行。

2）试验车辆载荷

除有特殊规定外，轿车载荷为规定载荷的 50%；城市客车的载荷为总质量的 65%；其他车辆为满载，乘员质量及其装载要求按《汽车道路试验方法通则》规定。

3）试验仪器要求

车速测定仪和汽车燃油消耗仪的精度为 0.5%；计时器的最小读数为 0.1 s。

4）试验一般规定

试验车辆必须清洁，关闭车窗和驾驶室通风口，只允许开动为驱动车辆所必需的设备；有恒温器控制的空气流必须处于正常调整状态。

2. 测量仪器及其使用方法

检测汽车耗油量常用的测量仪器有五轮仪或相应的车速检测仪（精度 0.5%）、计时器（最小读数 0.1 s）和四活塞联动式油耗仪（精度 0.5%）等。

油耗仪主要用于测定汽车耗油时油耗仪传感器在油路中连接的问题。

（1）汽油发动机油耗仪传感器应串接在燃油滤清器与燃油分配管之间，从燃油压力调节器经回油管流回燃油箱的燃油应改接在油耗仪传感器与燃油分配管之间，以避免重复计量，如图 7-10 所示。

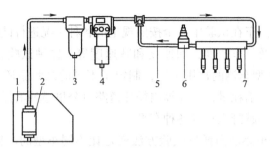

图 7-10　油耗仪传感器的安装

1—燃油箱；2—燃油泵；3—燃油滤清器；4—油耗仪传感器；5—回油管；6—油压调节器；7—燃油分配管

（2）柴油机油耗仪传感器应串接在柴油滤清器与喷油泵之间，从高压回油管和低压回油管流回的燃油应接在油耗仪传感器与喷油泵之间，以免重复计量，如图 7-11 所示。

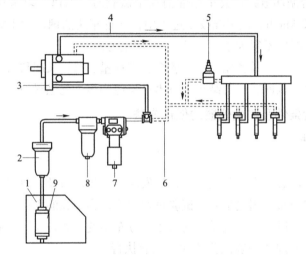

图 7-11　检测柴油机时油耗传感器的安装位置

1—油箱；2—粗滤器；3—喷油泵；4—供油管；5—调压器；
6—回油管；7—油耗仪传感器；8—细滤器；9—输油泵

安装油耗仪传感器后，应放置平稳或吊挂牢固，并把气泡排除干净。

（三）等速燃油消耗量试验

等速行驶燃料消耗量试验是测定汽车燃料消耗量的最基本的试验方法，世界主要汽车生产国家都使用这种试验方法。该方法简便，易于操作，试验精度高，且受外部影响小（主要是驾驶操作影响）。

1. 试验方法

（1）试验道路应选择平坦、坚实的铺装路面，路段长度为 500 m，并且在路段的两端各延伸 50 m 作为稳速段。测量区段应使用标杆做出明显标记。

（2）本试验一般使用汽车的常用挡位，即直接挡。对于设有超速挡的汽车，应进行超速挡和次高挡两个挡位的等速行驶燃料消耗量的测定。

（3）最高挡位等速燃料消耗量试验车速一般是从 20 km/h 开始，每增加 10 km/h 的车速为一个试验车速，直到该挡最大车速的90%。每个挡位至少测定5个试验车速，每一车速往返各进行两次，两次试验间隔应尽可能短，以保持发动机及其他总成的热状态不变。

2. 在试验时应注意的问题

（1）汽车驶入测量段前50 m应达到预定的稳定车速。

（2）在整个测量过程中，汽车应做平行于标杆的直线行驶。

（3）在整个测量过程中，加速踏板应保持稳定不变，以保证汽车在测量段中保持预定的稳定车速。

（4）在试验全过程中，汽车整车及发动机的调整状况不能做任何变动。

（5）在试验过程中，随时绘制等速燃料消耗量散点图，以监视试验进行的正确程度。

3. 试验数据处理

根据油耗仪的特点对试验结果进行校对，采用容积法对燃油消耗量进行计算，计算出该车燃油消耗量的校对系数，然后把测量值乘以校对系数作为试验结果，计算方法如下：

采用容积法确定燃料消耗量 C（L/100 km）：

$$C=\frac{Q[1+\xi(T_0-T_F)]}{D}\times 100 \tag{7-10}$$

式中，Q——燃油消耗量（体积）测量值（L）；

ξ——燃料容积膨胀系数，燃料为汽油和柴油时，该系数为0.001/℃；

T_0——标准温度为20 ℃；

T_F——燃料平均温度，即每次试验开始和结束时，读取的燃料温度的算术平均值（℃）；

D——试验时车辆实际行驶里程（km）。

每一车速应往返进行四次试验，如果四次试验后的燃油消耗量极限值与平均值之差超过5%，则按上述规定继续试验，直到获得至少5%的测量精度为止，并将试验精度合格的数据记入表7-5。根据表7-5的数据，以车速 v 为横坐标、燃料消耗量为纵坐标，绘制燃料消耗量曲线。

表7-5 等速燃油消耗量试验结果

试验车速/（km·h⁻¹）		30	40	50	60	70	80	90	100	110	120
挡位/（L·km⁻¹）	最高挡										
	次高挡										

二、任务实施

一、燃油经济性的评价指标

（1）Q_L：

（2）Q_S：

（3）Q_{LG}：

续表

二、油耗仪传感器在油路中的连接

（1）汽油发动机油耗仪传感器应串接在燃油滤清器与燃油分配管之间，从燃油压力调节器经回油管流回燃油箱的燃油应改接在油耗仪传感器与燃油分配管之间，避免重复计量。

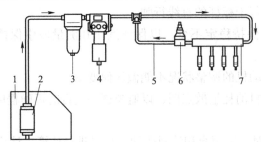

1—	2—
3—	4—
5—	6—
7—	

（2）对柴油机油耗仪传感器应串接在柴油滤清器与喷油泵之间，从高压回油管和低压回油管流回的燃油应接在油耗仪传感器与喷油泵之间。

1—	2—
3—	4—
5—	6—
7—	8—
9—	

三、等速行驶燃油消耗量试验方法

（1）

（2）

（3）

四、在试验时应注意的问题

（1）

（2）

（3）

（4）

（5）

三、任务评价

专业班级：		姓名：		学号：	
专业（知识/技能）收获			（非专业）能力素质收获		
评价考核项目		自我评价	小组评价		教师评价
已掌握燃油经济性的评价指标					
已掌握测量仪器的使用方法					
已掌握等速行驶燃油消耗量的试验方法					
课外学习时间（学时）					
工作态度（课堂、课后任务完成情况）					
合作意识及协调能力					
正确表达及沟通能力					
自律能力（缺勤/旷课/迟到/违纪次数）					

任务 7.4.2 多工况燃油消耗量试验

一、知识准备

循环道路试验即多工况燃油消耗量试验按汽车运行工况可分为匀速、加速、减速和怠速等几种，实际操作时，往往是上述几种工况的组合，并以此决定汽车的油耗。根据不同车型的常用工况，制定不同的试验循环，既可使试验结果比较接近于实际情况，又可缩短试验周期。

（一）试验方法

多工况燃油消耗量试验的方法就是将不同车型的车辆严格依据各自的试验循环进行燃油消耗量测定。

（1）轿车及总质量小于 3 500 kg 的载货汽车（不包括微型载货汽车），按规定的试验循环图 7-12 及表 7-6 进行。

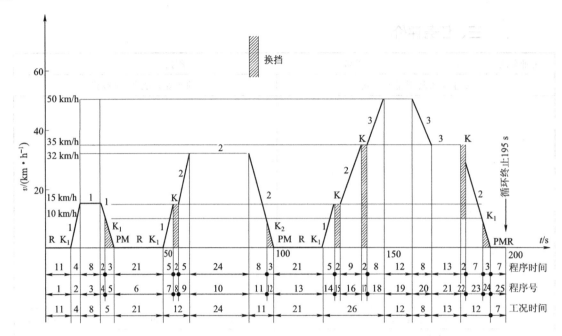

图 7-12 轿车试验循环

K—离合器分离；K_1—离合器分离，变速器接合 1 挡；K_2—离合器分离，变速器接合 2 挡；Ⅰ—1 挡；Ⅱ—2 挡；Ⅲ—3 挡；PM—空挡；R—怠速

表 7-6 轿车 25 工况

序号	运转次序	工况序号	车速/(km·h⁻¹)	工况时间/s	累计时间/s	变速器挡位
1	怠速	1		11	11	
2	加速	2	0~15	4	15	Ⅰ
3	匀速	3	15	8	23	Ⅰ
4	减速	4	15~10	5	25	Ⅰ
5	减速（离合器脱开）		10~0		28	
6	怠速	5		21	49	
7	加速	6	0~15		54	Ⅰ
8	换挡			12	56	Ⅱ
9	加速	7	15~32		61	Ⅱ
10	匀速		32	24	85	Ⅱ
11	减速	8	32~10	11	93	Ⅱ
12	减速、离合器脱开		10~0		96	K_2
13	怠速	9		21	117	
14	加速	10	0~15	26	122	
15	换挡				124	Ⅰ
16	加速		15~35		133	Ⅱ
17	换挡		35~50		135	Ⅲ
18	加速				143	

续表

序号	运转次序	工况序号	车速/(km·h^{-1})	工况时间/s	累计时间/s	变速器挡位
19	匀速	11	50	12	195	Ⅲ
20	减速	12	50~35	8	163	Ⅲ
21	匀速	13	35	13	176	Ⅲ
22	换挡	14	32~10 10~0	12	178	Ⅱ K$_2$
23	减速				185	
24	减速、离合器脱开				188	
25	怠速	15		7	195	

（2）微型汽车多工况燃油消耗量的测定。微型汽车多工况循环行驶时，试验载荷为空载加 2 名乘员（含驾驶员），试验循环行驶按图 7-13 和表 7-7 的规定进行。

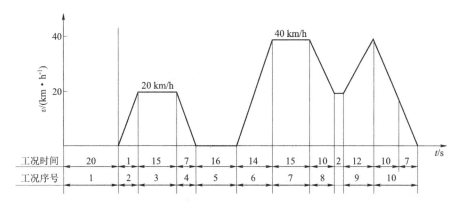

图 7-13　微型车试验循环

表 7-7　微型汽车 10 工况

工况	运转状态/(km·h^{-1})	运转时间/s	积累时间/s	变速器挡位		加速度或减速度/(m·s^2)
				3 挡变速器	4 挡变速器	
1	怠速	20	20			
2	0~20	7	27	(0~20) Ⅰ挡	(0~15) Ⅰ挡 (15~20) Ⅱ挡	0.8
3	20	15	42	Ⅱ挡	Ⅱ挡	
4	20~0	7	49	Ⅱ挡	Ⅱ挡	0.8
5	怠速	16	65			
6	0~40	14	79	(0~20) Ⅰ挡 (20~40) Ⅱ挡	(0~15) Ⅰ挡 (15~30) Ⅱ挡 (30~40) Ⅲ挡	0.8
7	40	15	94	Ⅲ挡	Ⅳ挡	
8	40~20	10	104	Ⅲ挡	Ⅳ挡	0.6
9	20	2	106	Ⅲ~Ⅱ挡	Ⅳ~Ⅲ挡	
	20~40	12	118	Ⅱ挡	Ⅲ挡	0.5
10	40~20	10	128	Ⅲ挡	Ⅳ挡	0.6
	20~0	7	135	Ⅲ挡	Ⅳ挡	0.8
注：变速器挡位括号内的数字，表示各个变速位置相应的车速。						

对设有 5 挡变速器的汽车，用 2 挡起步，该变速器的 3 挡视为 2 挡，4 挡视为 3 挡，5 挡视为 4 挡，按表 7-7 中 4 挡变速器试验循环进行（若用低速挡起步，则该变速器的 4 挡视为最高挡，仍按表 7-7 中 4 挡变速器试验循环进行）。

装备超速挡变速器的汽车，一般超速挡不使用，试验中变速器的挡位为除超速挡以外的挡位。

（3）轻型货车多工况燃油消耗量的测定。总质量在 3 500～14 000 kg 的载货汽车多工况燃油消耗量的测定按图 7-14 和表 7-8 的规定进行。

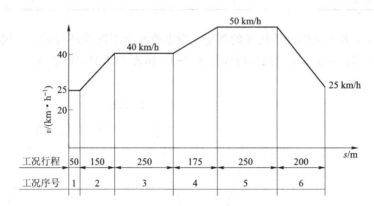

图 7-14　轻型货车试验循环

表 7-8　轻型载货汽车 6 工况

工况序号	运转状态/(km·h^{-1})	行程/m	累计行程/m	时间/s	加速度/(m·s^{-2})	变速器挡位
2	25	50	50	7.2		最高挡
2	25～40	150	200	16.7	0.25	最高挡
3	40	250	450	22.5		最高挡
4	40～50	175	625	14.0	0.20	最高挡
5	50	250	875	18.0		最高挡
6	50～25	200	1 075	19.3	-0.36	最高挡

对于最高挡的最低稳定车速大于 25 km/h 的车，使用挡位允许从最高挡降低一挡进行，当车辆进入等速行驶路段和减速段时再换入最高挡进行试验。

试验车在第 6 工况终速度的偏差为±3 km/h。

（4）重型货车多工况燃油消耗量的测定。总质量大于 14 000 kg 的载货汽车 6 工况试验循环按图 7-15 和表 7-9 的规定进行。

对于装有副变速器车辆，使用挡位允许从最高挡降低一挡进行，当车辆进入等速行驶路段和减速段时再换入最高挡进行试验。

试验车在第 6 工况终速度的偏差为±13 km/h。

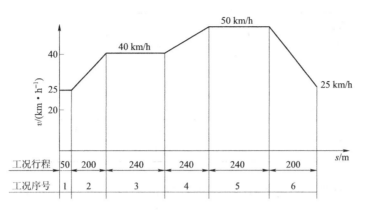

图 7-15 重型货车试验循环

表 7-9 重型载货汽车 6 工况

工况序号	运转状态 / (km·h⁻¹)	行程/m	累计行程/m	时间/s	加速度 / (m·s⁻²)	变速器挡位
1	25	50	50	7.2		最高挡
2	25~40	200	250	21.9	0.19	最高挡
3	40	240	490	21.6		最高挡
4	40~50	240	730	19.2	0.14	最高挡
5	50	240	970	17.3		最高挡
6	50, 25	200	1 170	19.3	-0.36	最高挡

（5）城市客车（包括城市铰接式客车）多工况燃油消耗量的测定。城市客车（包括城市铰接式客车）4 工况燃油消耗试验循环按图 7-16 和表 7-10 的规定进行。

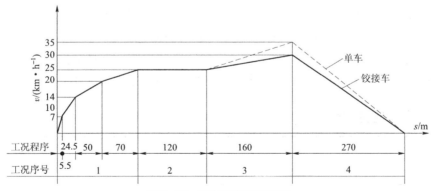

图 7-16 城市客车试验循环

表 7-10 城市客车 4 工况

工况序号	运转状态 / (km·h⁻¹)	行程/m	累计行程/m	时间/s	变速器挡位及换挡车速	
					挡位	换挡车速/ (km·h⁻¹)
1	0~25（换挡加速）	5.5	5.5	5.6	2~3	6~8
		24.5	30	8.8	3~4	13~15

续表

工况序号	运转状态 /(km·h⁻¹)	行程/m	累计行程/m	时间/s	变速器挡位及换挡车速	
					挡位	换挡车速/(km·h⁻¹)
1	0~25（换挡加速）	50	80	11.8	4~5	19~21
		70	150	11.4	5	
2	25	120	270	17.2	5	
3	(30) 25~35	169	430	(20.9) 5	5	
4	减速行驶	270	700		空挡	

对于 5 挡以上变速器采用 2 挡起步，按表 7-10 中规定进行循环试验；对于 4 挡变速器采用 1 挡起步，将 4 挡代替表 7-10 中的 5 挡，其他依次代替，按表 7-10 中规定试验循环进行。括号内数字适用于城市铰接式客车。

其他客车多工况燃油消耗量试验按总质量在 3 500~14 000 kg 的载货汽车多工况燃油消耗量的测定按图 7-14 和表 7-8 的规定进行。

（二）在试验时应注意的问题

（1）汽车进行多工况试验，加速、匀速及用车辆的制动器减速时，在每个试验工况，除单独规定外，车速偏差为 ±2 km/h。

（2）在工况改变过程中允许车速的偏差大于规定值，但在任何条件下超过车速偏差的时间都不能大于 1 s，即时间偏差为 ±1 s。

（3）多工况试验应严格按各试验循环图和表中的规定进行。换挡应迅速、平稳。

（4）怠速工况时，离合器应接合，变速器应置于空挡。

（5）从怠速运转工况转换为加速工况时，在转换前 5 s，分离离合器应把变速器挡位换为低速挡。

（6）在减速工况中，应完全放松加速踏板，离合器仍然接合，当车速降至 10 km/h 时，分离离合器。必要时，在减速工况中允许使用车辆的制动器。

（7）当按各试验循环完成一次试验后，车辆应迅速掉头，重复试验。试验往返各进行两次，取四次试验结果的算术平均值为多工况燃油消耗量试验的测定值。

二、任务实施

循环道路试验：
一、试验方法
多工况燃油消耗量试验的方法就是将不同车型的车辆严格依据各自的试验循环进行燃油消耗量测定。
车型分类：
(1)
(2)
(3)
(4)
(5)

续表

二、试验时应注意的问题

（1）汽车进行多工况试验，加速、匀速及用车辆的制动器减速时，在每个试验工况，除单独规定外，_____。
（2）在工况改变过程中允许车速的偏差大于规定值，但在任何条件下超过车速偏差的时间都不能_____，即时间偏差为_____。
（3）多工况试验应严格按各试验循环图和表中的规定进行。换挡_____、平稳。
（4）急速工况时，离合器应_____，变速器置于空挡。
（5）从急速运转工况转换为加速工况时，在转换前_____，分离离合器把变速器挡位换为低速挡。
（6）在减速工况中，应完全放松_____，离合器仍然接合，当车速降至 10 km/h 时，_____。必要时，在减速工况中允许使用车辆的制动器。
（7）当按各试验循环完成一次试验后，车辆应迅速掉头，重复试验。试验往返各进行_____。

三、任务评价

专业班级：		姓名：		学号：	
专业（知识/技能）收获			（非专业）能力素质收获		
评价考核项目		自我评价	小组评价		教师评价
掌握循环道路试验概念的程度					
掌握进行循环道路试验时车型分类的程度					
掌握进行循环道路试验时应注意问题的程度					
课外学习时间（学时）					
工作态度（课堂、课后任务完成情况）					
合作意识及协调能力					
正确表达及沟通能力					
自律能力（缺勤/旷课/迟到/违纪次数）					

任务7.5　汽车制动性能试验

汽车制动系统是汽车的重要组成部分，其技术状况直接关系到汽车行驶及停车的安全性。它是汽车安全指标的重点检测项目之一。汽车制动试验按性质大致可以分为两大类：一类是为验证是否符合相应的法规、标准的要求，这一类多以汽车整车试验为主；另一类是为了提高制动系统的性能、验证其特性及改进其可靠性等而进行的，这一类多以制动系统的总成和部件的台架试验为主。

任务 7.5.1　汽车制动性能评价指标及制动性能检测参数标准

一、知识准备

(一) 概述

1. 制动装置的技术要求

（1）汽车制动系统应具有行车制动、驻车制动以及应急制动功能。汽车行车制动、应急制动和驻车制动的各系统以某种方式相连，它们应保证当其中一个或两个系统操纵机构的任何部件失效时仍具有应急制动功能。

（2）汽车制动操纵装置的安装位置要适当，其操纵装置必须有足够的储备行程，一般应在操纵装置全行程的 2/3 以内产生规定的制动效能；驻车制动机构装有自动调节装置时允许在全行程 3/4 以内达到规定的制动效能。

（3）制动装置必须保证车辆在正常使用条件下，不论受到何种振动，均能保证有效的制动效能。

（4）制动装置必须保证在正常使用环境中具有抗腐蚀和抗老化的能力。

（5）行车制动不论车速高低、载荷多少、车辆上坡和下坡，制动系统必须能控制车辆的行驶速度，且能使车辆安全、迅速、有效地停住；行车制动必须是可控制的；必须保证驾驶员在其座位上双手无须离开转向盘就能实现制动。

行车制动在产生最大制动作用时的踏板力，对于座位数小于或等于 9 的载客汽车应不大于 500 N；对于其他车辆应不大于 700 N。

液压行车制动在达到规定的制动效能时，踏板行程不得超过踏板全行程的 3/4；制动器装有自动调整间隙装置的车辆的踏板行程不得超过踏板全行程的 4/5，且座位数小于或等于 9 的载客汽车不得超过 120 mm，其他车辆不得超过 150 mm。

（6）应急制动必须在行车制动只有一处失效的情况下，在适当的一段距离内使车辆停住；应急制动应是可控制的，其应使驾驶员在座位上至少有一只手握住转向盘的情况下就可以实现制动。应急制动系统的操纵机构可以与行车制动系统的操纵机构结合，也可以与驻车制动系统的操纵机构结合，但 3 个操纵机构不得结合在一起。

（7）驻车制动必须通过纯机械装置实现其功能，即使驾驶员离开也能使车辆停驻在上坡或下坡的地方。驻车制动用手操纵时，座位数小于或等于 9 的载客汽车应不大于 400 N，其他车辆应不大于 600 N；用脚操纵时，座位数小于或等于 9 的载客汽车应不大于 500 N，其他车辆应不大于 700 N。

（8）采用液压制动的汽车在保持踏板力为 700 N 达到 1 min 时，踏板不得有缓慢向地板移动的现象。

（9）采用气压制动的机动车发动机在 75% 的标定功率转速下，4 min（汽车列车为 6 min，铰接公共汽车和无轨电车为 8 min）内气压表的指示气压应从零开始升至起步气压（未标起步气压者，按 400 kPa 计）。储气筒的容量应保证在不继续充气的情况下，车辆连续 5 次全制动后，气压不低于起步气压。

当气压升至 600 kPa 且在不使用制动的情况下，停止空气压缩机 3 min 后，其气压的降低值应不大于 10 kPa。在气压为 600 kPa 的情况下，将制动踏板踩到底，待气压稳定后观察 3 min，单车气压降低值不得超过 20 kPa，列车气压降低值不得超过 30 kPa。

气压制动系统必须装有限压装置，以确保储气筒内气压不超过允许的最高气压。

（10）汽车、无轨电车和四轮农用运输车的行车制动必须采用双管路或多管路，当部分管路失效时，剩余制动效能应仍能保持原规定值的 30% 以上。

（11）汽车在运行过程中，不应有自行制动现象。

2. 汽车制动性能评价指标

汽车制动性能是汽车的主要使用性能之一，汽车制动性能可用制动效能、制动效能的恒定性和制动时的方向稳定性三个指标进行评价。

1）制动效能

汽车的制动效能是制动性能最基本的评价指标，它是指汽车迅速降低行驶速度直至停车的能力。制动效能的评价指标有制动距离、制动减速度、制动时间和制动力等。其中，能既简单又直观地反映汽车制动效能的指标是制动距离。制动距离对汽车的行驶安全有直接关系，应越短越好。

国内外有关法规规定的制动距离、制动减速度都是在平坦、干燥、清洁的良好路面上测得的，并且若无特殊说明，一般是制动器在冷态条件下（制动开始时制动器温度在 100 ℃ 以下）测得的。

2）制动效能的恒定性

制动效能的恒定性是指汽车高速行驶或下长坡时，经连续或频繁制动后，保持冷态制动效能的特性。这一性能主要用抗热衰退性能表示，这是因为汽车制动过程实际是利用制动器将汽车行驶的动能转变为热能并被制动器吸收，制动器摩擦材料受热后性能下降的过程。

汽车在山区行驶时，尤其是在连续下长坡行驶时，制动器长期连续进行较大强度制动，其温度常在 300 ℃ 以上，高者达 600 ℃ ~ 700 ℃；而当汽车高速行驶时制动，制动器温度也会急剧上升。当制动器温度上升较高时，其摩擦力矩将显著下降，这种现象称为制动器热衰退。制动效能的恒定性主要是指制动器抗热衰退性能。

盘式制动器的散热性能优于鼓式制动器，其抗热衰退性能也好于鼓式制动器，所以现代轿车多采用盘式制动器。

3）制动时的方向稳定性（简称制动稳定性）

制动稳定性指汽车制动时不发生跑偏、侧滑及失去转向能力的特性，通常用制动时汽车按给定轨迹行驶的能力来评价。

制动跑偏是指汽车在平路上制动时，在转向盘居中的情况下自动向左或向右偏驶的现象。其主要是由于汽车左、右车轮制动不等造成的。此外，汽车轮胎的机械特性、悬架系统的结构与刚度、前轮定位、道路状况及车辆载荷分布状态等因素也会影响制动跑偏。

制动侧滑是指制动时汽车某一轴或两轴发生横向移动的现象。其主要是由于车轮制动抱死造成的。高速制动时，后轮抱死侧滑情况最为危险，易产生急剧回转，即制动"甩尾"现象；前轮抱死或前轮先抱死拖滑，汽车会失去转向能力，弯道行驶时非常危险。

3. 制动性能检测参数标准

根据国家标准 GB/T 7258—2004《机动车运行安全技术条件》的规定，机动车可以用检测制动距离、制动减速度和台试检验制动力等参数来判别制动性能，只要其中之一符合要求,即可判为合格。乘用车制动规范对行车制动器制动性的部分要求如表 7-11 所示。

表 7-11 GB/T 7258—2004 乘用车制动规范对行车制动器制动性的部分要求

试验路面附着系数 φ	载重	制动初速度 /(km·h^{-1})	制动时的稳定性	制动距离/m	制动减速度/(m·s^{-2})	踏板力/N
≥0.7	任何载荷	50	不许偏出 2.5m 通道	≤20	≥5.9	≤500

(二) 制动系统试验前准备

在道路上的整车试验时应做的准备工作。

1. 试验场地

(1) 试验路面应为干燥、平整的混凝土或具有相同附着系数的其他路面,路面上不许有松散的杂物。

(2) 在道路纵向任意 50 m 长度上的坡度应小于 1%;驻车试验坡度按有关条款规定;路拱坡度应小于 2%。

2. 气候条件

风速应小于 5 m/s;气温不超过 35 ℃。

3. 试验车辆载荷

满载:试验车辆处于厂定最大总质量状态,其载荷应均匀分布。应符合 GB/T 5910—1998 轿车质量分布的规定:人均质量 68 kg,人均行李质量 7 kg。人和行李质量可用重物代替。

空载:汽车油箱加至厂定容积的 90%,加满冷却液和润滑剂,携带随车工具和备胎。另包括 200 kg 质量(驾驶员、一名试验员和仪器的质量)。

轮胎充气充至厂定压力值,误差不超过 10 kPa;胎面花纹高度不低于新花纹的 50%。

4. 测量仪器

测量仪器须经计量标定,在有效期内使用。仪器安装不得影响制动系统的性能,测量仪器和精度如下:

(1) 控制力测定仪:精度不低于 2%。

(2) 减速度仪:精度不低于 5%。

(3) 测速仪:精度不低于 1%。

(4) 制动距离测定仪:精度不低于 1%。

(5) 时间测定仪:精度不低于 1 s。

(6) 温度测定仪:精度不低于 5%。

(7) 反应时间测量装置:精度不低于 0.1 s。

(8) 管路压力测量仪:精度不低于 2%。

5. 制动系统状况

制动系统的部件应按制造厂的规定进行装配和调整,制动器必须按制造厂规定进行磨合,试验之前允许调整制动装置。

6. 试验说明

(1) 试验分空载和满载两部分,按本节规定的顺序进行。空载试验项目可以集中进行试验,再进行满载试验项目。对试验程序的更改,应在试验报告中加以说明。

(2) 一、二次额外制动是允许的,但要避免整个试验程序重新进行。

(3) 在发动机接合状态下的制动试验,机械变速器应选用能正常地达到试验车速而又不超过发动机最高转速的挡位。允许车辆停止前脱开离合器。

(4) 若试验失效或鉴定另外型式的制动部件,需要全部或部分重新进行试验时,应遵循本方法的试验顺序。

(5) 踏板力应作用迅速,且在制动过程中保持稳定。

(6) 试验过程中,应观察和记录车辆跑偏情况及不正常的振动现象。

二、任务实施

一、汽车制动性能评价指标						
(1) 制动效能:						
(2) 制动效能的恒定性:						
(3) 制动时的方向稳定性:						
① 制动跑偏:						
② 制动侧滑:						
二、制动性能检测参数标准						
GB/T 7258—2004 乘用车制动规范对行车制动器制动性的部分要求						
试验路面附着系数 φ	载重	制动初速度 /(m·s^{-1})	制动时的稳定性	制动距离 /m	制动减速度 /(m·s^{-2})	踏板力/N
≥0.7	任何载荷		不许偏出 2.5 m 通道	≤	≥	≤
三、制动系统试验前准备						

1. 试验场地
(1) 试验路面应为_____
_____。
(2) 在道路纵向任意 50 m 长度上的坡度_____。驻车试验坡度按有关条款规定。路拱坡度应小于_____。
2. 气候条件
风速应小于_____;气温不超过_____。
3. 试验车辆载荷
满载:试验车辆处于厂定最大总质量状态,其载荷应均匀分布。应符合 GB/T 5910—1998 轿车质量分布的规定:人均质量_____kg,人均行李质量_____kg。人和行李质量可用_____代替。
空载:汽车油箱加至厂定容积的 90%,加满冷却液和润滑剂,携带随车工具和备胎,另包括 200 kg 质量(驾驶员、一名试验员和仪器的质量)。
轮胎充气充至厂定压力值,误差不超过_____kPa;胎面花纹高度不低于新花纹的_____%。
4. 制动系统状况
制动系统的部件应按制造厂的规定进行装配和调整,制动器必须按制造厂规定进行_____,试验之前_____调整制动装置。

续表

四、试验说明
（1）试验分空载和满载两部分。空载试验项目可以_____进行试验，再进行满载试验项目。对试验程序的更动，应在试验报告中加以说明。 （2）一、二次额外制动是_____的，但要_____整个试验程序重新进行。 （3）在发动机_____状态下的制动试验，机械变速器应选用能正常达到试验车速而又不超过发动机最高转速的挡位。允许车辆_____脱开离合器。 （4）若试验失效或鉴定另外型式的制动部件，需要全部或部分重新进行试验时，应遵循本方法的试验顺序。 （5）踏板力应作用_____，且在制动过程中保持_____。 （6）试验过程中，应观察和_____车辆跑偏情况及不正常的振动现象。

三、任务评价

专业班级：		姓名：		学号：	
专业（知识/技能）收获			（非专业）能力素质收获		
评价考核项目		自我评价		小组评价	教师评价
已掌握汽车制动性能的评价指标					
已掌握制动性能检测参数的标准					
已掌握制动系统试验前的准备工作					
课外学习时间（学时）					
工作态度（课堂、课后任务完成情况）					
合作意识及协调能力					
正确表达及沟通能力					
自律能力（缺勤/旷课/迟到/违纪次数）					

任务7.5.2　M、N类车辆行车制动系统O型试验

一、知识准备

（一）试验规程

（1）按规定的载荷和试验车速，脱开和接合发动机，依次进行试验。

（2）允许进行5次预备试验，以熟悉车轮不抱死及车辆没有严重偏离时的最佳制动性能。

（3）每一种试验不超过4次，试验须往、返进行，本项试验的总次数不得超过35次。

（4）每次制动前制动器为冷态，即在制动鼓外表面测得的初温为50 ℃~100 ℃。

(二) 试验顺序

1. 空载制动试验

(1) 制动初速度按表 7-12 规定的试验车速,脱开发动机制动。
(2) 制动初速度为最高车速的 30%,接合发动机制动。
(3) 制动初速度为最高车速的 80%,接合发动机制动。

表 7-12 行车制动系 O 型试验制动初速度　　　　km/h

车辆类别	M_1	M_2	M_3	N_1	N_2	N_3
制动初速度	80	60	60	80	60	60

2. 满载制动试验

(1) 制动初速度按表 7-12 规定的试验车速脱开发动机制动。

从减速度 1.5 m/s² 起,以级差 (1±0.2) m/s² 的间距逐次做制动试验,直到测出汽车极限制动性能为止。绘制"制动距离、充分发出的平均减速度——踏板力(或管路压力)"曲线图,取 O 型试验达到表 7-13 规定的充分发出的平均减速度时的踏板力或管路压力,作为 O 型试验的基准踏板力或基准管路压力。

表 7-13 行车制动系 O 型试验性能要求

车辆类别	M_1	M_2	M_3	N_1	N_2	N_3
制动初速度/(km·h⁻¹)	80	60	60	80	60	60
制动距离/m	$0.1v+\dfrac{v^2}{150}$			$0.15v+\dfrac{v^2}{130}$		
充分发出的平均减速度/(m·s⁻²)	5.8			5.0		
最大控制力/N	500			700		

注:表中 v 为试验车制动初速度。

(2) 制动初速度为最高车速的 30%,接合发动机制动。
(3) 制动初速度为最高车速的 80%,接合发动机制动。

3. 制动性能要求

在空载制动试验 (1)、(3) 和满载制动试验 (1)、(3) 中,应至少有一次达到表 7-13 规定的制动性能的要求。

4. 试验记录

实际制动初速度、制动距离、实际踏板力或管路压力和充分发出的平均减速度。

(三) 应急制动试验

应急制动分空载和满载制动试验,两种试验均为发动机脱开制动,制动性能应符合表 7-14 的要求。

表 7-14 应急制动性能要求

车辆类型	试验车制动初速度 v/(km·h⁻¹)	满载制动距离 S_{max}/m	充分发出的平均减速度 MFDD/(m·s⁻²)	最大控制力/N 手控制	最大控制力/N 脚控制
M_1	80	$0.1v+\dfrac{2v^2}{150}$	2.9	400	500

续表

车辆类型	试验车制动初速度 $v/(\mathrm{km}\cdot\mathrm{h}^{-1})$	满载制动距离 S_{max}/m	充分发出的平均减速度 $MFDD/(\mathrm{m}\cdot\mathrm{s}^{-2})$	最大控制力/N 手控制	最大控制力/N 脚控制
M_2	60	$0.15v+\dfrac{2v^2}{130}$	2.5	600	700
M_3	60				
N_1	70	$0.15v+\dfrac{2v^2}{115}$	2.2	600	700
N_2	50				
N_3	40				

注：表中 v 为试验车制动初速度。

充分发出的减速度（MFDD）按下列公式计算：

$$MFDD = \frac{v_b^2 - v_c^2}{25.92(s_c - s_b)}(\mathrm{m/s^2}) \tag{7-11}$$

式中，v_b——$0.8v$ 试验车速（km/h）；

v_c——$0.1v$ 试验车速（km/h）；

s_b——试验车速从 v 到 v_b 的行驶距离（m）；

s_c——试验车速从 v 到 v_c 的行驶距离（m）。

二、任务实施

一、试验规程
（1）按规定的载荷和试验车速，_____和_____发动机，依次进行试验。 （2）允许进行_____预备试验，以达到车轮不抱死及没有严重偏离时的最佳制动性能。 （3）每一种试验不超过____次，试验须往、返进行，本项试验的总次数不得超过____次。 （4）每次制动前制动器为冷态，即在制动鼓外表面测得的初温为_____℃。
二、试验顺序
1. 空载制动试验 （1）制动初速度按下表规定的试验车速，脱开发动机制动。

行车制动系 O 型试验制动初速度　　km/h

车辆类别	M_1	M_2	M_3	N_1	N_2	N_3
制动初速度						

（2）制动初速度为最高车速的_____%，接合发动机制动。

（3）制动初速度为最高车速的80%，_____发动机制动。

2. 满载制动试验

（1）制动初速度按规定的试验车速脱开发动机制动。从减速度_____起，以级差_____的间距逐次做制动试验，直到测出汽车极限制动性能为止。绘制"制动距离、充分发出的平均减速度—踏板力（或管路压力）"曲线图。

（2）制动初速度为_____车速的30%，接合发动机制动；

（3）制动_____为最高车速的80%，接合发动机制动。

续表

三、应急制动试验					
应急制动系性能要求车辆					
车辆类型	试验车制动初速度 $v/(\mathrm{km \cdot h^{-1}})$	满载制动距离 $S_{\max}/\mathrm{m}$	充分发出的平均减速度 $MFDD/(\mathrm{m \cdot s^{-2}})$	最大控制力/N	
				手控制	脚控制
M_1		$0.1v+\dfrac{2v^2}{150}$	2.9	400	
M_2 M_3		$0.15v+\dfrac{2v^2}{130}$	2.5	600	
N_1 N_2 N_3		$0.15v+\dfrac{2v^2}{115}$	2.2	600	

三、任务评价

专业班级：		姓名：		学号：
专业（知识/技能）收获			（非专业）能力素质收获	
评价考核项目		自我评价	小组评价	教师评价
掌握试验规程的程度				
掌握试验顺序的程度				
掌握应急制动系性能要求的程度				
课外学习时间（学时）				
工作态度（课堂、课后任务完成情况）				
合作意识及协调能力				
正确表达及沟通能力				
自律能力（缺勤/旷课/迟到/违纪次数）				

任务7.5.3 M、N类车辆驻车制动系统试验

一、知识准备

驻车制动系统试验时车辆处于满载，制动器温度不得超过100 ℃。

（一）静态试验

驻车制动系统静态试验可采用坡道试验或牵引试验中的一种方法进行。

1. 坡道试验

将试验车驶上规定的坡道，用行车制动器将车辆停住，将变速器置于空挡，用最大许用控制力做一次驻车制动，然后解除行车制动，保持 5 min。试验在相反方向再进行一次。

2. 牵引试验

试验车辆静止（未制动），按以下规定的控制力做一次驻车制动，用牵引装置牵引，保持试验车辆静止 5 min。

(1) 驻车制动用手控制，其控制力：M_1 类车不得超过 400 N，其他类车辆不得超过 600 N。

(2) 驻车制动用脚控制，其控制力：M_1 类车不得超过 500 N，其他类车辆不得超过 700 N。

牵引力增量小于试验车总质量的 18% 时，试验车辆应保持静止。试验在相反方向进行一次。

(二) 动态试验

(1) 车辆满载，加速至表 7-14 规定的初速度，脱开发动机，做一次驻车制动（驻车制动用手控制，其控制力：M_1 类车不得超过 400 N，其他类车辆不得超过 600 N；驻车制动用脚控制，其控制力：M_1 类车不得超过 500 N，其他类车辆不得超过 700 N）。

牵引力增量小于试验车总质量的 18% 时，试验车辆应保持静止。试验在相反方向进行一次。对 M_1 和 N_1 类车，若驻车制动系所用衬片与行车制动器的不同，则试验初速可改为 60 km/h。

(2) 试验结果：当满足行车制动系和应急制动系共用同一控制装置时，驻车制动系必须保证车辆处于行驶状态时也有效。操纵驻车控制装置，使得充分发出的平均减速度和停车前的瞬时减速度不得小于 1.5 m/s^2，控制力不得超过规定值，试验中只要有一次达到规定要求即认为符合要求。对于与行车制动器不共用制动衬片的 M 类或 N_1 类车的驻车制动，允许按制造厂的要求，以 60 km/h 的初速度进行试验，使得充分发出的平均减速度不小于 2.0 m/s^2、停车前的平均减速度不小于 1.5 m/s^2。

(3) 试验记录：制动控制力及充分发出的平均减速度和车辆停止前 1 s 内的减速度。

二、任务实施

一、驻车制动试验要求
驻车制动系统试验时
二、静态试验
驻车制动系静态试验可采用坡道试验或牵引试验中的一种方法进行。 1. 坡道试验

续表

2. 牵引试验
试验车辆静止（未制动），按以下规定的控制力做一次驻车制动，用牵引装置牵引，保持试验车辆静止 5 min。 （1）制动用手控制，其控制力：M_1 类车不得超过_____，其他类车辆不得超过 600 N。 （2）制动用脚控制，其控制力：M_1 类车不得超过_____，其他类车辆不得超过 700 N。 牵引力增量小于试验车总质量_____时，试验车辆应保持静止。试验在相反方向进行一次。
三、动态试验
（1）车辆满载，加速至规定的初速度，脱开发动机，做一次驻车制动（驻车制动用手控制，其控制力：M_1 类车不得超过 400 N，其他类车辆不得超过 600 N；驻车制动用脚控制，其控制力：M_1 类车不得超过 500 N，其他类车辆不得超过 700 N）。 牵引力增量小于试验车总质量的 18% 时，试验车辆应保持静止。试验在相反方向进行一次。对 M_1 和 N_1 类车，若驻车制动系所用衬片与行车制动器的不同，则试验初速可改为_____。 （2）试验结果：当满足行车制动系和应急制动系共用同一控制装置时，驻车制动系必须保证车辆处于行驶状态时也能制动。操纵驻车控制装置，使得充分发出的平均减速度和停车前的瞬时减速度不得小于 1.5 m/s²，控制力不得_____，试验中只要有一次达到规定要求即认为符合要求。对于与行车制动器不共用制动衬片的 M 类或 N_1 类车的驻车制动，允许按制造厂的要求，以 60 km/h 的初速度进行试验，使得充分发出的平均减速度不小于_____，停车前的平均减速度不小于_____。 （3）试验记录：制动控制力及充分发出的平均减速度和车辆停止前_____内的减速度。

三、任务评价

专业班级：	姓名：	学号：
专业（知识/技能）收获	（非专业）能力素质收获	

评价考核项目	自我评价	小组评价	教师评价
掌握驻车制动试验要求的程度			
掌握驻车制动系静态试验的程度			
掌握驻车制动系动态试验的程度			
课外学习时间（学时）			
工作态度（课堂、课后任务完成情况）			
合作意识及协调能力			
正确表达及沟通能力			
自律能力（缺勤/旷课/迟到/违纪次数）			

任务7.6 操纵稳定性试验

汽车的操纵稳定性是汽车主动安全性的重要评价指标。汽车操纵稳定性的评价有主观评价和客观评价两种方法。客观评价法是通过测试仪器测出表征性能的物理量，是通过横摆角速度、侧向加速度、侧倾角和转向力等来评价操纵稳定性的方法。主观评价法就是感觉评价，其方法是让试验评价人员根据试验时自己的感觉来进行评价，并按规定的项目和评分办法进行评分。

1. 操纵稳定性试验项目

汽车操纵稳定性涉及的问题较为广泛，因此，需要用较多的物理参量从多方面来进行评价。汽车操纵稳定性的基本内容及评价所用的物理参量如表7-15所示。

表7-15 操纵稳定性的基本内容及评价所用的物理参量

序号	基本内容	主要评价参量
1	转向盘角阶跃输入下进行的稳态响应；转向盘角阶跃输入下进行的瞬态响应	稳态横摆角速度增益—转向灵敏性、反应时间、横摆角速度波动的无阻尼圆频率
2	横摆角速度频率响应特性	共振峰频率、共振时振幅比、相位滞后角、稳态增益
3	转向盘中间位置操纵稳定性	转向灵敏度、转向盘力特性
4	回正性	回正后剩余横摆角速度与横摆角、达到剩余横摆角速度的时间
5	转向半径	最小转向半径
6	转向轻便性；原地转向轻便性；低速行驶转向轻便性；高速行驶转向轻便性	转向力、转向功
7	直线行驶性能：直线行驶性；侧向风稳定性；路面不平度稳定性……	转向盘转角、侧向偏移
8	典型行驶工况性能：蛇行性能；移线性能；双移线性能—回避障碍性能……	转向盘转角、转向力、侧向加速度、横摆角速度、侧偏角、车速等
9	极限行驶性能：圆周行驶极限侧向加速度；抗侧翻能力；发生侧滑时的控制性能……	极限侧向加速度及极限车速回至原来路径所需的时间

目前汽车操纵稳定性道路试验项目较多，以下重点介绍蛇行试验、稳态回转、转向盘阶跃输入、转向盘脉冲输入、转向回正和转向轻便性试验等六种试验。

2. 试验准备

在进行汽车操纵稳定性试验之前，应对测试仪器和车辆做必要的准备工作，以减小测试误差，提高试验结果的精度，使试验结果更能代表被试车辆的实际水平。

1) 测试仪器的检查

在进行试验前，应对所使用的仪器进行检查，检查其是否处于良好的技术状态、工作是否正常。检查内容如下：蓄电池电压是否正常；蓄电池接线柱夹是否夹紧；各仪器的接口是否松动；各仪器是否按使用说明书的要求进行正确安装；各仪器输出信号的幅值大小是否合适，若过大或过小，应进行调整，直到合适为止。

2)测试仪器的标定

测试仪器的标定是指通过试验建立测试仪器的输入量与输出量之间的关系。通常是利用一种标准设备产生已知的信号输入到待标定的测试仪器中,得到一个输出的电量,然后绘制出其标定曲线。对于线性较差的仪器,可用二次曲线进行拟合。

3. 试验条件

1)车辆准备

试验汽车是按厂方规定装备齐全的汽车,试验前应测定汽车的定位参数;对转向系、悬架系进行检查、调整和紧固,按规定进行润滑。只有认定试验汽车已符合厂方规定的技术条件且其他符合"一般试验条件",方可进行试验。

2)试验场地

汽车操纵稳定性道路试验应在专用汽车试验场进行。试验路面应为干燥、平坦、清洁的水泥或柏油路面,任何方向上的坡度不得大于2%。若无专用的试验场地,亦可在宽度不小于70 m、长度不小于2 000 m的飞机跑道上进行。

任务7.6.1 操纵稳定性试验内容、试验条件及蛇行试验

一、知识准备

蛇行试验是评价各种汽车随动性、收敛性、方向操纵轻便性及事故可避免性的典型试验,也是包括车辆、驾驶员、环境在内的一种闭环试验。其试验结果不但取决于车辆本身的特性,而且还取决于驾驶员的自身特性和驾驶技术。

本项试验是在保证安全的前提下以尽可能高的车速进行,依此考验汽车在接近侧滑或侧翻工况下的操纵性能,其也可以作为若干汽车进行操纵性对比时主观评价的一种感觉试验。

蛇行试验用于测定汽车蛇形行驶的能力,以综合评价汽车行驶的稳定性和乘坐的舒适性。

(一)测量数据

应测量的数据为转向盘转角、横摆角速度、车身侧倾角通过有效标桩区时间和侧向加速度。

(二)试验仪器设备

(1)试验仪器设备须经计量检定,在有效期内使用,并在使用前进行调整,以确保功能正常,符合精度要求。

(2)包括传感器及记录仪器在内的整个测量系统的频带宽度不小于3 Hz。

(3)各测量用仪器,其测量范围及最大误差应满足表7-16的要求。

表7-16 测量仪器测量范围及最大误差

序号	测量变量	测量范围	测量仪器最大误差
1	转向盘转角/(°)	±360	±2(转角≤180)±4(转角>180)
2	横摆角速度/(°·s^{-1})	±50	±0.5
3	车身侧倾角/(°)	±15	±0.15
4	侧向加速度/(m·s^{-2})	9.8	±0.15

(三)试验条件

试验条件见本模块任务 7.1 中的"一般试验条件"。

(四)试验方法

(1) 在试验场地上按图 7-17 及表 7-17 的规定,布置 10 根标桩。

(2) 接通仪器电源,使之预热到正常工作温度。

(3) 试验驾驶员应具有较丰富的驾驶经验。在正式实验前,应按图 7-17 所示路线,练习 5 个往返。

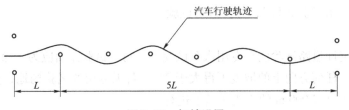

图 7-17 标桩设置

表 7-17 各种车型标桩间距和基准车速

序号	汽车类型	标桩间距/m	基准车速/($km \cdot h^{-1}$)
1	轿车、轻型客车及最大总质量小于或等于 2.5 t 的货车和越野汽车	30	65
2	中型客车及最大总质量大于 2.5 t 而小于或等于 6 t 的货车和越野汽车		50
3	大型客车及最大总质量大于 6 t 而小于或等于 15 t 的货车和越野汽车	50	60
4	特大型客车及最大总质量大于 15 t 的货车和越野汽车		50

(4) 试验汽车以近似基准车速 1/2 的稳定车速直线行驶,在进入试验区段之前,记录各测量变量的零线,然后蛇行通过试验路段,同时记录各测量变量的时间历程曲线及通过有效标桩区的时间。

(5) 提高车速,共进行 10 次(撞倒标桩的次数不计在内)。最高车速不超过 80 km/h。

(五)注意事项

(1) 应在稳态回转试验结束后,确认被试汽车是在不足转向特性的前提下进行的本项试验。

(2) 为了减轻驾驶员主观因素的影响,确保试验安全性,应由驾驶技术娴熟的驾驶员进行操作。

(3) 参加试验人员应佩戴必要的安全防护用品,例如安全帽等。

(六)试验数据处理

典型的蛇行试验记录曲线如图 7-18 所示。

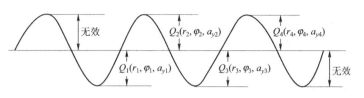

图 7-18 蛇行试验记录曲线

1) 蛇行车速

第 i 次蛇行车速按式（7-12）确定：

$$v_i = \frac{306L(N-1)}{T_i} \tag{7-12}$$

式中，v_i——第 i 次试验的蛇行车速（km/h）；

L——标桩间距（m）；

N——有效标桩区起始至终了标桩数，$N=6$；

T_i——第 i 次试验通过有效标桩区时间（s）。

2) 平均转向盘转角

第 i 次平均转向盘转角按式（7-13）确定：

$$\theta_i = \frac{1}{4}\sum_{j=1}^{4}|\theta_{ij}| \tag{7-13}$$

式中，θ_i——第 i 次试验平均转向盘转角（°）；

θ_{ij}——在有效标桩区内，转向盘转角时间历程曲线峰值（°）。

3) 平均横摆角速度

第 i 次平均横摆角速度按式（7-14）确定：

$$\gamma_i = \frac{1}{4}\sum_{j=1}^{4}|\gamma_{ij}| \tag{7-14}$$

式中，γ_i——第 i 次试验平均横摆角速度（°/s）；

γ_{ij}——在有效标桩区内，横摆角速度时间历程曲线峰值（°/s）。

4) 平均车身侧倾角

第 i 次平均车身侧倾角按式（7-15）确定：

$$\varphi_i = \frac{1}{4}\sum_{j=1}^{4}|\varphi_{ij}| \tag{7-15}$$

式中，φ_i——第 i 次试验平均车身侧倾角（°）；

φ_{ij}——在有效标桩区内，车身侧倾角时间历程曲线峰值（°）。

5) 平均侧向加速度

第 i 次平均侧向加速度按式（7-16）确定：

$$a_{yi} = \frac{1}{4}\sum_{j=1}^{4}|a_{yij}| \tag{7-16}$$

式中，a_{yi}——第 i 次试验平均侧向加速度（m/s²）；

a_{yij}——在有效标桩区内，侧向加速度时间历程曲线峰值（m/s²）。

（七）质量评定

本项试验按基准车速下的平均横摆角速度峰值 r 与平均转向盘转角峰值 θ 进行评价计分。

二、任务实施

一、操纵稳定性试验项目及评价物理参量

（1）操纵稳定性道路试验主要项目：

（2）操纵稳定性的基本内容及评价所用的物理参量。

序号	基本内容	主要评价参量
1	转向盘角阶跃输入下进行的稳态响应；转向盘角阶跃输入下进行的瞬态响应	
2	横摆角速度频率响应特性	
3	转向盘中间位置操纵稳定性	
4	回正性	
5	转向半径	
6	转向轻便性：原地转向轻便性；低速行驶转向轻便性；高速行驶转向轻便性	
7	直线行驶性能：直线行驶性；侧向风稳定性；路面不平度稳定性……	
8	典型行驶工况性能：蛇行性能；移线性能；双移线性能—回避障碍性能……	
9	极限行驶性能：圆周行驶极限侧向加速度；抗侧翻能力；发生侧滑时的控制性能……	

二、试验条件

1. 车辆准备

2. 试验场地

三、蛇行试验

蛇行试验是评价各种汽车随动性、收敛性、方向操纵轻便性及事故可避免性的典型试验。本项试验需在保证安全的前提下以尽可能高的车速进行，依此考验汽车在接近侧滑或侧翻工况下的操纵性能，也可以作为若干汽车进行操纵性对比时主观评价的一种感觉试验。

1. 测量数据

应测量的数据为

2. 试验方法

（1）在试验场地上按标桩设置图及表中各种车型标桩间距和基准车速的规定，布置10根标桩。

（2）接通仪器电源，使之预热到正常工作温度。

（3）试验驾驶员应具有较丰富的驾驶经验。在正式实验前，应按标桩设置所示路线，练习_____往返。

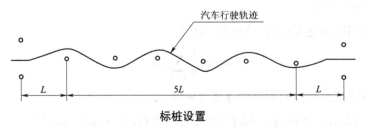

标桩设置

续表

各种车型标桩间距和基准车速

序号	汽车类型	标桩间距/m	基准车速/(km·h^{-1})
1	轿车、轻型客车及最大总质量小于或等于2.5 t的货车和越野汽车	30	65
2	中型客车及最大总质量大于2.5 t而小于或等于6 t的货车和越野汽车		50
3	大型客车及最大总质量大于6 t而小于或等于15 t的货车和越野汽车	50	60
4	特大型客车及最大总质量大于15 t的货车和越野汽车		50

（4）试验汽车以近似基准车速_____的稳定车速直线行驶，在进入试验区段之前，记录各测量变量的_____，然后蛇行通过试验路段，同时记录各测量变量的时间历程曲线及通过有效标桩区的时间。

（5）提高车速共进行_____次（撞倒标桩的次数不计在内）。最高车速不超过 80 km/h。

3. 注意事项

（1）应在稳态回转试验结束后，确认被试汽车_____的前提下进行本项试验。

（2）为了减轻驾驶员主观因素的影响，确保试验安全性，应由驾驶技术_____的驾驶员进行操作。

（3）参加试验人员应佩戴必要的_____用品，例如安全帽等。

三、任务评价

专业班级：		姓名：		学号：	
专业（知识/技能）收获			（非专业）能力素质收获		
评价考核项目		自我评价		小组评价	教师评价
掌握操纵稳定性道路试验主要项目及评价物理参量的程度					
掌握操纵稳定性道路试验条件的程度					
掌握蛇行试验方法的程度					
课外学习时间（学时）					
工作态度（课堂、课后任务完成情况）					
合作意识及协调能力					
正确表达及沟通能力					
自律能力（缺勤/旷课/迟到/违纪次数）					

任务 7.6.2 稳态回转试验

一、知识准备

汽车稳态转向特性对汽车的操纵稳定性有非常重要的影响。汽车的稳态转向特性分为 3 种类型，即不足转向、中性转向和过度转向。其中：不足转向是指在转向盘保持一定转角的情况下，缓慢加速或以不同车速等速行驶时，随着车速的增加，汽车的转弯半径随之增大；中性转向是指在上述情况下，汽车的转弯半径保持不变；过度转向是指在上述情况下，汽车的转弯半径越来越小。

本项试验是测定汽车在转向盘有转角输入且汽车达到稳定行驶的情况下，汽车运动的稳态响应。这种试验适用于轿车、客车、载货汽车及越野车。

（一）测量数据

（1）必测数据：汽车前进车速；汽车横摆角速度；车身侧倾角。

（2）希望测量数据：侧向加速度；汽车纵向加速度；汽车侧向加速度。

（二）试验仪器设备

（1）试验仪器设备须经计量检定，在有效期内使用，并在使用前进行调整，以确保功能正常，符合精度要求。

（2）包括传感器及记录仪器在内的整个测量系统的频带宽度不小于 3 Hz。

（3）各测量用仪器，其测量范围及最大误差应满足表 7-18 的要求。

表 7-18 测量仪器测量范围及最大误差

序号	测量数据	测量范围	测量仪器最大误差
1	汽车前进车速/（m·s^{-1}）	0~20	±0.5
2	横摆角速度/（°·s^{-1}）	±50	±0.5
3	车身侧倾角/（°）	±15	±0.15
4	汽车侧向加速度/（m·s^{-2}）	9.8	±0.15
5	汽车纵向加速度/（m·s^{-2}）	9.8	±0.15
6	汽车质心侧偏角/（°）	±15	±0.5

（三）试验条件

试验条件见本模块任务 7.1 中所述的"一般试验条件"。

（四）试验方法

（1）在试验场地上，用明显颜色笔画出半径为 15 m 或 20 m 的圆周。

（2）接通仪器电源，使之预热到正常工作温度。

（3）试验开始之前，汽车应以加速度为 3 m/s^2 的相应车速沿画定的圆周行驶 500 m，以使轮胎升温。

（4）驾驶员操纵汽车以最低稳定速度沿所画圆周行驶，待安装于汽车纵向对称面上的车速传感器在半圈内都能对准地面所画圆周时，固定转向盘不动，停车并开始记录，记下各变量的零线。

(5) 汽车起步，缓慢连续而均匀加速（纵向加速度不超过 0.25 m/s²），直至汽车的侧向加速度达到 6.5 m/s²（或受发动机功率限制所能达到的最大侧向加速度，或汽车出现不稳定状态）为止，记录整个过程。

(6) 汽车按向左转和向右转两个方向进行，每个方向试验三次，每次试验开始时车身应处于正中位置。

(五) 试验数据处理

1) 转弯半径比 R_i/R_0 与侧向加速度 a_y 关系曲线

(1) 点的转弯半径 R_i 及侧向加速度 a_i。

根据记录的横摆角速度 γ_i 及汽车前进车速 v_i，用式 (7-17) 和式 (7-18) 计算：

$$R_i = \frac{v_i}{\gamma_i} \tag{7-17}$$

$$a_{yi} = v_i \cdot \gamma_i \tag{7-18}$$

式中，$i = 1, 2, 3, \cdots, n$，n 为采样点数；

v_i——i 时刻的车速值 (m/s)；

γ_i——i 时刻的汽车横摆角速度的瞬时值 (rad/s)；

R_i——i 时刻的汽车横摆瞬时回转半径 (m)；

a_{yi}——i 时刻汽车横摆角速度 (m/s²)。

(2) 初始圆周半径 R_0。

定转向盘转角连续加速时 R_0 为初始半径（$R_0 = 15$ m）。

定转向盘转角逐级加速时，汽车以最低的速度维持等速圆周行驶，测定车速 v_0 及横摆角速度 γ_0。由于车速很低，离心力很小，轮胎侧偏角可忽略不计，故初始圆周半径 R_0 可用式 (7-19) 计算：

$$R_0 = \frac{v}{\gamma_0} \tag{7-19}$$

据此绘制汽车转弯半径比 R_i/R 与侧身加速度 a_y 的关系曲线。

2) 汽车前后轴侧偏角差值 $(\delta_1 - \delta_2)$——侧向加速度 a_y 关系曲线

(1) 当汽车以极低的速度转向行驶时，作用于汽车上的横向力很小，此时汽车的侧偏角几乎为零，转向轮转角与汽车回转半径近似存在以下关系（见图 7-19）：

$$\tan\alpha = \frac{L}{R} \tag{7-20}$$

式中，α——转向轮转角 (rad)；

L——汽车轴距 (m)；

R——汽车后轿中点回转半径 (m)。

将式 (7-20) 改写为

$$\alpha = \arctan\left(\frac{L}{R}\right) \tag{7-21}$$

α 称阿克曼转角，是转向特性的判别重要参数。

（2）当试验车速提高后，由于侧向力的增大，左、右轮胎负荷的转移，转向系与悬架系运动干涉的加剧，悬架举升效应的增强以及车轮外倾等综合作用结果，使汽车的回转中心已不在图 7-19 中的 O 点而移至图 7-20 中的 O' 点，此时汽车回转半径的计算公式变为

$$R_i = \frac{L}{\alpha - (\delta_1 - \delta_2)} \tag{7-22}$$

式中，R_i——汽车某瞬时的回转半径（m）；
δ_1——某瞬时前桥综合侧偏角（rad）；
δ_2——某瞬时后桥综合侧偏角（rad）。

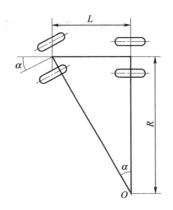

图 7-19 转向轮转角与
汽车回转半径的近似关系

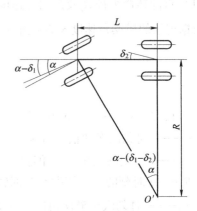

图 7-20 转向轮转角与
汽车回转半径的近似关系

汽车稳态回转时，则：

$$\delta_1 = \delta_2 = \frac{360}{2\pi} \cdot L \cdot \left(\frac{1}{\delta_1} - \frac{1}{\delta_2}\right) \tag{7-23}$$

式中，δ_1，δ_2——前后轴侧偏角（°）；
L——汽车轴距（m）。

根据计算结果，可绘出汽车前后轴侧偏角差值 $(\delta_1 - \delta_2)$ -侧向加速度 a_y 曲线。

（六）转向特性的判别

1）中性转向

当车速一定而改变横向加速度时，若名义转向角的斜率等于阿克曼转角的斜率，则该汽车的转向特性为中性转向特性。在试验中，若汽车的回转半径不随车速的改变而变化或者转向盘转角不随侧向加速度的增大而增大，则被试汽车的转向特性为中性转向特性。

2）不足转向

当车速一定而改变横向加速度时，若名义转向角的斜率大于阿克曼转角的斜率，则该汽车的转向特性为不足转向特性。在试验中，若汽车的回转半径随车速的升高而增大或者转向盘转角随侧向加速度的增大而增大，则被试汽车的转向特性为不足转向特性。

3）过度转向

当车速一定而改变横向加速度时，若名义转向角的斜率小于阿克曼转角的斜率，则该汽

车的转向特性为不足转向特性。在试验中，若汽车的回转半径随车速的升高而减小或者转向盘转角随侧向加速度的增大而减小，则被试汽车的转向特性为过度转向特性。

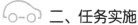 二、任务实施

一、汽车的稳态转向特性
汽车的稳态转向特性分为 3 种类型，即不足转向、中性转向和过度转向。其特点如下： 不足转向是指： 中性转向是指： 过度转向是指：
二、测量数据
(1) 必测数据有： (2) 希望测量数据有：
三、试验仪器设备
(1) 试验仪器设备须经计量检定，在有效期内使用，并在使用前进行调整，以确保功能正常，符合精度要求。 (2) 包括传感器及记录仪器在内的整个测量系统的频带宽度不小于_____。 (3) 各测量用仪器，其测量范围及最大误差应满足下表要求。 	序号	测量数据	测量范围	测量仪器最大误差
---	---	---	---
1	汽车前进车速/ (m·s^{-1})		
2	横摆角速度/ (°·s^{-1})		
3	车身侧倾角/ (°)		
4	侧向加速度/ (m·s^{-2})		
5	汽车纵向加速度/ (m·s^{-2})		
6	汽车质心侧偏角/ (m·s^{-2})			
四、试验方法
(1) 在试验场地上，用明显颜色笔画出半径为_____或_____的圆周。 (2) 接通仪器电源，使之_____到正常工作温度。 (3) 试验开始之前，汽车应以加速度为 3 m/s^2 的相应车速_____的圆周行驶 500 m 以使轮胎升温。 (4) 驾驶员操纵汽车以_____速度沿所画圆周行驶，待安装于汽车纵向对称面上的车速传感器在半圈内都能对准地面所画圆周时，固定_____不动，停车并开始记录，记下各变量的零线。 (5) 汽车起步，缓慢连续而均匀的加速（纵向加速度不超过 0.25 m/s^2），直至汽车的_____加速度达到 6.5 m/s^2（或受发动机功率限制而所能达到的最大侧向加速度，或汽车出现不稳定状态）为止，记录整个过程。 (6) 汽车按向左转和向右转两个方向进行，每个方向试验_____次。每次试验开始时车身应处于正中位置。
五、转向特性判别
1. 中性转向 2. 不足转向 3. 过度转向

三、任务评价

专业班级：　　　　　　　姓名：　　　　　　　学号：

专业（知识/技能）收获		（非专业）能力素质收获	

评价考核项目	自我评价	小组评价	教师评价
掌握汽车稳态转向特性的程度			
掌握稳态回转试验方法的程度			
掌握转向特性判别方法的程度			
课外学习时间（学时）			
工作态度（课堂、课后任务完成情况）			
合作意识及协调能力			
正确表达及沟通能力			
自律能力（缺勤/旷课/迟到/违纪次数）			

任务7.6.3　转向盘转角阶跃输入试验

一、知识准备

若汽车在等速直线行驶时急速转动转向盘，然后维持其转角不变，则给汽车以转向盘转角阶跃输入。通常情况下，汽车经短暂时间后便进入等速圆周行驶。在等速直线行驶与等速圆周行驶这两个稳态运动之间的过渡过程就是一种瞬态，这种瞬态运动响应称为转向盘转角阶跃输入下的瞬态响应。测定这种能力的试验是一种转向瞬态响应试验，其试验结果用来评价汽车的动态特性。

（一）测量数据

（1）汽车前进速度。
（2）转向盘转角。
（3）横摆角速度。
（4）车身侧倾角。
（5）侧向加速度。
（6）汽车质心侧偏角。

（二）试验仪器设备

（1）试验仪器设备须经计量检定，在有效期内使用，并在使用前进行调整，以确保功能正常，符合精度要求。
（2）包括传感器及记录仪器在内的整个测量系统的频带宽度不小于3 Hz。
（3）各测量用仪器，其测量范围及最大误差应满足表7-19的要求。

表 7-19　测量仪器测量范围及最大误差

序号	测量变量	测量范围	测量仪器最大误差
1	转向盘转角/(°)	±360	±2（转角≤180），±4（转角>180）
2	横摆角速度/(°·s^{-1})	±50	±0.5
3	车身侧倾角/(°)	±15	±0.15
4	侧向加速度/(m·s^{-2})	9.8	±0.15
5	汽车前进速度/(m·s^{-1})	0~50	±0.5
6	汽车质心侧偏角/(°)	±15	±0.5

（三）试验条件

试验条件见本模块任务 7.1 中的"一般试验条件"。

（四）试验方法

(1) 试验车速按被试汽车最高车速的 70% 并四舍五入为 10 的整数倍确定。

(2) 试验前，以试验车速行驶 10 km，使轮胎升温。

(3) 接通仪器电源，使之达到正常工作温度。在停车状态下记录车速零线。

(4) 试验中转向盘转角的预选位置（输入角）按稳态侧向加速度值 1~3 m/s² 确定，从侧向加速度为 1 m/s² 做起，每隔 0.5 m/s² 进行一次试验。

(5) 汽车以试验车速直线行驶，先按输入方向轻轻靠紧转向盘，消除转向盘自由行程并开始记录各测量变量的零线，经过 0.2~0.5 s，以最快的速度（起跃时间不大于 0.2 s 或起跃速度不低于 200°/s）转动转向盘，使其达到预先选好的位置并固定数秒钟（待所测变量过渡到新稳态值），停止记录。记录过程中保持车速不变。

(6) 试验按向左转与向右转两个方向进行。可以在两个方向交替进行，也可以连续在一个方向进行，然后再在另一个方向进行。

（五）注意事项

(1) 本项试验必须在被试车经过稳态回转试验确认其侧向加速度为 3 m/s² 以下且不出现过度转向特性。

(2) 驾驶员在练习时，一定要从低速小转角开始，然后逐渐增加到试验所要求的车速与侧向加速度。

(3) 转向盘转角输入波形不允许有峰值或波动，起跃时间应不大于 0.2 s 或起跃速度不低于 200°/s。

(4) 为了提高试验精度和试验结果的重复性，必须注意消除转向盘的自由行程。

(5) 为了保证安全，参加试验人员要佩戴必要的防护用品。

（六）数据处理

给转向盘一个突然的转角 θ 输入，并固定不变，这相当于给系统一个阶跃位移干扰。如果系统稳定的话，它将从一个稳态（直线行驶）过渡到另一个稳态（转圈行驶），这个过程称过渡过程。系统的输出（例如横摆角速度）如图 7-21 所示。

汽车受转向盘输入干扰引起的运动变量包括横摆角速度 $\gamma(t)$、侧向加速度 $a_y(t)$、质心侧偏

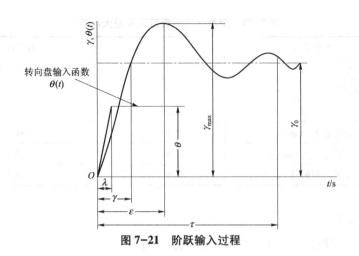

图 7-21 阶跃输入过程

角 $\beta(t)$ 和车身侧偏角 $\varphi(t)$ 等。其中用二自由度陀螺仪记录的横摆角速度 $\gamma(t)$ 受外界干扰较小，有较高的精度，且某些指标与驾驶员的主观评价相关性较好，并已被世界各国汽车行业接受。

以转向盘转角达到终值的 50% 时刻作为坐标原点，到所测变量过渡到新稳态值 90% 所需的时间称为响应时间 τ（横摆角速度响应时间和侧向加速度响应时间）

响应时间 τ 表明了系统的灵敏特性。在线性范围内，相同车速 v 下，响应时间 τ 与转向盘输入转角 θ 的大小无关。较大的影响时间不利于汽车的控制，或者说汽车对转向输入响应迟钝。可以说响应时间是汽车控制性能的关键指标，这个指标与驾驶员的主观评价有很好的相关性，较小的响应时间会得到驾驶员的好评。QC/T 480 在转向盘转角阶跃输入试验中，仅取此一项作为评分标准。

各测量变量的稳态值，采用进入稳态后的均值。若汽车前进速度的变化率大于 5% 或转向盘转角的变化超过平均值的 10%，则本次试验无效。

（1）稳态的侧向加速度值，按下述两种办法之一确定。

① 侧向加速度计测量，其输出轴应与 Y 轴对正或平行，如加速度传感器随车身一起侧倾时，应按下式加以修正：

$$a_y = \frac{\overline{a}_y - g \cdot \sin\varphi}{\cos\varphi} \tag{7-24}$$

式中，a_y——真实的侧向加速度值（m/s²）；

$\overline{a}_y$——加速度传感器指示的侧向加速度值（m/s²）；

g——重力加速度（m/s²）；

φ——车身侧倾角（°）。

② 横摆角速度乘以汽车前进速度。

$$a_y = \gamma v \tag{7-25}$$

（2）横摆角速度超调量按式（7-26）确定：

$$\sigma = \frac{\gamma_{max} - \gamma_0}{\gamma_0} \times 100\% \tag{7-26}$$

式中，σ——横摆角速度超调量（%）；

γ_0——横摆角速度响应稳态值（°/s）；

γ_{max}——横摆角速度响应稳态值（°/s）；

（3）横摆角速度总方差按式（7-27）确定：总方差 E_γ 理论上表达了汽车横摆角速度响应时间 $\gamma(t)$ 跟随转向输入 $\theta(t)$ 的灵敏性。若干试验结果表明，操纵稳定性能得到改善的汽车，其总方差会减小。

$$E_\gamma = \sum_{i=0}^{n} \left(\frac{\theta_i}{\theta_0} - \frac{\gamma_i}{\gamma_0} \right)^2 \cdot \Delta t \quad (7-27)$$

式中，E_γ——横摆角速度总方差（s）；

θ_i——转向盘转角输入的瞬态值（°）；

γ_i——汽车横摆角速度输出的瞬态值（°/s）；

θ_0——转向盘转角输入终值（°）；

γ_0——汽车横摆角速度响应稳态值（°/s）；

n——采样点数，取至汽车横摆角速度响应达新稳态值为止；

Δt——采样时间间隔，不应大于 0.2 s。

（4）侧向加速度总方差按式（7-28）确定：

$$E_{ay} = \sum_{i=0}^{n} \left(\frac{\theta_i}{\theta_0} - \frac{a_{yi}}{a_{y0}} \right)^2 \cdot \Delta t \quad (7-28)$$

式中，E_{ay}——侧向加速度总方差（s）；

a_{yi}——侧向加速度响应的瞬态值（m/s²）；

a_{y0}——侧向加速度响应的稳态值（m/s²）；

（七）质量评定

本项试验对最大总质量小于或等于 6 t 的汽车按侧向加速度值为 2 m/s² 时的横摆角速度响应时间 τ 进行评价分析，其评价计分值按下式计算：

$$N_J = \frac{40}{\tau_{60} - \tau_{100}} (\tau_{60} - \tau) \quad (7-29)$$

式中，N_J——汽车横摆角速度响应时间的评价计分值；

τ_{60}——汽车横摆角速度响应时间的下限值（s）；

τ_{100}——汽车横摆角速度响应时间的上限值（s）；

τ——侧向加速度值为 2 m/s² 时，汽车横摆角速度响应时间的试验值（s）。

当 N_J 大于 100 时，按 100 分计。

汽车横摆角速度响应时间 τ 的下限值 τ_{60} 与上限值 τ_{100} 如表 7-20 所示。

表 7-20 指标限值　　　　　　　　　　　　　　　　s

车　型	指　标	
	τ_{60}	τ_{100}
轿车，最高车速>120 km/h	0.20	0.06
轿车，最高车速≤120 km/h 客车和货车，最大总质量≤2.5t	0.30	0.10
客车和货车，2.5t<最大总质量≤6t	0.40	0.15

二、任务实施

一、转向盘转角阶跃输入试验
转向盘转角阶跃输入是指：
二、测量数据
(1)　　　　　　　　　　(2)　　　　　　　　　　(3)
(4)　　　　　　　　　　(5)　　　　　　　　　　(6)
三、试验方法
(1)
(2)
(3)
(4)
(5)
(6)
四、注意事项
(1)
(2)
(3)
(4)
(5)

三、任务评价

专业班级：		姓名：		学号：	
专业（知识/技能）收获			（非专业）能力素质收获		
评价考核项目			自我评价	小组评价	教师评价
掌握转向盘转角阶跃输入试验含义及目的的程度					
掌握转向盘转角阶跃输入试验方法的程度					
掌握转向盘转角阶跃输入试验时注意事项的程度					
课外学习时间（学时）					
工作态度（课堂、课后任务完成情况）					
合作意识及协调能力					
正确表达及沟通能力					
自律能力（缺勤/旷课/迟到/违纪次数）					

任务 7.6.4 转向盘转角脉冲输入试验

一、知识准备

转向盘转角脉冲输入试验是对转向盘输入转角脉冲,以测定汽车的频率响应特性及对输入信号输出的失真程度。

(一)测量数据

(1)汽车前进车速。
(2)转向盘转角。
(3)侧向加速度。
(4)横摆角速度。

(二)试验仪器设备

(1)试验仪器设备须经计量检定,在有效期内使用,并在使用前进行调整,以确保功能正常,符合精度要求。
(2)包括传感器及记录仪器在内的整个测量系统的频带宽度不小于 3 Hz。
(3)仪器测量范围及最大误差应满足表 7-21 的要求。

表 7-21 测量仪器测量范围及最大误差

序号	测量变量	测量范围	测量仪器最大误差
1	转向盘转角/(°)	±360	±2(转角≤180),±4(转角>180)
2	横摆角速度/(°·s^{-1})	±50	±0.5
3	汽车前进速度/(m·s^{-1})	0~50	±0.5
4	侧向加速度/(m·s^{-2})	9.8	±0.15

(三)试验条件

试验条件见本模块任务 7.1 中的"一般试验条件"。

(四)试验方法

(1)试验车速按试验汽车最高车速 70% 确定,并取整为 60 km/h、80 km/h、100 km/h 或 120 km/h。

(2)试验前以试验车速行驶 10 km,使轮胎升温。

(3)接通仪器电源,使之达到正常工作温度。

(4)汽车以试验车速直线行驶,使其横摆角速度为 (0±0.5)°/s。作一标记,记下转向盘中间位置(直线行驶位置),然后给转向盘一个三角脉冲转角输入(见图 7-22)。试验时向左(或向右)转动转向盘,并迅速转回原处(允许及时修正)保持不动,记录全部过程,直至汽车恢复到直线行驶位置。转向盘转角输入脉宽为 0.3~0.5 s,其最

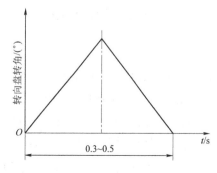

图 7-22 转向盘输入脉冲简图

大转角应使本试验过渡过程中最大侧向加速度为 0.2~0.3g（g 为重力加速度）。当转动转向盘时，应尽量使其转角的超调量达到最小。记录时间内，应保持油门开度不变。

（5）试验至少按左、右方向转动转向盘（转角脉冲输入）各三次，每次输入的时间间隔不得少于 5 s。

（五）注意事项

（1）脉冲宽度不可太大，一般为 0.3~0.5 s，若太宽，则会影响高频区的分析精度。

（2）脉冲输入前、后的零线应尽可能重合。零线的影响主要表现在低频区，频率越低，影响越严重。因此，要求转向盘三角脉冲输入后的终值应与输入前的初值一致，以确保低频区的分析精度。

（3）每次试验时，转向盘脉冲输入的最大侧向加速度值不应超过 4 m/s²，以保证试验安全。

（4）试验人员应佩戴必要的防护用品。

（六）试验数据处理

（1）在一次试验中，所记录的汽车车速和转向盘转角时间历程（v-t 和 θ-t 曲线）应在计算机上进行显示，车速变化不应超过规定车速的±5%。转向盘转角的零线在转动转向盘进行脉冲输入的前后应一致。当其差别不大于转向盘转角最大值的±10%时，应将转向盘脉冲输入的起点和终点的连线作为参考零线，否则本次试验记录应予以废除。

（2）应对转向盘脉冲输入与横摆响应进行幅频特性和相频特性的分析，可在专门的信号处理设备上进行，亦可使用式（7-30）在通用电子计算机上进行计算：

$$G(jk\omega_0) = \frac{\int_0^T r(t)\cos k\omega_0 t \mathrm{d}t - j\int_0^T r(t)\sin k\omega_0 t \mathrm{d}t}{\int_0^T \theta(t)\cos k\omega_0 t \mathrm{d}t - j\int_0^T \theta(t)\sin k\omega_0 t \mathrm{d}t} \qquad (7\text{-}30)$$

式中，$r(t)$——横摆角速度时间历程；

$\theta(t)$——转向盘转角时间历程；

ω_0——计算时选用的最小频率，一般取为 0.1；

$k=1$，2，3，…，n。$n\times\omega_0=3$ Hz。

（七）质量评定

本项试验按谐振频率 f、谐振峰水平 D 和相位滞后角 α 三项指标进行评价计分。

1. 谐振频率 f 的评价计分值

谐振频率 f 的评价计分值按式（7-31）计算：

$$N_f = 60 \frac{40}{f_{100}-f_{60}} \cdot (f_p - f_{60}) \qquad (7\text{-}31)$$

式中，N_f——谐振频率的评价计分值；

f_{100}——谐振频率的上限值（Hz）；

f_{60}——谐振频率的下限值（Hz）；

f_p——转向盘转角脉冲输入试验中，幅频特性谐振峰所对应的频率（Hz）（当不存在明显的谐振峰时，为近 70%横摆角速度增益的通频带宽除以 $\sqrt{2}$ 所得的值）。

当 N_f 大于 100 时，按 100 分计。

2. 谐振峰水平 D 的评价计分值

谐振峰水平 D 的定义为

$$D = 20 \cdot \lg \frac{A_p}{A_0} \tag{7-32}$$

式中，D——谐振峰水平（dB）；

A_p——$f=f_0$ 处的横摆角速度增益（1/s）；

A_0——$f=0$ 处的横摆角速度增益（1/s）；

谐振峰水平 D 的评价计分值按式（7-33）计算：

$$N_D = 60 + \frac{40}{D_{60} - D_{100}} \cdot (D_{60} - D) \tag{7-33}$$

式中，N_D——谐振峰水平的评价计分值；

D_{60}——谐振峰水平的下限值（dB）；

D_{100}——谐振峰水平的上限值（dB）；

D——谐振峰水平的试验值（dB）。

f、D 和 α 的下限值 f_{60}、D_{60}、α_{60} 与上限值 f_{100}、D_{100}、α_{100} 的值如表 7-22 所示。

表 7-22 指标限值

车型	指标						备注
	f_{60}/Hz	f_{100}/Hz	D_{60}/dB	D_{100}/dB	α_{60}/(°)	α_{100}/(°)	
轿车	0.70	1.30	5.00	2.00	60.0	20.0	按输入频率为 1 Hz 处的 α 值计算
客车和货车，量大总质量≤2.5 t	0.60	1.00			50.0	40.0	
客车和货车，2.5<量大总质量≤6 t	0.50	0.80			120.0	60.0	
客车和货车，6 t<最大总质量≤15 t	0.40	0.60			80.0	30.0	按输入频率为 0.5 Hz 处的 α 值计算
客车和货车，最大总质量>15 t	0.30	0.50			100.0	60.0	

3. 相位滞后角 α 的评价计分值

相位滞后角 α 的评价计分值按式（7-34）计算：

$$N_\alpha = 60 + \frac{40}{\alpha_{60} - \alpha_{100}} \cdot (\alpha_{60} - \alpha) \tag{7-34}$$

式中，N_α——相位滞后角的评价计分值；

α_{60}——相位滞后角的下限值（°）；

α_{100}——相位滞后角的上限值（°）；

α——在相应频率下相应滞后角的试验值（°）。

当 N_α 大于 100 时，以 100 分计。

4. 转向盘转角脉冲输入试验的综合评价计分值

转向盘转角脉冲输入试验的综合评价计分值按式（7-35）计算：

$$N_M = \frac{N_f + N_D + N_\alpha}{3} \tag{7-35}$$

式中，N_M——转向盘转角脉冲输入试验的综合评价计分值。

二、任务实施

一、转向盘转角脉冲输入试验
转向盘转角脉冲输入试验是：
二、测量数据
（1）　　　　　　　　　　　　　（2）   （3）　　　　　　　　　　　　　（4）
三、试验方法
（1）试验车速按试验汽车最高车速＿＿＿＿＿，并取整为 60 km/h、80 km/h、100 km/h 或 120 km/h。 （2）试验前以试验车速行驶＿＿＿＿＿ km，使轮胎升温。 （3）接通仪器电源，使之达到正常＿＿＿＿＿。 （4）汽车以试验车速直线行驶，使其横摆角速度为（0±0.5）°/s。作一标记，记下转向盘中间位置（直线行驶位置），然后给转向盘一个三角脉冲转角输入。试验时向左（或向右）转动转向盘，并迅速转回原处（允许及时修正）保持不动，记录全部过程，直至汽车回复到直线行驶位置。转向盘转角输入脉宽为 0.3~0.5 s，其最大转角应使本试验过渡过程中最大侧向加速度为 0.2~0.3g（g 为重力加速度）。当转动转向盘时，应尽量使其转角的超调量达到最小。记录时间内，应保持＿＿＿＿＿不变。 （5）试验至少按左、右方向转动转向盘（转角脉冲输入）各＿＿＿＿＿次，每次输入的时间间隔不得少于 5 s。
四、注意事项
（1）脉冲宽度不可＿＿＿＿＿，一般为 0.3~0.5 s，若太宽，则会影响高频区的分析精度。 （2）脉冲输入前、后的零线应尽可能重合。零线的影响主要表现在低频区，频率越低，影响越严重。因此，要求转向盘三角脉冲输入后的终值与输入前的＿＿＿＿＿一致，以确保低频区的分析精度。 （3）每次试验时，转向盘脉冲输入的最大＿＿＿＿＿不要超过 4 m/s²，以保证试验安全。 （4）试验人员应佩戴必要的＿＿＿＿＿。

三、任务评价

专业班级：		姓名：		学号：	
专业（知识/技能）收获			（非专业）能力素质收获		
评价考核项目		自我评价		小组评价	教师评价
掌握转向盘转角脉冲输入试验方法的程度					
掌握转向盘转角脉冲输入试验时注意事项的程度					
课外学习时间（学时）					
工作态度（课堂、课后任务完成情况）					
合作意识及协调能力					
正确表达及沟通能力					
自律能力（缺勤/旷课/迟到/违纪次数）					

任务 7.6.5 转向回正性能试验

一、知识准备

转向回正性能反映的是汽车转向机构所表现出的恢复直线行驶的能力。这种试验方法是对转向系统施加一个大小不变的力后,突然松掉,观察汽车的运动特性。回正力矩的产生来源于轮胎的侧偏现象和主销定位角,汽车转向回正性能又与其行驶速度相关,当一般车速不高时,转向回正性较好;但当车速足够高时,则会出现转向回正性不稳定现象。因此,转向回正试验一般分为高、低两种车速来做。

(一)测量变量

需要测量的变量有汽车前进车速、侧向加速度和横摆角速度等。

(二)试验仪器设备

(1)试验仪器设备须经计量检定,在有效期内使用,并在使用前进行调整,从而确保功能正常,符合精度要求。

(2)包括传感器及记录仪器在内的整个测量系统的频带宽度不小于 3 Hz。

(3)仪器测量范围及最大误差应满足表 7-23 的要求。

表 7-23 测量仪器测量范围及最大误差

序号	测量变量	测量范围	测量仪器最大误差
1	转向盘转角/(°)	±1 080	±10
2	横摆角速度/(°·s^{-1})	±50	±1.0
3	汽车前进速度/(m·s^{-1})	0~50	±0.5
4	侧向加速度/(m·s^{-2})	9.8	±0.15

(三)试验条件

试验条件见本模块任务 7.1 中的"一般试验条件"。

(四)试验方法

1. 低速回正性能试验方法

(1)在试验场地上,用明显颜色的笔画出半径为 15 m 的圆周。

(2)试验前,汽车沿半径为 15 m 的圆周,以加速度为 3 m/s^2 的相应车速行驶 500 m,使轮胎升温。

(3)接通仪器电源,使其达到正常工作温度。

(4)汽车直线行驶,记录各测量变量零线;然后调整转向盘转角,使汽车沿半径为(15±1)m 的圆周行驶;调整车速,使侧向加速度达到(4±0.2)m/s^2;固定转向盘转角,稳定车速并开始记录。待 3 s 后,驾驶员突然松开转向盘并作一标记,至少记录松手后 4 s 的汽车运动过程。记录时间内油门开度保持不变。

(5)试验按向左转和向右转两个方向进行,每个方向各进行三次。

2. 高速回正性能试验

(1)对于最高车速超过 100 km/h 的汽车,要进行高速回正性能试验。

(2) 试验车速按被试汽车最高车速的 70% 确定,并四舍五入为 10 的整数倍。

(3) 接通仪器电源,使其达到正常工作温度。

(4) 试验汽车沿试验路段以试验车速直线行驶,记录各测量变量的零线。随后驾驶员转动转向盘使侧向加速度达到 (2 ± 0.2) m/s^2,待稳定并开始记录后,驾驶员突然松开转向盘并作一标记,至少记录松手后 4 s 内的汽车运动过程。记录时间内油门开度保持不变。

(5) 试验按向左转和向右转两个方向进行,每个方向各进行三次。

(五) 试验注意事项

(1) 每次试验必须记录横摆角速度零线,否则试验数据无法进行处理。

(2) 应记录整个过渡过程,不可间断。

(3) 试验中应注意安全,特别是高速转向回正性试验,一定要在稳态回转试验之后,且确认被试汽车在侧向加速度为 3 m/s^2 时不出现过度转向的前提下,方可进行试验。

(4) 参加试验的人员应佩戴必要的安全防护用品。

(六) 试验数据处理

汽车回正试验横摆角速度记录的时间历程,可能会出现如图 7-23 所示曲线的六种情况。

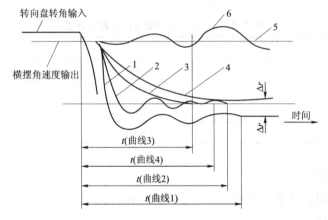

图 7-23 转向回正横摆角速度记录曲线

出现上述情况,与转向系内干摩擦和黏性阻尼以及车轮机械特性和主销定位角所形成的回正力矩大小有关。曲线 6 显然是因为转向系内干摩擦较大而系统回正力矩又很小而造成的,也就是说转向根本不回正。曲线 5 则是因为转向系内干摩擦过小,汽车横摆角速度出现周期性发散现象,但这种现象只有在高速回正的情况下才有可能发生。出现曲线 6 和 5 现象均属汽车回正性能不合格,不必进行数据处理。正常情况下,试验记录的横摆角速度时间历程为曲线 1~4 中的某一种。

横摆角速度时间历程曲线分两大类:收敛型与发散型。对于发散型,不进行数据处理;对于收敛型,按向左转和向右转分别确定以下指标。

1. 时间坐标原点

在微动开关时间历程曲线上,松开转向盘时微动开关所作的标记。

2. 稳定时间

从时间坐标原点开始,至横摆角速度达到新稳态值(包括零值)为止的一段时间间隔。其均值按式(7-36)确定:

$$t = \frac{1}{3}\sum_{i=1}^{3} t_i \quad (7\text{-}36)$$

式中,t——稳定时间均值(s);

t_i——第i次试验的稳定时间(s)。

3. 残留横摆角速度

在横摆角速度时间历程曲线上,松开转向盘3 s时刻的横摆角速度值(包括零值)。按式(7-37)确定:

$$\Delta\gamma = \frac{1}{3}\sum_{i=1}^{3} \Delta\gamma_i \quad (7\text{-}37)$$

式中,$\Delta\gamma$——残留横摆角速度均值(°/s);

$\Delta\gamma_i$——第i次试验的残留横摆角速度值(°/s)。

4. 横摆角速度超调量

在横摆角速度时间历程曲线上,横摆角速度响应第一个峰值超过新稳态值的部分与初始值之比,如图7-24所示。横摆角速度超调量用式(7-38)计算:

$$\sigma = \frac{\gamma_1}{\gamma_0} \times 100\% \quad (7\text{-}38)$$

式中,σ——横摆角速度超调量;

γ_1——横摆角速度响应第一个峰值超过稳态值的部分(1/s);

γ_0——横摆角速度响应的稳态值(1/s)。

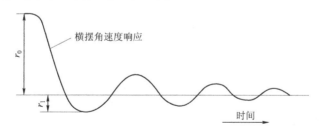

图7-24 横摆角速度超调量

横摆角速度超调量均值的确定:

$$\sigma = \frac{1}{3}\sum_{i=1}^{3} \sigma_i$$

式中,σ——横摆角速度超调量均值(%);

σ_i——第i次试验的横摆角速度超调量(%)。

5. 横摆角速度总方差

第i次试验横摆角速度总方差按式(7-39)确定:

$$E = \left[\sum_{i=1}^{n}\left(\frac{\gamma_i}{\gamma_0}\right)^2 + 0.5\right]\Delta t \quad (7\text{-}39)$$

式中，E——回正试验时横摆角速度响应总方差（s）；

γ_i——横摆角速度瞬时值（1/s）；

γ_0——横摆角速度稳定值（1/s）；

n——采样点数，一般 $n\Delta t = 4$ s；

Δt——采样时间间隔（s）（一般 Δt 不大于 0.2 s）。

二、任务实施

一、转向回正性能试验
转向回正性能反映的是：   回正力矩的产生来源于 _____ 和 _____，汽车转向回正性能又与其 _____ 相关，当一般 _____ 时，转向回正性较好；但 _____ 时会出现转向回正性不稳定现象。因此，转向回正试验一般分为高、低两种车速来做。
二、试验方法
1. 低速回正性能试验方法   （1）在试验场地上，用明显颜色笔画出半径为 _____ 的圆周。   （2）试验前，汽车沿半径为 15 m 的圆周，以加速度为 _____ 的相应车速行驶 _____，使轮胎升温。   （3）接通仪器电源，使其达到正常工作温度。   （4）汽车直线行驶，记录各测量变量零线；然后调整转向盘转角，使汽车沿半径为（15±1）m 的圆周行驶；调整车速，使侧向加速度达到 _____；固定转向盘转角，稳定车速并开始记录。待 3 s 后，驾驶员 _____ 并作一标记，至少记录松手后 _____ 的汽车运动过程。记录时间内 _____ 保持不变。   （5）试验按向左转和向右转两个方向进行，每个方向 _____ 次。   2. 高速回正性能试验   （1）对于最高车速超过 _____ 的汽车，要进行高速回正性能试验。   （2）试验车速按被试汽车最高车速的 _____ 确定，并四舍五入为 10 的整数倍。   （3）接通仪器电源，使其达到正常工作温度。   （4）试验汽车沿试验路段以试验车速直线行驶，记录各测量变量的零线。随后驾驶员转动转向盘使侧向加速度达到 _____，待稳定并开始记录后，驾驶员突然松开转向盘并作一标记，至少记录松手后 _____ 内的汽车运动过程。记录时间内油门开度保持不变。   （5）试验按向左转和向右转两个方向进行，每个方向各进行 _____ 次。
三、试验注意事项
（1）每次试验必须记录 _____ 零线，否则试验数据无法进行处理。   （2）应记录整个 _____ 过程，不可间断。   （3）试验中应注意安全，特别是高速转向回正性试验，一定要在稳态回转试验之后，且确认被试汽车在侧向加速度为 3 m/s² 时不出现 _____ 的前提下，方可进行试验。   （4）参加试验的人员应 _____ 必要的安全防护用品。

三、任务评价

专业班级：		姓名：		学号：	
专业（知识/技能）收获			（非专业）能力素质收获		
评价考核项目		自我评价	小组评价	教师评价	
掌握转向回正性能试验方法的程度					
掌握转向回正性能试验注意事项的程度					
课外学习时间（学时）					
工作态度（课堂、课后任务完成情况）					
合作意识及协调能力					
正确表达及沟通能力					
自律能力（缺勤/旷课/迟到/违纪次数）					

任务 7.6.6 转向轻便性试验

一、知识准备

本项试验是评价驾驶员操纵汽车转向盘轻重程度的一种方法。当驾驶员操纵转向盘时所施加力是主动力，则称为转向力；当转向盘回位时，回正力矩转变为主动力，则称为保持力。

转向系的运动阻力包括：转向系中各摩擦副的摩擦力、转向系中各运动部件的惯性力和力矩、轮胎的回正力矩、前轮定位引起的力矩、转向轮转向时与地面相对滑动而产生的摩擦力矩等。这些力或力矩的测量，一般在汽车低速大转角行驶时进行。

（一）测量数据

（1）转向盘力矩。
（2）转向盘转角。
（3）汽车前进车速。
（4）转向盘直径。

（二）试验仪器设备

（1）试验仪器设备须经计量检定，在有效期内使用，并在使用前进行调整，以确保功能正常，符合精度要求。
（2）包括传感器及记录仪器在内的整个测量系统的频带宽度不小于 3 Hz。
（3）仪器测量范围及最大误差应满足表 7-24 的要求。

表 7-24　测量仪器测量范围及最大误差

序号	测量变量	测量范围	测量仪器最大误差
1	转向盘转角/（°）	±1 080	±10.8
2	转向盘力矩/（N·m）	±50，±150	±1，3
3	汽车前进速度/（m·s⁻¹）	0~50	±0.5
4	转向盘直径/m	1	±0.01

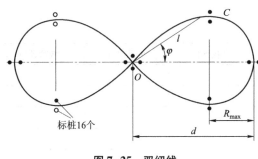

图 7-25　双纽线

（三）试验条件

（1）试验场地。试验场地应为干燥、平坦而清洁的水泥混凝土或沥青路面，且任意方向的坡度不大于 2%。在试验场地上，画出颜色鲜明的双纽线路径，如图 7-25 所示。双纽线的最小曲率半径应按试验汽车前外轮的最小转弯半径乘以 1.1 倍，并据此画出双纽线。在双纽线最宽处的顶点和中点的路径两侧各放置两个标桩，共计放置 16 个标桩。标桩与试验路径中心线的距离为车宽一半加 50 cm。

双纽线轨迹的极坐标方程为

$$L = d\sqrt{\cos 2\varphi}$$

轨迹上任意点的曲率半径为

$$R = \frac{d}{3\sqrt{\cos 2\varphi}}$$

当 $\varphi = 0$ 时，双纽线顶点的曲率半径为最小值，即：

$$R_{min} = \frac{d}{3}$$

（2）其他试验条件见本模块任务 7.1 中的"一般试验条件"。

（四）试验方法

（1）按规定画好双扭线路径并放置好标桩。

（2）接通仪器电源，使之预热到正常工作温度。

（3）试验前驾驶员可操纵汽车沿双纽线路径行驶若干周，熟悉路径和相应操作。随后，使汽车沿双纽线中点"O"处的切线方向做直线滑行，并停车于"O"点处，停车后注意观察车轮是否处于直行位置，否则应转动转向盘进行调整。然后双手松开转向盘，记录转向盘中间位置和作用力矩的零线。

（4）试验时，驾驶员操纵转向盘，使汽车以（10±2）km/h 的车速沿双纽线路径行驶，待车速稳定后，开始记录转向盘转角和作用力矩，并记录行驶车速作为监督参数。汽车沿双纽线绕行一周至记录起始位置，即完成一次试验，全部试验应进行三次。在测量记录过程中，驾驶员应保持车速稳定及平稳地转动转向盘，不应同时松开双手，并且在行驶中不准撞倒标桩。

（五）试验注意事项

（1）在汽车驶入双纽线路线之前，一定要直线行驶一段距离，且驾驶员应松开转向盘，同时记录转向盘转角及作用力的零线。

（2）为使转向盘作用力示功图能形成一个封闭的图形，至少应记录汽车沿双纽线行驶一周以上所测变量。

（3）当汽车沿双纽线行驶时，应连续转动转向盘，并且最好不要进行调整。

（4）注意控制车速，不得超过规定的车速范围，并且不要撞倒标桩。

（六）试验数据处理

根据记录的转向盘转角和作用力矩，按双纽线路径每周整理成一条 M-θ 曲线或者直接采用计算机采样所得的上述参数，以确定出汽车转向轻便性的各项参数。

（1）转向盘最大作用力矩均值用式（7-40）确定：

$$M_{\max} = \frac{1}{3}\sum_{i=1}^{3}|M_{\max i}| \tag{7-40}$$

式中，$M_{\max}$——转向盘最大作用力矩均值（N·m）；

$M_{\max i}$——绕双纽线路径第 i 周（$i=1\sim3$）的转向盘最大作用力矩（N·m）。

（2）转向盘最大作用力均值用式（7-41）确定：

$$F_{\max} = \frac{2M_{\max}}{D} \tag{7-41}$$

式中，$F_{\max}$——转向盘最大作用力均值（N）；

D——试验汽车原有转向盘直径（m）。

（3）转向盘的作用功。

① 绕双纽线路径每一周的作用功用式（7-42）确定：

$$W_i = \frac{1}{57.3}\int_{-\theta_{\max i}}^{+\theta_{\max i}}|\Delta M_i(\theta)|\mathrm{d}\theta \tag{7-42}$$

式中，W_i——绕双纽线路径第 i 周（$i=1\sim3$）的转向盘作用功（J）；

$\Delta M_i(\theta)$——绕双纽线路径第 i 周（$i=1\sim3$）的转向盘往返作用力矩之差随转向盘转角变化曲线处的数值（N·m）；

$\pm\theta_{\max i}$——绕双纽线路径第 i 周（$i=1\sim3$）的转向盘向左、向右最大转角。

② 转向盘的作用功均值用式（7-43）确定：

$$W = \frac{1}{3}\sum_{i=1}^{3}W_i \tag{7-43}$$

式中，W——转向盘作用功均值（J）。

（4）转向盘摩擦力矩。

① 每绕双纽线路径一周转向盘的平均摩擦力矩用式（7-44）确定：

$$M_{\mathrm{sw}i} = \frac{W_i}{(|+\theta_{\max i}|+|-\theta_{\max i}|)2} \tag{7-44}$$

式中，$M_{\mathrm{sw}i}$——绕双纽线路径第 i 周（$i=1\sim3$）转向盘平均摩擦力矩（N·m）。

② 转向盘平均摩擦力矩均值用式（7-45）确定：

$$M_{sw} = \frac{1}{3}\sum_{i=1}^{3} M_{swi} \tag{7-45}$$

(5) 转向盘摩擦力。

① 转向盘平均摩擦力用式（7-46）确定：

$$F_{swi} = \frac{2}{D} M_{swi} \tag{7-46}$$

式中，F_{swi}——绕双纽线路径第 i 周（$i=1\sim3$）转向盘平均摩擦作用力（N）。

② 转向盘平均摩擦力均值用式（7-47）确定：

$$F_{sw} = \frac{2}{D} M_{sw} \tag{7-47}$$

二、任务实施

一、转向轻便性试验
转向轻便性试验是：
转向力：
保持力：
二、测量数据
（1）　　　　　　　　　　（2）   （3）　　　　　　　　　　（4）
三、试验场地

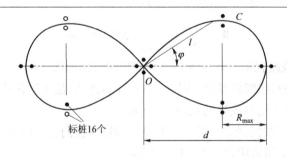

试验场地应为干燥、平坦而清洁的水泥混凝土或沥青路面，任意方向的坡度应不大于_____。在试验场地上，画出颜色鲜明的双纽线路径。双纽线的最小曲率半径应按试验汽车前外轮的_____乘以1.1倍，并据此画出双纽线。在双纽线最宽处的顶点和中点的路径两侧各放置两个标桩，共计放置16个标桩。标桩与试验路径_____的距离，为车宽一半加50 cm。

四、试验方法
（1）按规定画好双扭线路径并放置好标桩。 （2）接通仪器电源，使之预热到正常工作温度。 （3）试验前驾驶员可操纵汽车沿双纽线路径行驶_____，熟悉路径和相应操作。随后，使汽车沿双纽线中点"O"处的切线方向做_____滑行，并停车于"O"点处，停车后注意观察车轮是否处于直行位置，否则应转动转向盘进行调整。然后双手松开转向盘，记录_____和作用力矩的零线。

续表

(4) 试验时，驾驶员操纵转向盘，使汽车以_____的车速沿双纽线路径行驶，待车速稳定后，开始记录转向盘转角和作用力矩，并记录行驶车速作为监督参数。汽车沿双纽线绕行一周至记录起始位置，即完成一次试验，全部试验应进行_____次。在测量记录过程中，驾驶员应保持车速稳定及平稳地转动转向盘，不应同时松开双手，并且在行驶中不准撞倒标桩。

五、试验注意事项

(1) 在汽车驶入双纽线路线之前，一定要_____一段距离，且驾驶员应松开转向盘，同时记录转向盘转角及作用力的零线。
(2) 为使转向盘作用力示功图能形成一个封闭的图形，至少应_____汽车沿双纽线行驶一周以上所测变量。
(3) 汽车沿双纽线行驶时，应_____转动转向盘，并且最好不要进行调整。
(4) 注意控制车速，不得超过_____车速范围，并且不要撞倒标桩。

三、任务评价

专业班级：		姓名：		学号：	
专业（知识/技能）收获			（非专业）能力素质收获		
评价考核项目		自我评价		小组评价	教师评价
掌握转向轻便性试验需测量数据的程度					
掌握转向轻便性试验方法的程度					
掌握转向轻便性试验注意事项的程度					
课外学习时间（学时）					
工作态度（课堂、课后任务完成情况）					
合作意识及协调能力					
正确表达及沟通能力					
自律能力（缺勤/旷课/迟到/违纪次数）					

任务 7.6.7 操纵稳定性主观评价试验

一、知识准备

尽管人们根据汽车动力学原理对汽车操纵稳定性提出了多种有意义的客观评价指标，但这些指标与汽车行驶方向稳定性、是否易于控制及对汽车行驶和行驶安全究竟存在什么关系目前还不十分明确。因此，对某种型号汽车操纵稳定性好坏的综合评价，通常根据客观评价指标及驾驶员的主观评价结果进行。

（一）试验条件

1. 试验驾驶员

对试验驾驶员的选择，不同的企业、不同的资料都有不同的选择标准，观点很不一致。根据汽车工程试验推荐的选择标准：参加汽车操纵稳定性主观评价的驾驶员人数不应少于20名。为使主观评价具有代表性，避免偏袒，参加试验的驾驶员应从从事一般职业人员中选派，而不使用专职驾驶员。被选派参加试验的驾驶员应具有一定的文化知识，有丰富的驾驶经验且对汽车的操纵稳定性有初步的了解。

2. 车辆准备

（1）试验汽车是按厂方规定装备齐全的汽车。试验前需测定汽车定位参数，并对转向系、悬架系进行检查、调整和紧固，按规定进行润滑。只有认定试验汽车已符合厂方规定的技术条件，方可进行试验。

（2）试验汽车转向盘自由行程在直线行驶时不得大于10°，必要时应进行调整。

（3）试验时若用新轮胎，则试验前至少应经过200 km磨合行驶；若用旧轮胎，则试验终了残留花纹高度应不小于1.5 mm。轮胎气压应符合厂方规定，误差小于±10 kPa。

3. 气象条件

（1）风速不大于5 m/s。

（2）试验道路。路面干燥、平坦，试验道路的总长不应少于50 km，其中至少应包括城市、市郊和高速公路三个部分，行驶路段的选择应保证被试汽车在整个试验过程中最高车速记录不小于该型号汽车最高车速的70%。

4. 试验的具体步骤

（1）试验的组织者应对参加试验的驾驶员讲解试验目的、各项评比指标意义及评分方法，并解答试验驾驶员提出的有关问题。

（2）被试车辆应保证技术性能正常，试验前要进行认真检查。

（3）记录每次试验过程中出现的问题和试验起始及完成时间。

（4）试验驾驶员在行驶完全部指定试验路段后，需根据评分要求对各项评比给出主观评分，并描述总的印象。

（二）评分方法

这里介绍的是《汽车工程手册试验篇》推荐的5级分制评分标准，具体评分标准规定如下：很好；较好；中等；较差；很差。

（三）评价指标

1. 维持直线行驶能力

（1）很好：可以松开双手。

（2）较好：仅需偶然修整。

（3）中等：需不时地修整。

（4）较差：轻微跑偏或需不断修整。

（5）很差：严重跑偏或高速行驶时感到发飘。

驾驶员主观评分记为

$$L = \frac{1}{n}\sum_{i=1}^{n} N_i$$

第 i 位驾驶员主观评分记为 N_i，$i=1，2，3，\cdots，n$，n 为参加试验的驾驶员总人数。

2. 转向力

(1) 很好：与转向角成正比关系，且轻重适宜。
(2) 较好：与转向角成正比关系，但轻微偏重或轻微偏轻。
(3) 中等：比较重。
(4) 较差：很重或过轻。
(5) 很差：过重或与转向角无关。

驾驶员主观评分为

$$F = \frac{1}{n}\sum_{i=1}^{n} N_i$$

3. 转向回正性能

(1) 很好：回正快，无残留角速度。
(2) 较好：回正快，但轻微残留角速度。
(3) 中等：回正慢，且有一定残留角速度。
(4) 较差：回正很慢，且有较大残留角速度。
(5) 很差：不回正或有很大残留角速度。

驾驶员主观评分为

$$C = \frac{1}{n}\sum_{i=1}^{n} N_i$$

4. 转向灵敏性

(1) 很好：响应迅速，且增益适当。
(2) 较好：响应较快，且增益适当。
(3) 中等：中等，但可接受，且增益适当。
(4) 较差：响应明显滞后，增益偏大或偏小。
(5) 很差：增益过大或过小，响应严重滞后。

驾驶员主观评分为

$$R = \frac{1}{n}\sum_{i=1}^{n} N_i$$

5. 车身侧倾角

(1) 很好：侧倾角速度。
(2) 较好：侧倾角轻微偏大或偏小。
(3) 中等：侧倾角偏大或偏小。
(4) 较差：侧倾角太大，移线行驶摇晃太大。
(5) 很差：侧倾角过大，移线行驶摇晃厉害。

驾驶员主观评分为

$$S = \frac{1}{n}\sum_{i=1}^{n} N_i$$

6. 其他

根据试验组织者需要可以增加评价项目,评分方法参照上述方法进行。

(四) 总评分计算方法

操纵稳定性主观评价试验总评分按式(7-48)计算:

$$N_T = \frac{L+F+C+R+S}{5} \tag{7-48}$$

若增加其他评价指标项目,则总评分按式(7-49)计算:

$$N_T = \frac{L+F+C+R+S+\cdots}{5+E} \tag{7-49}$$

式中, E——增加的评价指标项目数。

计算出操纵稳定性主观评价试验总评分后,还应汇总试验过程中试验驾驶员对被试汽车的主观意见和总的印象。

二、任务实施

一、试验条件
1. 试验驾驶员 根据汽车工程试验推荐的选择标准:参加汽车操纵稳定性主观评价的驾驶员人数不应少于_____名。为使主观评价具有代表性、避免偏袒,参加试验的驾驶员应从从事一般职业人员中选派,而不使用_____驾驶员。被选派参加试验的驾驶员应具有一定的文化知识,有丰富的_____且对汽车的操纵稳定性有初步的了解。
2. 车辆准备 (1) 试验汽车是按厂方规定装备齐全的汽车。试验前,测定汽车_____参数,并对转向系、悬架系进行检查、调整和紧固,按规定进行润滑。只有_____试验汽车已符合厂方规定的技术条件,方可进行试验。 (2) 试验汽车转向盘自由行程在直线行驶时不得大于_____。必要时应进行调整。 (3) 试验时若用新轮胎,则试验前至少应经过_____磨合行驶;若用旧轮胎,则试验终了残留花纹高度不小于_____ mm。轮胎气压应符合厂方规定,误差小于±10 kPa。
3. 气象条件 (1) 风速不大于_____。 (2) 试验道路。路面干燥、平坦,试验道路的总长不应少于_____ km,其中至少应包括城市、市郊和高速公路三个部分,行驶路段的选择应使被试汽车在整个试验过程中最高车速记录不小于该型号汽车_____的70%。
二、试验步骤
(1) 试验的组织者应对参加试验的驾驶员_____目的、各项评比指标意义及评分方法,并解答试验驾驶员提出的有关问题。 (2) 被试车辆应保证_____正常,试验前要进行认真检查。 (3) 记录每次试验过程中_____和试验起始及完成时间。 (4) 试验驾驶员在行驶完_____试验路段后,需根据评分要求对各项评比给出_____评分,并描述总的印象。
三、评分方法
5级分制评分标准:
四、评价指标
(1)   (2)
(3)   (4)
(5)   (6)

三、任务评价

专业班级：		姓名：		学号：	
专业（知识/技能）收获			（非专业）能力素质收获		

评价考核项目	自我评价	小组评价	教师评价
掌握主观评价试验试验条件的程度			
掌握主观评价试验试验步骤的程度			
掌握主观评价试验试验评分方法的程度			
课外学习时间（学时）			
工作态度（课堂、课后任务完成情况）			
合作意识及协调能力			
正确表达及沟通能力			
自律能力（缺勤/旷课/迟到/违纪次数）			

参 考 文 献

[1] 付百学. 汽车试验技术 [M]. 北京：北京理工大学出版社，2007.
[2] 王丰元. 汽车试验测试技术 [M]. 北京：北京大学出版社，2007.
[3] 王智. 企业管理（第3版）[M]. 北京：化学工业出版社，2007.
[4] 白玉. 现代企业管理 [M]. 武汉：武汉理工大学出版社，2005.
[5] 马士华. 企业生产与物流管理 [M]. 北京：清华大学出版社，2009.
[6] 张智利，潘福林. 企业管理学 [M]. 北京：机械工业出版社，2012.
[7] 高海晨. 现代企业管理（第2版）[M]. 北京：机械工业出版社，2012.
[8] 薛威. 物流企业管理（第2版）[M]. 北京：机械工业出版社，2012.
[9] 刘五平，伍玉坤. 物流企业管理（第2版）[M]. 北京：机械工业出版社，2012.
[10] 张卿，李增光. 工业企业管理 [M]. 北京：机械工业出版社，2012.
[11] 孙成志. 企业生产管理 [M]. 沈阳：东北财经大学出版社，2009.